高等职业院校汽车类技能型人才培养“十三五”规划教材

汽车售后服务流程

主　编　苟鸿娅　肖　林　王黎明

副主编　李淑会　易志清　葛新叶

邵新忠　刘　昕

西南交通大学出版社

·成　都·

图书在版编目（CIP）数据

汽车售后服务流程/苟鸿娅，肖林，王黎明主编
. —成都：西南交通大学出版社，2019.8
高等职业院校汽车类技能型人才培养“十三五”规划教材
ISBN 978-7-5643-7104-3

Ⅰ. ①汽… Ⅱ. ①苟… ②肖… ③王… Ⅲ. ①汽车－售后服务－高等职业教育－教材 Ⅳ. ①F407.471.5

中国版本图书馆 CIP 数据核字（2019）第 188343 号

高等职业院校汽车类技能型人才培养“十三五”规划教材

Qiche Shouhou Fuwu Liucheng

汽车售后服务流程

主编 苟鸿娅 肖 林 王黎明

责任编辑 罗在伟
封面设计 何东琳设计工作室

出版发行 西南交通大学出版社
（四川省成都市二环路北一段 111 号
西南交通大学创新大厦 21 楼）
发行部电话 028-87600564 028-87600533
邮政编码 610031
网 址 http://www.xnjdcbs.com

印 刷 成都中永印务有限责任公司
成品尺寸 185 mm × 260 mm
印 张 13.25
字 数 329 千
版 次 2019 年 8 月第 1 版
印 次 2019 年 8 月第 1 次
书 号 ISBN 978-7-5643-7104-3
定 价 43.00 元

课件咨询电话：028-87600533
图书如有印装质量问题 本社负责退换

前　言

“汽车售后服务流程”是高职高专汽车类专业的一门重要的专业课程，根据高等职业技术教育教学改革目的和要求，针对高职高专学生的特点而编写。其任务是培养学生掌握从事汽车售后与服务的专业技能知识，培养学生的创新能力，为学生步入工作岗位打下坚实的基础。本教材的编写指导思想是：贯彻党的教育方针，依据《职业教育法》的规定和《国家职业标准》的要求，更新教学内容，突出技能培训，强化创新能力的培养，以培养具备较宽理论基础和复合型技能的人才，使培养的人才适应社会进步、经济发展和市场的需要。

本书既覆盖了“汽车售后服务流程”教学大纲的知识点，又体现了时代特征，并增加了一些实用的新知识、新技术。主要涵盖了汽车售后服务特点及相关岗位要求，车辆常规保养接待、故障车服务接待、返修车辆服务接待，以及客户满意度管理和车辆“三包”索赔等。内容深入浅出，重点突出，概念清楚，保证基本，立足应用，而且各章配有适量的引例及习题，方便学生自学及课后复习巩固。给学生留下较大的思维空间和探索空间，较好地体现了职业教育以能力为本位的特色，增强学生的学习意识和创新意识。

本书由成都农业科技职业学院苟鸿娅、肖林和王黎明担任主编，全书由苟鸿娅统稿。重庆机电职业技术大学（本科）李淑会，成都农业科技职业学院易志清、邵新忠、刘昕，重庆航天职业技术学院葛新叶担任副主编。各章节编写工作任务分别为：项目 1 由刘昕编写，项目 2 由王黎明编写，项目 3 由邵新忠编写，项目 4 由苟鸿娅编写，项目 5 由肖林编写，项目 6 由李淑会编写，附件由易志清、葛新叶收集整理。

由于时间仓促及作者水平所限，书中有些内容仍然不够完善，难免有疏漏和不妥之处，希望使用本书的教师、同学及汽车从业人员提出宝贵意见，以便今后不断改进。为了便于教学，本书还配有电子教案（课件），需要课件的教师和读者请与西南交通大学出版社联系，联系方式见本书版权页。

编　者

2019 年 6 月

目　录

项目 1　认识服务顾问

学习目标

1. 了解目前汽车后市场现状。
2. 了解服务顾问的工作内容。
3. 掌握服务顾问的素质要求。
4. 知晓服务顾问的工作流程。
5. 能够按照服务顾问的礼仪要求接待客户。

项目引言

服务具有无形的特征，是向服务对象提供某种利益或满足感的一系列活动。对于客户而言，服务就是提供给客户的任何帮助。服务可以通过为客户做事情来完成，但是服务的目的是满足客户的需要而不是仅仅将事情做完就结束。

在汽车企业售后服务部，从事客户车辆接待的服务人员被称为服务顾问。服务顾问是汽车企业服务部的“第一印象”和“最后印象”的体现者，是经销商售后服务部最接近客户的重要人物，其不仅只是简单应对客户的人，更重要的是他们的行为必须让客户有信赖感并能够立即解决客户提出的问题或为其寻求适当的支援以满足客户的要求。

本项目要求学生能掌握服务顾问上岗前需具备的专业知识、工作内容、业务知识、基本礼仪，从而能够更好地为客户服务。

项目内容

1.1　服务顾问的岗位认识

1.1.1　中国汽车后市场介绍

汽车后市场是指汽车销售以后，围绕汽车使用过程中的各种服务，它涵盖了消费者买车后所需要的一切服务。也就是说，汽车从售出到报废的过程中，围绕汽车售后使用环节中各种后继需要和服务而产生的一系列交易活动的总称。

汽车后市场行业简称车后市。汽车后市场最早的分类是以汽车整车销售的前、后顺序进行分类的，当今汽车后市场大体上可分为七大行业：汽车保险行业、汽车金融行业、汽车 IT

行业、汽车养护行业（汽车精品、用品、美容、快修及改装行）、汽车维修及配件行业、汽车文化及汽车运动行业、二手车及汽车租赁行业。

汽车后市场根据定义的不同，归纳起来主要有三种：一是消费者在使用汽车的过程中所产生的与汽车有关的费用，具体维修、保养、零配件、美容、改装、油品等服务；二是整车落地销售后，车主所需的一切服务；三是汽车产业链的有机组成部分，包括汽车销售领域的金融服务、汽车租赁、保险、广告、装潢、维护、维修与保养，日常运行的油品，驾校、停车场、车友俱乐部、救援系统、交通信息服务、二手车等。

1.1.1.1 国内汽车后市场的发展阶段

国内汽车后市场可以分为四个发展阶段：

第一阶段是 1990 年—1996 年，汽车后市场的开始阶段，服务对象：主要是公务车。第二阶段是 1997 年—2006 年，汽车后市场的高速发展阶段，服务对象：以公务车为主，私家车 15%。第三阶段是 2007 年—2010 年，汽车后市场的洗牌阶段，服务对象：私家车、公务车各占比 50%。第四阶段是 2011 年以后，汽车后市场平缓发展阶段，服务对象：以私家车为主，每个地区有 2 ~ 3 家区域性的龙头店，品牌快修快保店与 4S 店并行，国外汽车服务连锁巨头进入中国，其他个体店要选择好自己的发展道路。

汽车后市场是产业链中最稳定的利润来源，占总利润的 60% ~ 70%。2005 年，国内汽车用品行业产值达到 420 亿元，维修行业产值达到 410 亿元；到 2012 年，总规模超过 4 690 亿元；到 2017 年，总规模超过 11 500 亿元。国家公布的权威数据显示，截至 2018 年年底，全国共有机动车维修业户 62 万余家，从业人员达 400 万人，年维修量次数完成 5.3 亿辆，年产值达 6 000 亿元以上。汽车销售量每年以 30%速度递增，每台车售后服务金额约为车价的 2 倍，车主的汽车售后保养服务意识也在增强。2017 年我国汽车后市场规模突破万亿元大关，达到 1.07 万亿，2018 年达到 12 790 亿元。预计 2019 年—2024 年，汽车后市场规模都将以 10%以上的速度增长。因此，中国的汽车后市场将迎来一个历史的发展机遇。

2012 年—2018 年中国汽车后市场规模及增长趋势如图 1-1 所示。

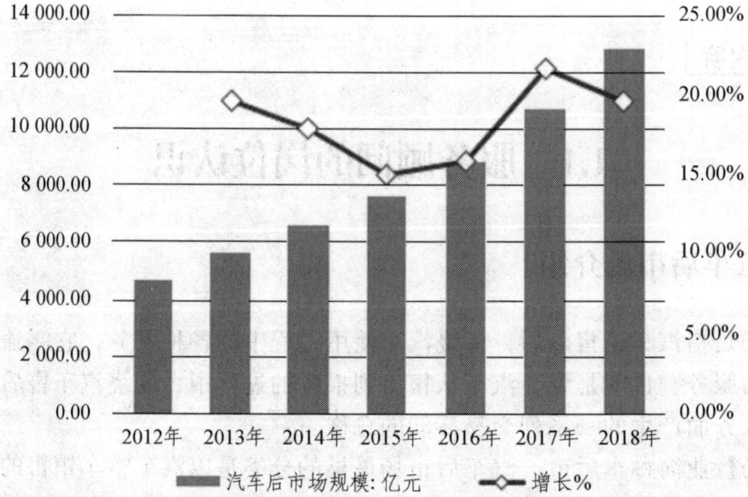

图 1-1　2012 年—2018 年中国汽车后市场规模及增长趋势

面对广阔的市场和极佳的市场良机，汽车企业者有两条道路可供选择：一是发展自我品牌，做大做强；二是牵手国际汽车服务知名品牌，携手共同发展。

1.1.1.2　国内汽车后市场渠道模式

在中国，汽车后市场主要有以下五大渠道模式：一是发展起来的汽车 4S 站，二是传统大中型维修厂，三是汽车维修路边店，四是汽车专项服务店，五是品牌快修美容装饰连锁店。这五大渠道在面积大小、设备投资、人员素质、地点便利性、服务质量、服务时间和收费标准等方面各有千秋，短期可以共存，但随着市场的发展变化，逐步演变为汽车 4S 站和国际知名品牌快修保养美容连锁店两大主要渠道模式。

1.1.2　汽车售后服务企业组织构架简介

汽车售后服务企业是从事汽车维护和修理生产的经济实体。它包括汽车维护企业、汽车修理企业、汽车专项修理业户、汽车技术状况诊断检测站等。汽车修理厂是专门修理汽车和总成的单位，一般设置在汽车站内部，但也有是单独企业。

以汽车 4S 店的售后服务为例，要做到拥有比较丰富的业务类型和完善的管理，它一般需要设置以下部门，并配备相应人员，如图 1-2 所示。

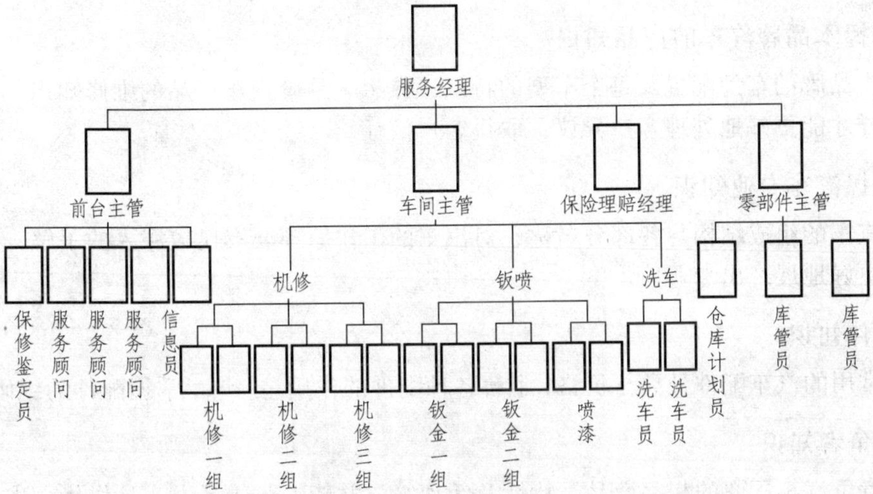

图 1-2　某汽车店售后服务部组织结构图

1.1.3　服务顾问岗位认识

客户服务顾问（简称 SA）是最近几年由外资企业引入中国的一个全新的岗位名称，该职位在中国传统称呼为“接待人员”“咨询服务人员”“咨询顾问”等。汽车 4S 店工作的售后人员，一般称呼为服务顾问。

服务顾问是汽车维修时接待客户的专业人员，需要具备基本的汽车知识和了解常见的汽车故障，但是对技术性的要求不是很高。服务顾问是连通客户与汽车维修企业及 4S 店之间的桥梁，起着非常重要的作用。

服务顾问的接待过程比较灵活，要了解客户需求，及时洞察客户心理。一般汽车 4S 店都要求服务顾问能灵活接待客户，对客户要有亲和力，以取得客户的信任，这点对服务顾问很重要，一次服务是否成功的关键点便在于此。服务顾问还应熟练掌握汽车经销商管理系统（DMS，Dealer Management System），学会如何开单、预估、结算。其中要求熟练掌握常用配件的价格以及安装工时，能够准确地报出估价，灵活沟通，让客户认可具体收费。

1.2　服务顾问应具备的条件

1.2.1　服务顾问应具备的专业知识

服务顾问应该掌握以下知识，并且能够熟练地将这些知识应用到工作中去，才能够更有效、更专业地服务客户。

1. 掌握标准的服务流程知识

作为服务顾问，必须对自己的工作流程非常熟悉，才能在服务客户的过程中做到专业化和标准化，并且要明确公司的制度与要求，在提高工作效率的同时也能保证服务质量，为客户带来良好的体验。

2. 掌握本品牌汽车的产品知识

熟悉本品牌的车型配置及每个车型的特点；熟悉本品牌汽车产品的维修知识、常见客户问题，这样才能更好地处理客户异议，取得客户信任。

3. 掌握汽车专业知识

熟悉汽车的组成结构与各部分名称，对汽车的工作原理要有比较深入的了解，这样才能在工作中更好地展现出专业性。

4. 配件知识

熟悉常用的汽车配件种类与价格，了解各种配件的作用与特点，掌握配件的编码等知识。

5. 竞争者知识

掌握竞争汽车厂商的相关商品、特性及活动等，并能够与体系内产品作优、劣比较。所谓“知己知彼，百战不殆”，在了解竞争产品的相关信息后，接待客户时就更有说服力。所以，服务顾问平时需要多阅读汽车相关信息，也可通过不同渠道了解相关活动信息。

1.2.2　服务顾问应具备的个人素养

服务顾问作为高智力型的职业，应该重视自身的素质与能力的提升。服务顾问必须具备很高的专业知识水平、丰富的实践经验、书面及口头表达能力、很强的信息收集和查阅文献的能力、准确分析问题和判断问题的能力。所以，服务顾问这一职业，要求从业人员具备良好的综合素质与能力，服务顾问的素质大体从以下几个方面体现出来：

1. **沟通能力**

服务顾问的主要工作内容是与客户打交道，每天面对的是客户，所以具备良好的沟通能力是做好服务顾问的这项工作的要点之一。当服务顾问接待客户的时候，首先要认真倾听客户的问题，通过询问去了解客户的问题，收集好客户的相关信息，并及时反馈。在交谈中，服务顾问必须具备良好的语言沟通表达能力。

在与客户交谈的过程中，要懂得一定的交谈技巧，这也是服务顾问这项工作所必须具备的技能之一。首先，交谈时，对于客户的不同意见要表现出友好的态度。然后，认真听完客户的问题或者是需求，正确理解客户的诉求，可以使用清晰简短的语句去传递信息。

2. **良好的心理素质**

接待工作相当繁杂，在心态上需进行相应的调整，尤其在以下方面：

（1）处理客户投诉的心理调整。客户性格千差万别，在处理投诉时，有些客户的态度或行为，可能会对售后服务部的现行运作造成影响，所以服务顾问在心态上要及时调整，不能受其影响。

（2）工作压力调适。服务顾问的工作除接待及服务客户外，还要完成公司制订的一系列指标，这样容易造成工作压力。所以，专业的服务顾问应该懂得缓解自身的压力，寻找正面宣泄的渠道，避免将压力直接转移到客户身上而影响与客户的友好关系。

（3）人际关系培养。服务顾问是经销商及所属维修站的公关人员，为使工作顺利且客户满意，服务顾问在人际关系上必须多方培养，在做好与公司内部员工的良好沟通工作的同时，还应提升客户的满意度。

3. **汽车专业知识**

要胜任售后服务顾问这个职位，必须要储备一定的汽车专业知识，如基本的汽车知识、基本部件的名称和操作方法、汽车特性和工作原理、汽车主要附件和基本功能的操作，以及保修政策及各项步骤的知识。服务顾问通过自身储备的汽车知识，在了解到客户的问题和需求之后，可以有效快速地引导客户。

4. **计算机操作技能**

计算机操作技能是每个服务顾问必须具备的基础性工作技能之一。服务顾问需要收集客户的相关信息并及时处理，建立客户档案和客户车辆档案等相关工作都需要用到计算机，因此，服务顾问必须有较好的计算机操作能力。

1.3　服务顾问的基本礼仪

礼仪是人们在社会交往活动中，为了相互尊重，在仪容、仪表、仪态、仪式、言谈举止等方面约定俗成的，共同认可的行为规范。礼仪是对礼节、礼貌、仪态和仪式的统称。礼仪既是对他人尊重的表现，也是自身良好素养的展示。

1.3.1 礼仪的原则

1. 真诚尊重原则

真诚是对人对事的一种实事求是的态度，是待人真心诚意、表里如一的友善表现。在人际交往中，不自欺，也不欺人，待人真诚，会很快得到别人的信任，反之会得到“虚伪”“假打”等有损个人形象的评价，对以后正常的交往会造成不良影响。真诚是人与人相处的基础，是礼仪的一条重要原则。

每个人在社会交往活动中都应该诚心待人，遵守信用，履行承诺，处处不可失敬于人，不伤害他人的尊严，不侮辱对方人格。只有真诚地奉献，才能有丰硕的收获；只有真诚地尊重，方能使对方真心相对，友谊地久天长。

2. 平等适度原则

在社交场合中，礼仪行为总是表现为双方的，不论哪一方是施礼者，哪一方是受礼者，双方都要一视同仁，给予对方同等程度的礼遇，不允许因为交往对象彼此之间的年龄、性别、种族、文化、职业、身份、地位、财富以及与自己关系亲疏远近等方面有所不同而厚此薄彼、区别对待。平等在交往中表现为不骄狂，不我行我素，不自以为是、傲视一切、目中无人。平等是人与人交往时建立情感的基础，是保持良好的人际关系的诀窍。

3. 自信谦逊原则

自信是只相信自己的想法和力量，认为依靠自己的努力，定能够克服种种困难，达到预订的目标。自信是社交场合很可贵的心理素质，唯有对自己充满信心，才能在交往中不卑不亢，落落大方，遇强者不自惭，遇到磨难不气馁，遇到侮辱敢于挺身反击，遇到弱者会伸出援助之手。自信是一种内在力量，人们越自信，就越有可能建立有益的而不是破坏性的人际关系。

谦逊就是虚心、不自满。谦逊是一种美德，也是一种礼仪的表现，在社会交往中只有谦逊礼让，不摆架子，不自以为是的人才能使人感到平易近人，才能给人以可以依赖，可以合作的印象。

4. 遵守信用原则

信用即讲信誉，在人际交往中要讲真话，遵守诺言，实践诺言。孔子说：“民无信而不立，与朋友交，言而有信。”强调的正是守信用的原则。在社交场合，尤其要重视守时、守约，因此，如果没有十足的把握就不要轻易许诺他人，许诺他人做不到，反而留下一个不守信用的印象，从而失信于人。

5. 宽容关怀原则

宽容的原则，即与人为善的原则。所谓宽容，是指心胸宽广，忍耐性强。宽容是一种较高的境界，容忍别人有行动与见解自由，对不同于自己和传统观点的见解要耐心公正地看待并容忍。要宽容，就要做到将心比心，多容忍他人，多体谅他人，多理解他人，千万不要去责备，斤斤计较，过分苛求，咄咄逼人。但是宽容是有原则的，不是一味地迁就和礼让。总而言之，在社交活动中，一个有宽阔胸怀的人往往能宽容别人，也易于博得他人的爱戴和敬重。

1.3.2 礼仪的功能

礼仪作为行为规范、处事的准则，反映了人们共同的利益，社会上的各民族，各党派，各阶层人士都有责任和义务维护它，共同遵守它。每个人要知礼、守礼、自我约束、爱护公物、遵守公共秩序、尊老爱幼、坚持正义，……在社会生活中时时处处自觉遵守礼仪规范，努力树立良好形象，做一个受大家欢迎的人，谁违背了礼仪规范，自然会受到公众的批评和指责。

礼仪有助于塑造良好的形象，出于自尊的原因，人人都希望自己在公众面前有一个良好的形象，以受别人的信任和尊重，使人际关系和谐，融洽。所以，人们非常重视为自己塑造一个良好的社会形象。

礼仪是塑造形象的重要手段，在社交活动中，交谈讲究礼仪，可以变得文明；举止讲究礼仪，可以变得高雅；穿着讲究礼仪，可以变得美观；行为讲究礼仪，可以变得优雅，只有讲究礼仪，事事才能做得恰到好处。总之，一个人讲究礼仪，就可以变得充满魅力。

一个单位、一个企业通过讲究礼仪，可以在公众心目中塑造出良好的社会形象，使自己在激烈的市场竞争中广交朋友，办起事来能左右逢源，产生很好的社会利益和经济利益。

礼仪必须贯穿在服务的每一个环节中,每个小的细节都可能影响客户对服务人员的印象。

1.3.3 仪容仪表要求

即使我们不断强调人的内涵重于外表，但美国人文科学学会研究表明：人与人之间第一印象好坏，93%取决于对方的外表。人与人相识，第一印象往往是在前几秒钟形成的，而要改变它，却需付出很长时间的努力。因此，人的仪容仪表、言谈举止、行为动作是构成整体第一印象的关键因素。

服务顾问每天上班前必须对自己的仪容仪表进行检查，除了符合企业的要求外，还可以增加自信心。

1. 男士着装简介

男士着装中最主要的部分是西装，即西服套装，一般为上衣和裤子两件套，有时候还会多一件马甲变为三件套。除此之外，还要配上衬衫、领带、皮鞋、袜子和皮带。在西方国家，西装是男士的传统着装，它本来并非商务着装而是上层人士才能穿着的豪华装束。

现在的商务西装趋向简单，但对于面料、剪裁以及着装礼仪依然非常讲究。西装的基础格式有单排扣和双排扣两种。欧洲人倾向于选择双排扣的西装，而亚洲人则多选择单排扣的格式。单排扣也有不同数量的纽扣，作为商务西装，多以单排两粒扣或单排三粒扣为主。

（1）西服着装：剪裁得体的西服套装，可以选择藏蓝色、灰色、黑色、米色、棕色或者带有暗条纹的。在稳重、正式的场所中，男士应当着正式商务装，即西装应当是深色的。一般来讲，藏蓝色适用于正式商务场所，而黑色西装则更适合商务正式晚宴或聚会时穿着。

（2）色彩及配饰：系领带时，衬衫的纽扣必须全系上。领带的色彩应当比衬衫的色彩深一些。打好的领带长度应当刚好到皮带扣上。如果西装和衬衫看上去比较平庸，可以系一条有图案的领带，但不要太过花哨。男士商务着装全身衣着的颜色加起来应坚持在三种颜色之内，如图 1-3 所示。

图 1-3

穿西装裤时要系上皮带，皮带要选择质量好的，色彩要与衣服相配。通常藏蓝色、灰色或黑色的西装适合配黑色皮带；米色或棕色的西装适合配棕色的皮带。皮带扣的金属颜色可以是金色或银色的。其他金属配饰，比如手表、袖扣等，应当与皮带扣的色彩一致。

（3）男士至少应当有两双质量好的皮鞋，皮鞋的色彩要与皮带一致。正式的场所最好穿系带的皮鞋。皮鞋的鞋跟和鞋底不能是橡胶质地的，最好是皮质地的或木质地的鞋跟及鞋底。袜子的颜色可以选择与皮鞋同色或相近的颜色。对于职业男士而言，公文包的颜色应当与身上其他的皮具一致。

（4）衬衫。搭配西装最好的选择是白色的长袖衬衫，其次是浅蓝色带有细条纹或小格子图案的衬衫。有领扣的衬衫只适合于较随便的场所。衬衫袖口应露出西装外 1 ~ 2 cm；衬衫衣领应高出西装衣领 0.5 ~ 1 cm。这样既雅观又可以起到维护西装的作用。

2. 女士着装简介

（1）女士服装的样式和色彩比男士服装丰富许多，因此，在选择服装时，最主要的是要遵守着装礼仪的 TOP 原则。一般情况下，商务着装要体现稳重、大方的职业形象。职业形象的定位因不同的行业、不同的工作岗位会有一定的差别。

正如男士着装中所提到的，职业人士都应该尊重企业文化，个人着装应与工作环境、身份、职务协调统一。女士的着装，可以不像男士那样受色彩的限制，但样式还是要选择简单、大方的。

在稳重的正式场所中，建议女士着深色的西服套装，如图 1-4 所示。套装的首选是裙装，其次是裤装。搭配的衬衣最好是纯色的，色彩以淡雅为佳。

（2）套装。职业套装讲求合身，可选择定做。太宽松的衣服显得人不沉稳。女士用来搭配西服的配饰并不像男士那样有明确的规定，除搭配传统样式的衬衫外，也可以选择无领的衬衫。一般情况下，衬衫可以是纯色的，也可以是花色的，但不要太鲜艳、抢眼。

在正式的商务场所中，无论什么季节，正式的商务套装都必须是长袖。职业女性日常上班时不必天天都穿套装，上衣和裙子可以用不同的色彩来搭配，也可以穿着大方的针织衫。

图 1-4

（3）袜子、裙子。穿职业装时，女士最好穿丝袜，肉色的丝袜可以搭配任何服装。穿深色套装时也可以搭配黑色丝袜，但切忌搭配渔网、暗花之类过于性感的丝袜。丝袜的长度也很重要，切忌穿裙子时搭配短丝袜。皮裙、迷你裙、吊带衫（裙）、七分裤等服装不适合于工作场所。职业裙装的裙子应当长及膝盖，坐下时直筒裙会自然向上缩短，如果裙子向上缩后离膝盖的长度超过 10 cm，就表示这条裙子过短或过窄。

（4）配饰。在售后工作场所中，职业女性佩戴的饰物与服装要协调，样式简单、精巧，饰物不宜过多，最好维持在三件以内。长头发的女性可以佩戴简单的发夹，切忌夸张的头饰。职业女性应当化淡妆，这样不仅可以让自己看起来更漂亮、更有魅力，同时也表达了对他人的尊重。

（5）鞋子。鞋子可以选择中跟或高跟，船鞋最适合搭配女士的职业套装。露出脚趾和脚后跟的凉鞋并不适合商务场所，没有后帮的鞋子也只能在非商务场合穿。任何有亮片或水晶装潢的鞋子都不适合于售后的工作场所，这类鞋子只适合正式或半正式的社交场所。

3. 着装礼仪六忌

（1）过于鲜艳。着装过于鲜艳是指在正式场合的着装色彩较为繁杂，过分鲜艳，如衣服图案过分繁琐以及标新立异等问题。

（2）过于杂乱。着装过于杂乱是指不按照正式场合的规范要求着装。杂乱的着装极易给人留下不良的印象，容易使客户对企业的规范化程度产生疑虑。

（3）过于暴露。在正式的商务场合中，身体的某些部位是不适宜暴露的，比如胸部、肩部、大腿。

（4）过于透视。在社交场合穿着透视装往往是允许的，但是在正式的商务交往中着装过分透视就有失于对别人的尊重，有失敬于对方的嫌疑。

（5）过于短小。在正式场合中，售后服务人员的着装不可以过于短小。比如，不可以穿短裤、超短裙，非常重要的场合不允许穿露脐装、短袖衬衫等等。

（6）过于紧身。在社交场合身着非常紧身的服饰是允许的，但是必须强调的是，工作场合和社交场合是有所区别的，在比较正式的工作场合不可以穿着过分紧身的服装。设想一下，当售后服务人员在工作场合穿着过于紧身的服装，凸显线条分明，就难以体现自己的庄重。

知识链接

职场中的注意事项

1. 符合身份

鉴于每一位员工的形象均代表其所在单位的形象及企业的规范化程度，也反映了个人的修养和见识，因此售后服务人员的着装必须与其所在单位形象、所从事的具体工作相称，做到男女有别、职级有别、身份有别、职业有别、岗位有别，即“干什么，像什么”。如此这般，才会使商务人员的着装恰到好处地反映自身的素质，反映企业的形象。

2. 扬长避短

现实生活中，每个人的高矮胖瘦都不同。售后服务场合着装强调扬长避短，但重在避短不在扬长。例如，一位身材很好的小姐，紧身上衣，迷你裙最能展现她的身材，但是这样的着装不适宜售后服务场合，售后服务场合还是穿职业套装为宜，这就是重在避短不在扬长。如果女士的腿不直，则可以选择裤装，这就是扬长避短。

3. 区分场合

在日常工作与生活中，售后服务人员的着装应当因场合而异，以不变应万变显然不太妥当。在不同的场合售后服务人员应该选择不同的服装，以此来体现自己的身份、涵养与品味。一般而言，售后服务人员所涉及的场合主要有：公务场合、社交场合、休闲场合。

（1）公务场合。所谓公务场合是指执行公务时涉及的场合，它一般包括在写字楼里，在车间里以及外出执行公务等情况。公务场合着装的基本要求是保守，宜穿套装、套裙以及制服。除此之外，还可以考虑选择长裤、长裙和长袖衬衫。不宜穿时装、便装。必须注意在非常重要的场合，短袖衬衫不适合作为正装来选择。

（2）社交场合。对售后服务人员而言，所谓社交场合是指工作之余在公共场所和同事、商务伙伴友好地进行交往应酬的场合。虽然这些场合不是在工作岗位上，但往往面对的是熟人。社交场合着装的基本要求为时尚、个性，宜穿着礼服、时装、民族服装。必须强调的是，在这种社交场合中一般不适合选择过分庄重保守的服装，比如，穿着制服去参加舞会、宴会、音乐会，这与周边环境不大协调。

（3）休闲场合。休闲并不等于休息，这里的休闲是指在工作之余一个人单独自处，或者在公共场合与其他不相识者共处的时间。休闲场合着装的基本要求为舒适自然。换言之，只要不触犯法律，不违背伦理道德，没有妨碍他人的身体安全，那么售后服务人员的穿着打扮可以完全听凭个人爱好。

1.3.4 姿态礼仪

售后服务人员要注意自己的行为规范（仪态），这不仅是自我尊重和尊重他人的表现，也能反映出员工的工作态度和责任感。

1. 谈话姿势

谈话的姿势往往反映出一个人的性格、修养和文明素质。所以，交谈时，双方要互相正视、互相倾听，不能东张西望、看书看报、面带倦容、哈欠连天。否则，会给人心不在焉、傲慢无理等不礼貌的印象。

2. 站　姿

站立是人最基本的姿势，是一种静态的美。站立时，身体应与地面垂直，重心放在两个前脚掌上，挺胸、收腹、收颌、抬头、双肩放松。双臂自然下垂或在腹前交叉，眼睛平视，面带笑容（见图 1-5）。站立时不要歪脖、斜腰、曲腿等，在一些正式场合不宜将手插在裤袋里或交叉在胸前，更不要下意识地做些小动作，那样不但显得拘谨，给人缺乏自信感，而且也有失仪态的庄重。

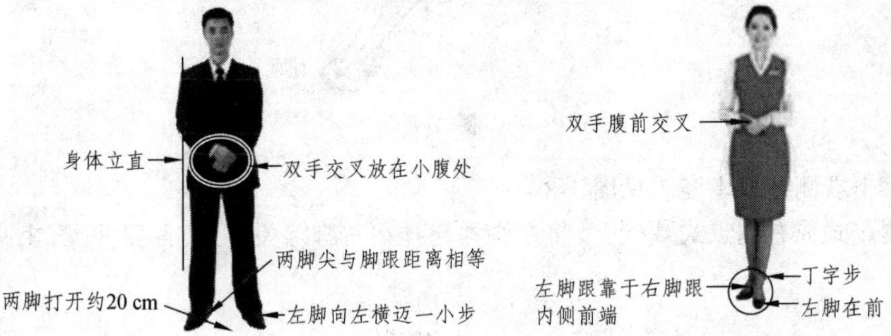

图 1-5

3. 坐　姿

坐，也是一种静态美。端庄优美的坐姿，会给人以文雅、稳重、自然大方的美感。正确的坐姿是腰背挺直，肩放松。女性应两膝并拢；男性膝部可分开一些，但不要过大，一般不超过肩宽。双手自然放在膝盖上或椅子扶手上。在正式场合中，入座时要轻柔和缓，起座时要端庄稳重，不可猛起猛坐，弄得桌椅乱响，造成气氛尴尬。不论何种坐姿，上身都要保持端正，如古人所言的“坐如钟”。若坚持这一点，那么不管怎样变换身体的姿态，都会优美、自然。

（1）女士开关式坐姿（见图 1-6）

坐正，双膝并紧，两小腿前后分开，两脚前后在一条线上，两手重叠置于两腿间或腿上。

图 1-6

（2）女士左侧点式坐姿（见图 1-7）

坐止，双膝并紧，上身挺直，两小腿向左斜伸出，左脚靠近右脚内侧，左脚脚掌内侧着地，右脚脚跟提起，双手放置于右腿上，头向右侧转。

图 1-7

（3）女士右侧挂式坐姿（见图 1-8）

在左侧点式或右侧点式基础上，将左脚提起挂在右脚踝关节处，两腿并拢，上身左转 45°，挺胸立腰。

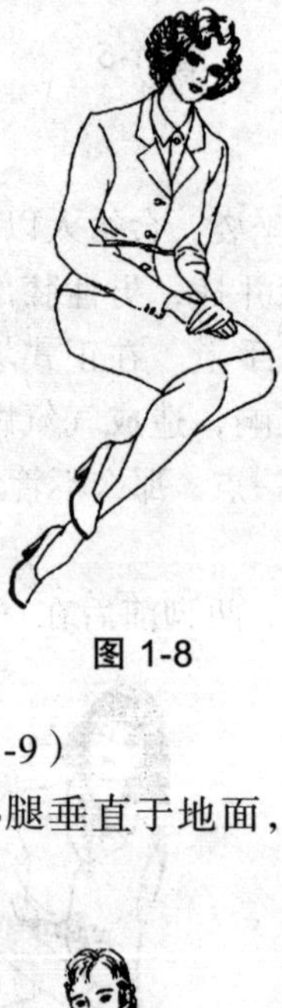

图 1-8

（4）女士侧身重叠式坐姿（见图 1-9）

髋部左转 45°，头胸向右转，左小腿垂直于地面，右腿重叠于左腿上，右腿向里收，右脚尖向下。

图 1-9

（5）男士前伸式坐姿（见图 1-10）

坐正，两腿前伸，双脚在踝关节处交叉。

图 1-10

（6）男士后点式坐姿（见图 1-11）

正坐，身体微向前倾，双小腿向后屈回，双脚掌着地。

图 1-11

（7）男士开关式坐姿（见图 1-12）

坐正，两小腿前后分开，两脚前后在一条线上，两手合握置于两腿间。

图 1-12

（8）男士正身重叠式坐姿（见图 1-13）

右小腿垂直于地面，左腿在其上重叠，左小腿向里收，脚尖向下，双手扶于扶手上或交叉于腿间。

图 1-13

（9）坐姿禁忌

女士坐姿不可将双膝分开，或大腿并拢而小腿分开（见图 1-14）。

图 1-14

坐在松软的沙发中，不可将整个人堆入沙发里（见图 1-15）。

图 1-15

不要为了表现谦虚，故意坐在椅子边上，身体前倾似给人阿谀之感（见图 1-16）。

图 1-16

4. 走　姿

行走是生活中的主要动作，走姿是一种动态的美。“行如风”就是用风行走于水上来形容轻快自然的步态。正确的走姿是：轻而稳，胸要挺，头要抬，肩放松，两眼平视，面带微笑，自然摆臂。

知识链接

身体语言的运用

身体语言是在人际交往过程中最常见的一种礼仪表现形式。通过人的肢体、器官的动作和表情来表现思想感情的语言符号，称为身体语言。身体语言是一种非文字语言，包括人的体态姿势、动作和表情。人们在交往中不用口头语言，而只用一个眼神，一个表情，一个微小的手势和体态，就可以传递出非常丰富的无声信息。

1. 身体语言的特点

（1）身体语言的表达效果比起有声的口头语言有时会更丰富、更生动，表达出真实、诚恳的心态。

（2）身体语言所发出的语言信息比起口头语言具有含蓄、模糊的作用，给人以朦胧美的感官享受。

2. 身体语言的作用

（1）交流情感作用。一个眼神、一个动作，所表达的意思，双方心领神会，情感交流无声胜有声。

（2）提示与指令作用。如果当着客户的面收拾公文包，是在提示对方：“要下班了，应该说再见了”。当你去找经理时，经理正在与客人商谈事情，经理给你一个手势，是在指令你：“你先去做别的事，等忙完了再来找我”。

（3）联想作用。身体语言所发出的信息，由于有其含蓄性和朦胧感，因而在许多情况下要进行猜测和联想。假如，你当着客户的面收拾公文包，你真实的想法是提示客户“要下班了，应该说再见了”。而客户除了已理解出你的原意外，还可能会联想出其他想法，如是在催他走，不愿和他交谈了。

1.3.5　常用礼仪

1. 目光礼仪

眼睛被人们称为心灵的窗户。这是因为心灵深处的奥秘都会自觉不自觉地从眼神中流露出来。一双炯炯有神的眼睛，给人以感情充沛、生气勃发的感觉。目光呆滞麻木，则使人产生疲惫厌倦的印象。

（1）目光接触的作用

① 目光接触是最有效力的身体语言技巧之一。因为它可以让客户了解你正在饶有兴趣地、聚精会神地听他说话、也愿意接受他的看法。

② 目光接触可以使服务顾问不仅听到客户所说的话，还可以了解他的感受。

（2）目光接触技巧的运用

① 把目光的焦点柔和地落在客户的脸上，就能做到目光接触。比如，客户走近你，不管你在做什么，你要立即目不转睛地看着他的脸，同他进行目光接触。当谈话继续时，应该不时地移开目光，避免给人一种印象，认为你正盯着他。

② 不论是初次见面的人，还是熟人，见面时首先要眼睛睁大，以闪烁的光芒目光接触片刻，面带微笑，显示出喜悦、热情的心情。

③ 对方长时间回避你的目光而左顾右盼，是对方不感兴趣的表示，交谈应当很快结束。

④ 表达过度。用锐利的目光盯着对方，使人不敢正视，令人感到紧张和不安。

⑤ 表达不充分。当客户走近你，而你却低着头伏案工作，不与客户进行目光接触。客户很可能理解为你不愿意和他打交道。

2. 微笑礼仪

人的喜、怒、哀、乐都能在面部上表露出来。面部表情是人内心情感在面部上的表现，一个人的面部表情能让周围的人知道他是在高兴、难过还是激动。

（1）微笑的作用

在与客户的交往中，“笑”有着以下重要作用：

① 微笑是处理好人际关系的一种重要手段。不同场合面对不同情况，微笑具有良好的润滑作用，可以反映出一个人高超的人际关系处理技巧。

② 微笑是调节和融洽交往氛围的有效手段。微笑所表现出的温馨、亲切的表情，能有效地拉近双方的心理距离，给对方一种美好的心理感受，从而形成融洽的交往氛围。

③ 微笑是化解矛盾的有效手段。微笑具有很高的魅力，它可以使强硬者变温柔，使困难变容易，使对立变和解，是化解矛盾的有效手段。

（2）善用微笑

避免微笑表达不充分。因为当客户走近你时，你面部毫无表情，没有一丝笑容或者笑得非常勉强、非常不自然，是那种“皮笑肉不笑”的笑，这时客户心里会产生不愉悦的感觉。而微笑表达过度又会使人感到生硬、虚伪，笑不由衷。所以服务顾问平时要多练习微笑，让笑容自然、亲切。

3. 点头礼仪

不需要用语言表明你正在注意倾听别人讲话的最好方式之一就是点头。当一位客户正向你不停地讲解某件事的一些细节时，你不插话，但你又希望让他知道你正在听他讲话，这个时候点头特别有效。

同样，要注意点头表达过度的问题。偶尔点头表明你正在倾听，但持续不断地点头表露了不耐烦的情绪。点头频率加快是在催促客户“赶快说完”。谈话间歇阶段你仍在点头，表明你根本没有留意周围发生的一切。

也要避免点头表达不充分：机械性点头，毫无表情地点头，客户饶有兴趣地向你述说你却没有一点反应。

（1）身体面对客户

通过你把整个身子转向客户，你向他传递了这样一个信息：他得到了你全部的、毫无分散的注意力。

（2）向前倾身

在与客户交谈过程中，如果你不想结束谈话，那么你就要轻轻向前倾身，从而让客户了解你对他所说的话很感兴趣。当客户正在表达强烈感情时，你一定要向前倾身，这个动作会向他暗示说："我确实非常乐意听你讲的，我对你非常理解。"

4. 手势礼仪

手势在服务顾问与客户的交往中有着重要作用，它可以加重语气，增强感染力。大方、恰当的手势给人以肯定、明确的印象和优雅的美感。有很多人每当说话时，喜欢一边说话，一边做手势。

（1）运用手和其他物品表示的手势用法

这种用法是指那些依靠某些道具，能够清楚地提供关于客户情绪信息的手势，包括：

① 用手指叩击桌子。这表示一种不耐烦或失望的情绪。

② 不停地用力转动手中的笔。这个动作可以有两种不同的含义：一种表示很不自在。另一种表示正陷入沉思。观察一下其他身体语言信号来决定当时哪种含义是正确的。

（2）单独用手表示的手势用法

不用任何道具，这些手势包括：

① 张开手的姿势（四指并拢，拇指伸开）。这种手势用来表示一个指示，它表示邀请向某一方向走或朝某一方向看。张开手的姿势也是指向一个人或物品以更礼貌、更优雅的方式表达。

② 合拢手的姿势（伸出食指指着）。这种手势用来传送一个指示，它被解释为一道命令，而不是邀请。用这种手势来指向人是不礼貌的，尤其是在很近的范围内用这种手势指着别人的脸，这个动作很明显地表达了敌意和愤怒。

如运用手势太频繁，手势动作太大，或者把手紧贴在身体两侧，缺乏手势，手势太少等都会给客户留下不太好的印象。

5. 握手礼仪

在身体接触方式中，最通行的、最能让人接受的身体语言是握手，如图 1-17 所示。握手通常表示欢迎、欢送，见面相会、告辞，对人表示祝贺、感谢、慰问，表示和好合作等。

图 1-17

握手礼仪应注意的是：

① 一定要用右手握手。

② 要紧握对方的手，时间以 1 ~ 3 秒为宜。当然，过紧地握手，或是只用手指部位漫不经心地接触对方的手都是不礼貌的。

③ 上下级之间，应等上级主动伸手后，下级再伸手。

④ 握手时，年轻者对年长者、职务低者对职务高者都应稍稍欠身相握。有时为表示特别尊敬，可用双手迎握。男士与女士握手时，一般宜轻轻握女士手指部位。男士握手时应脱帽，切忌戴手套握手。

⑤ 男女之间，应由女士先伸手，男士再伸手，如果女方没有握手的意思，男方可改用点头礼致意。

⑥ 当服务顾问一人面对众多客户，相见时不可能一一握手，可以用点头礼、注目礼、招手礼致意。

⑦ 握手的力度应适度，太猛太重，是非礼行为。太轻，会让对方觉得你在敷衍、冷淡他。对男性，握手时可稍重一些，对女性则应轻柔。

⑧ 握手时双目应注视对方，微笑致意或问好，多人同时握手时应顺序进行，切忌交叉握手。

⑨ 在任何情况下，拒绝对方主动要求握手的举动都是无礼的，但手上有水或不干净时，应谢绝握手，同时必须解释并致歉。

⑩ 避免握手表达过度和表达不充分。比如握手用力太猛，把对方握痛，用一条胳膊搂抱客户的肩膀，拍打客户后背，长时间握手，强行拉住客户不让他走。握手时犹豫不决，或者刚与你握手，你只是轻轻地稍碰了一下，就把手抽了回来等等，这些行为都是不好的身体语言。

6. 鞠躬礼仪

① 行礼时，立正站好，保持身体端正。

② 面向受礼者，距离为两三步远。

③ 以腰部为轴，整个肩部向前倾 15°以上（一般是 60°，具体视行礼者对受礼者的尊敬程度而定），如图 1-18 所示，同时问候“您好”、“早上好”、“欢迎光临”等。

④ 朋友初次见面、同志之间、宾主之间、下级对上级及晚辈对长辈等，都可以鞠躬行礼表达对对方的尊敬。

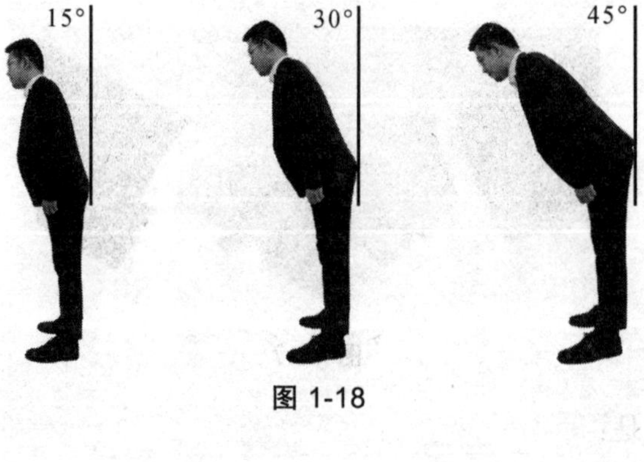

图 1-18

7. 座次礼仪

（1）宴会座次

排序原则：以远为上，面门为上，以右为上，以中为上，观景为上，靠墙为上。

座次分布：面门居中位置为主位，主左宾右分两侧而坐，或主宾双方交错而坐，越近首席，位次越高。同等距离，右高左低。

（2）轿车座次

按照国际惯例，乘坐轿车的座次安排是：右高左低，后高前低。具体而言，轿车座次的尊卑自高而低是：后排右位—后排左位—前排右位—前排左位。

另外有几种特殊情况，一是主人或熟识的朋友亲自驾驶汽车时，若坐到后面位置等于向主人宣布你在打的，非常不礼貌。在这种情况下，副驾位置为上座位。二是接送高级官员、将领、知名公众人物时，主要考虑乘坐者的安全性和隐私性，司机后方位置为汽车的上座位（见图 1-19），通常也被称作 VIP 位置。

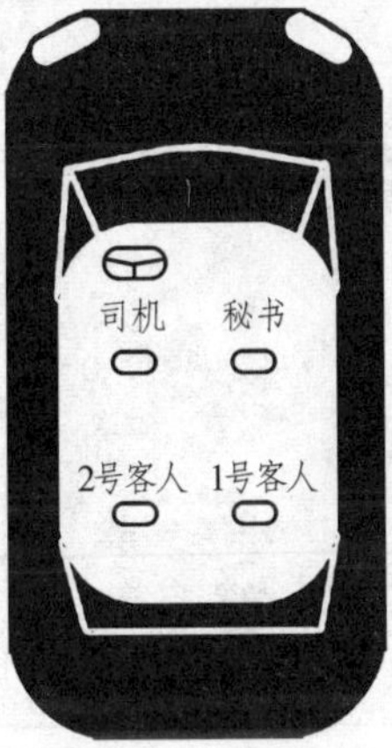

图 1-19

（3）会议座次

首先是前高后低，其次是中央高于两侧，最后是左高右低（中国政府惯例）和右高左低（国际惯例）。

主席台座次说明：以左为尊（中国惯例），即左为上，右为下。

当领导同志人数为奇数时，1 号首长居中，2 号首长排在 1 号首长左边，3 号首长排右边，其他依次排列。如有 7 位领导同志，从台下（面对面）的角度看，是 7、5、3、1、2、4、6 的顺序；从台上（面向同一方向）的角度看，是 6、4、2、1、3、5、7 的顺序。

当领导同志人数为偶数时，座次安排容易排错。具体应该是：1 号首长、2 号首长同时居中，2 号首长排在 1 号首长左边，3 号首长排右边，其他依次排列。从台下（面对面）的角度看，是 7、5、3、1、2、4、6、8 的顺序；从主席台上（面对面）的角度看，是 8、6、4、2、1、3、5、7 的顺序。关于偶数领导座次的问题，可以参照各类国家大型会议座次安排，这是比较权威的。

（4）行进位次

多人并排行进，中央高于两侧，对于纵向来讲，前方高于后；两人横向行进，内侧高于外侧。

实际上内侧就是指靠墙走，我国道路行进规则是右行，所以在引领客人时，客人在右，陪同人员在左。换句话说，客人在里面陪同人员在外面，为什么要让客人在靠墙的位置，受到干扰和影响少。

与客人的距离，别拉太远，也别离太近，标准化位置是：左前方 1 ~ 1.5 m 处，换句话说，一步之遥。

与客人同乘电梯，应该先进后出。

8. 名片礼仪

（1）递名片礼仪

递名片时，起身站立，走上前，双手或右手递出，正面对着对方，如图 1-20 所示。若为外宾，将英文的一面对着对方。递名片时，应说："请多指教""多多关照""常联系"等，或做自我介绍。与多人交换名片时，由近而远，由尊到卑，位卑者应当首先将名片递给位尊者。

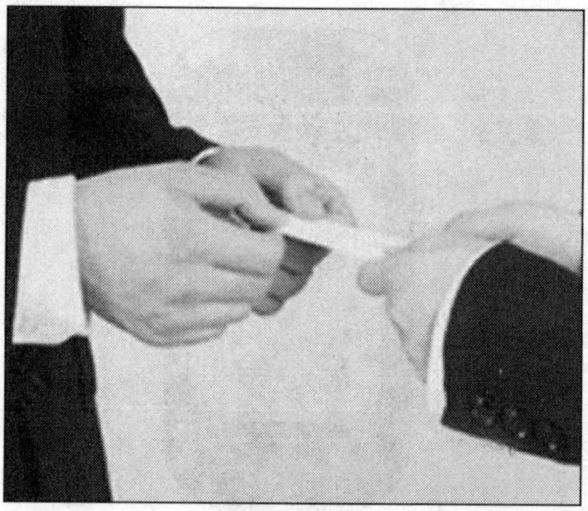

图 1-20

（2）接名片礼仪

起身站立，面带微笑目视对方，双手捧接，或以右手接过。接过名片后，从头到尾认真默读一遍，意在表示重视对方。接受他人名片时，应使用谦敬语，如"请您多关照""请您多指教"。

（3）索要名片的方法

如想获取对方名片，可主动递上本人名片并询问对方，如"今后如何向您请教？"此法适于向尊长索取名片；"以后怎样与您联系？"此法适于向平辈或晚辈索要名片。

（4）名片存放的方法

参加交际应酬之前，提前准备好名片并进行必要的检查。名片可放在专用的名片包、名片夹里，也可以放在上衣口袋里，但不要放在下装口袋、提包、钱夹里。自己的公文包及办公桌抽屉里，应常备名片。接过他人的名片并看过之后，精心地放入自己的名片包、名片夹或上衣口袋内，若在会议时，可暂时放在会议桌前，一字排开摆整齐，会议结束后应妥善收好，不能随意放在其他地方。

（5）名片收藏要求

参加交际应酬后，及时把收到的名片分类整理收藏，不要随意夹在书刊或材料里，或压在玻璃板下或扔在抽屉里。名片收藏时，可以按姓名的英文字母或汉语拼音字母顺序分类，或按专业及部门分类。若按国别或地区分类收藏的名片甚多，可以编一个索引，用起来会更方便。

9. 电话礼仪

（1）接电话

接听电话不可太随便，得讲究必要的礼仪和一定的技巧，以免横生误会。无论是打电话还是接电话，我们都应做到语调热情、大方自然、声量适中、表达清楚、简明扼要、文明礼貌。

① 及时接听。一般来说，在办公室里，电话铃响 3 遍之前就应接听，6 遍后就应道歉："对不起，让您久等了。"如果受话人正在做一件要紧的事情不能及时接听，代接的人应代为解释。如果既不及时接电话，又不道歉，甚至极不耐烦，这是极不礼貌的行为。尽快接听电话会给对方留下好印象，让对方觉得自己被看重。

② 确认身份。对方打来电话，一般会自己主动介绍。如果没有介绍或者你没有听清楚，就应该主动问："请问您是哪位？我能为您做什么？您找哪位？"但是，人们习惯的做法是，拿起电话听筒盘问一句："喂！哪位？"这在对方听来，陌生而疏远，缺少人情味。接到对方打来的电话，拿起听筒应首先自我介绍："您好！我是××。"如果对方找的人在旁边，你应说："请稍等。"然后用手掩住话筒，轻声招呼旁边的人接电话。如果对方找的人不在，你应该告诉对方，并且问："需要留言吗？我一定转告！"

③ 讲究艺术。接听电话时，应注意使嘴和话筒保持 4 cm 左右的距离，并把耳朵贴近话筒，仔细倾听对方的讲话。最后，应让对方自己结束电话，然后轻轻把话筒放好。不可"啪"的一下扔回原处，这极不礼貌，最好是在对方之后挂电话。

④ 调整心态。拿起电话听筒的时候，一定要面带笑容。用亲切、温柔的声音对话，这会使对方马上产生良好的印象。打、接电话的时候不能叼着香烟、嚼着口香糖。说话时，声音不宜过大或过小，吐词清晰，保证对方能听明白。

⑤ 左手接听。左手接听便于右手随时记录有用信息。

⑥ 随时牢记 5W1H 技巧。所谓 5W1H 是指 When 何时，Who 何人，Where 何地，What 何事，Why 为什么，How 如何进行。

在工作中这些资料都是十分重要的，对打电话、接电话同等重要。电话记录既要简洁又要完备，有赖于 5W1H 技巧。

（2）打电话

打电话时，需注意以下几点：

① 控制响铃时长。一般情况下，响铃时长并无限制，但根据受话人身份的不同，响铃时长有时也应考虑。例如，受话人为老师，当对方在上课时，如非重要事情，响铃 4～6 声即可，久则扰人，事情紧急也不例外。

② 选好时间。打电话时，尽量避开受话人休息、用餐的时间，最好别在节假日打扰对方。

③ 掌握通话时间。打电话前，先想好要讲的内容，以便节约通话时间，不要拿起电话才考虑需要说什么；也不要"煲电话粥"，通常一次通话不应长于 3 min，即所谓的"3 min 原则"。

④ 态度友好。通话时不要大喊大叫，高声大气，应语调舒缓柔和，态度友好。

⑤ 用语规范。通话之初，应先做自我介绍，不要让对方"猜一猜"。请受话人找人或代转时，应说"劳驾"或"麻烦您"，最后说"谢谢""再见"结束通话。

（3）常用电话礼貌用语

您好！这里是×××公司×××部（室），请问您找谁？

我就是，请问您是哪位？

请问您有什么事（有什么能帮您）？

您放心，我会尽力办好这件事。

不用谢，这是我们应该做的。

×××同志不在，我可以替您转告吗（请您稍后再来电话好吗）？

对不起，这类业务请您向×××部（室）咨询，他们的号码是……（×××同志不是这个电话号码，他（她）的电话号码是……）。

您打错号码了，我是×××公司×××部（室），……没关系。

您好！请问您是×××单位吗？

我是×××公司×××部（室）×××，请问怎么称呼您？

请帮我找×××同志。

对不起，我打错电话了。

对不起，这个问题……，请留下您的联系电话，我们会尽快给您答复，好吗？

再见！

1.4 服务顾问职业道德规范

1.4.1 服务顾问的基本素质

作为服务顾问必须具备以下基本素质：

1. 服务意识

服务顾问是服务型岗位，服务的对象主要是已经购买本品牌汽车的客户，所以，服务意识特别重要。一句贴心的问候、一杯淡淡的清茶看似简单，但是对不具备良好服务意识的人却很难做到，服务顾问必须具备服务意识，能够发自内心的喜爱自己的工作，热情地为客户服务，这是最基本的要求。

2. 真诚互惠意识

服务顾问对外代表企业，要时刻顾全企业的利益，但同样不能忽略了客户的利益，必须具备真诚互惠的意识，才能在岗位发挥巨大作用。倘若工作中没有平衡好两方的利益，就会造成一方的损失，不是损害了企业的利益，就是得罪了客户，唯有具备真诚互惠的意识，做好双方利益的平衡，才能维护好客户关系，保障企业的利益。

3. 沟通交流意识

服务顾问的主要工作就是交流和沟通，要不断地与客户、配件部、维修部、客服、甚至保洁沟通，这种多层次多角度的沟通，仅有能力是不够的，还必须具备沟通的意识；在日常工作中，因为沟通不畅造成的内部矛盾、客户抱怨的例子不胜枚举。因此，作为一位合格的服务顾问必须具备沟通交流意识。

4. 应变与创新意识

服务顾问每天要面对各种各样的矛盾，甚至冲突，如：价格是否合理、交车是否及时、配件质量是否过关、结算快捷等，这时，服务顾问的应变与创新的能力就特别关键，客户的满意除了企业满足对方的实际需求以外，还要看在面对复杂问题时的处理方案，所以在面对各种局面时能否适时应变，能否创造性地打开思路和解决问题也是服务顾问必须具有的基本素质之一。

5. 塑造形象意识

服务顾问是企业形象的代表人，承担着塑造自身形象和企业形象的双重任务，因此，要时时注意自己的身份，时刻牢记塑造企业形象的意识也是服务顾问必须具备的基本素质。

1.4.2　服务顾问的心理素质

1. 必须克服“羞涩、怯懦的心理”

由于受到学校和家庭教育的影响，大多数人在平时与人沟通能力很强，但是，正式进入工作角色时，才发现正式的服务工作所需要的心理素质与平时在生活中与人沟通是有区别的。特别是才毕业的学生，第一次接待客户，可能会十分紧张，有的甚至每当见到客户时说话都语无伦次，声音比较小，连自己都不知道说了些什么。克服羞涩、怯懦、缺乏自信的最好办法就是勤锻炼、勤总结，可以对着镜子模拟接待，提升自己的沟通能力与服务技能。

2. 必须杜绝“气馁懒惰的心理”

服务顾问的薪资一部分是靠业绩提成，需要推销其他产品提升业绩，但是作为客户，只有少部分人会选择额外的项目。遇到失败时，人的情绪很容易跌落到低谷。要管理好自己的情绪，适时给予调整。懒惰心理的产生实际上是一种激情消退的过程，一般产生在有一段工作时间之后。懒惰是人的本性，实际上再先进的管理工具或手段都只能是治标不治本，关键在于个人对工作的热忱和荣誉感。因此，必须杜绝“气馁懒惰的心理”，提升工作业绩。

3. 需要修正“抱怨的心理”

抱怨的产生是对现实的不满，对公司、对客户的不满，可能有时候并不是自己的错，可大多时候个人是无法改变现实状况的，最好的解决方式就是改变自己，改变自己的思维方式，少些抱怨，多些进取。

4. 力戒“骄傲、自负心理”

骄傲、自负心理的产生一般以高业绩为后盾，实际上服务顾问业绩的完成和服务顾问的本身素质有很大的关系，但作为一个职业化服务顾问，一定要记住“巧妇难为无米之炊”。服务顾问业绩的取得是众多方面因素作用的结果，如维修、活动、宣传、售前、财务部门的配合等，换一句话说众多因素成就了自己，不要盲目相信自己永远是常胜将军，骄傲自满的心理贻害无穷，警醒着每一个服务顾问。

服务顾问的心理素质一般需要相当长的时间进行锤炼，良好的心理素质和具体从事的业务以及自身的领悟能力有很大的关系。最后，服务顾问要具备“一切都是我的原因”的良好从业心理素质，来成就职业巅峰。

1.5 服务顾问的职责

根据服务顾问的主要工作内容，服务顾问的工作职责如下：

（1）服从企业总经理和执行经理的领导，严格执行企业的各项规章制度，并对自己所负责的工作承担相应责任。

（2）负责受理客户提出的预约维修请求或向客户提出预约维修建议，经客户同意后，办理预约手续。

（3）负责接待咨询业务的客户或前来企业送修车辆的客户，认真询问客户的来意与要求。

（4）负责配合技术人员对送修车辆技术进行诊断，确定维修内容和大致期限。

（5）负责维修报价，确定客户的进厂维修时间和预约维修费用。

（6）负责与客户及车间维修人员办理维修车辆的交车手续。

（7）负责维修业务的日常进度监督。

（8）负责对维修增项意见的征询与处理。

（9）负责将竣工车辆从维修车间接出，检查车辆外观技术状况及有关随车物品，通知客户提车，准备客户接车资料。

（10）负责接待前来企业提车的客户，引导客户视检竣工车辆，向客户汇报维修情况，办理结算手续，恭送客户。

（11）负责客户的咨询解答、电话回访与投诉处理。

（12）负责企业的业务统计和业务档案管理。

1.6 维修服务流程概述

维修服务流程及主要内容如图 1-21 所示。

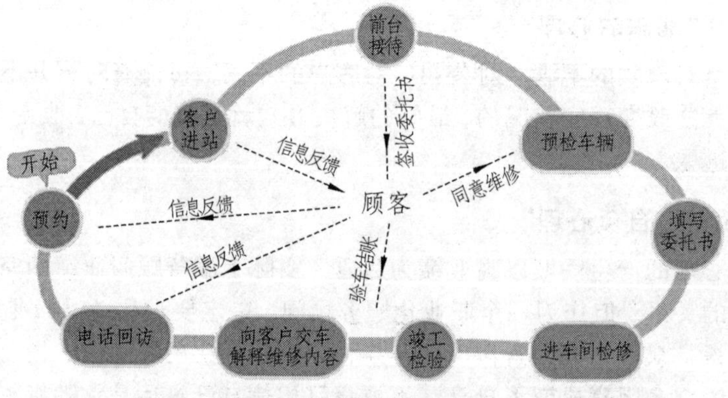

图 1-21 维修服务流程

1.6.1 客户预约

实施客户预约制度的主要目的是确保服务部的正常运作，将客户分散到一整天的时间当中，避免出现拥堵而导致维修不及时，或者客户等待太久的情况。同时保证有充足的时间来讨论车辆的状况与维护需求。

1.6.2　接待服务

1. 接待准备

（1）服务顾问按规范要求检查仪容、仪表。

（2）准备好必要的表单、工具、材料。

（3）环境维护及清洁。

2. 迎接顾客

（1）主动迎接，并引导顾客停车。

（2）使用标准问候语。

（3）恰当称呼顾客。

（4）注意接待顺序。

1.6.3　环车检查

（1）安装三件套。

（2）基本信息登录。

（3）环车检查。

（4）详细、准确填写接车登记表。

（5）现场问诊了解顾客关心的问题，询问顾客的来意，仔细倾听顾客的要求及对车辆故障的描述。

（6）故障确认。可以立即确定故障的车辆，根据质量担保规定，向顾客说明车辆的维修项目和顾客的需求是否属于质量担保范围内。如果当时很难确定是否属于质量担保范围，应向顾客说明原因，待进一步进行诊断后做出结论。如仍无法断定，将情况上报上一级汽车服务部，待批准后做出结论。不能立即确定故障的车辆，应向顾客解释具体故障情况要经过全面、仔细检查后才能确定。

（7）获得、核实顾客、车辆信息。

① 向顾客取得行驶证及车辆保养手册。

② 引导顾客到接待区，请顾客稍作休息。

（8）确认备品供应情况，查询备品库存，确定是否有所需备品。

（9）估算备品、工时费用。

① 查看 DMS 系统内顾客服务档案，以判断车辆是否还有其他可推荐的维修项目。

② 尽量准确地对维修费用进行估算，并将维修费用按工时费和备品费进行细化。

③ 将所有项目及所需备品录入 DMS 系统。

④ 如不能确定故障的，告知顾客待检查结果出来后，再给出详细费用。

（10）预估完工时间。根据对维修项目所需工时的估计及店内实际情况预估出完工时间。

1.6.4 制作任务委托书

（1）询问并向顾客说明公司接受的付费方式。

（2）说明交车程序，询问顾客旧件处理方式。

（3）询问顾客是否接受免费洗车服务。

（4）将以上信息录入 DMS 系统。

（5）告诉顾客在维修过程中如果发现新的维修项目会及时与其联系，在顾客同意并授权后才会进行维修。

（6）印制任务委托书，就任务委托书向顾客解释，并请顾客签字确认。

（7）将接车登记表、任务委托书客户联交与顾客。

（8）安排顾客在销售服务中心休息等待。

1.6.5 维修作业管理

1. 服务顾问与车间主管交接

（1）服务顾问将车辆开至待修区，将车辆钥匙、任务委托书、接车登记表交给车间主管。

（2）依任务委托书与接车登记表与车间主管车辆交接。

（3）向车间主管交代作业内容。

（4）向车间主管说明交车时间要求及其他须注意的事项。

2. 车间主管向班组长派工

（1）车间主管确定派工优先度。

（2）车间主管根据各班组的技术能力及工作状况，向班组派工。

3. 实施维修作业

（1）班组接到任务后，根据接车登记表对车辆进行验收。

（2）确认故障现象，必要时试车。

（3）根据任务委托书的工作内容，进行维修或诊断。

（4）维修技师凭任务委托书领料，并在出库单上签字。

（5）非工作需要不得进入车内且不能开动顾客车上的电器设备。

（6）对于顾客留在车内的物品，维修技师应小心地加以保护，非工作需要严禁触动，因工作需要触动时，要通知服务顾问以征得顾客的同意。

4. 作业过程中存在问题

（1）作业进度发生变化时，维修技师必须及时报告车间主管及服务顾问，以便服务顾问及时与顾客联系，取得顾客谅解或认可。

（2）作业项目发生变化时，需做增项处理。

1.6.6 竣工检验

（1）维修技师作业完成后，先进行自检。

（2）自检完成后，交班组长检验。

（3）检查合格后，班组长在任务委托书写下车辆维修建议、注意事项等，并签字。

（4）交质检员或技术总监质量检验。

（5）总检、质检员或技术总监进行100%总检。

（6）车辆清洗。

① 总检合格后，若顾客接受免费洗车服务，将车辆开至洗车工位，同时通知车间主管及服务顾问车已开始清洗。

② 清洗车辆外观，必须确保不出现漆面划伤、外力压陷等情况。

③ 彻底清洗驾驶室、后备箱、发动机舱等部位。烟灰缸、地毯、仪表等部位的灰尘都要清理干净，注意保护车内物品。

④ 清洁后将车辆停放到竣工停车区，车辆摆放整齐，车头朝向出口方向。

1.6.7 交车服务

1. 通知服务顾问准备交车

（1）将车钥匙、任务委托书、接车登记表等物品移交车间主管，并通知服务顾问车辆已修完。

（2）通知服务顾问停车位置。

2. 服务顾问内部交车

（1）检查任务委托书，以确保顾客委托的所有维修保养项目的书面记录都已完成，并有质检员签字。

（2）实车核对任务委托书，以确保顾客委托的所有维修保养项目在车辆上都已完成。

（3）确认故障已消除，必要时试车。

（4）确认从车辆上更换下来的旧件。

（5）确认车辆内外清洁度（包括无灰尘、油污、油脂）。

（6）其他检查：除车辆外观外，不遗留抹布、工具、螺母、螺栓等。

3. 通知顾客，约定交车

（1）检查完成后，立即与顾客取得联系，告知车已修好。

（2）与顾客约定交车时间。

（3）大修车、事故车等不要在高峰时间交车。

4. 陪同顾客验车

（1）服务顾问陪同顾客查看车辆的维修保养情况，依据任务委托书及接车登记表，并向顾客说明。

（2）向顾客展示更换下来的旧件。

（3）说明车辆维修建议及车辆使用的注意事项。

（4）提醒顾客下次保养的时间和里程。

（5）说明备胎、随车工具已检查及说明检查结果。

（6）向顾客说明并展示车辆内外已清洁干净。

（7）告知顾客 3 日内销售服务中心将对顾客进行服务质量跟踪电话回访，询问顾客方便接听电话的时间。

（8）当顾客的面取下三件套，放于回收装置中。

5. 制作结算单

（1）引导顾客到服务接待前区，请顾客边休息边等待结算单。

（2）打印出车辆维修结算单及出门证。

6. 向顾客说明有关注意事项

（1）根据任务委托书的建议维修项目向顾客说明这些工作是被推荐的，并记录在车辆维修结算单上。特别是有关安全的建议维修项目，要向顾客说明必须维修的原因及不修复可能带来的严重后果，若顾客不同意修复，要请顾客注明并签字。

（2）对保养手册上的记录进行说明（如果有）。

（3）对于首保顾客，说明首次保养是免费的保养项目，并简要介绍质量担保规定和定期维护保养的重要性。

（4）将下次保养的时间和里程记录在车辆维修结算单上，并提醒顾客留意。

（5）告知顾客会在下次保养到期前，提醒、预约顾客来店保养。

（6）与顾客确认方便接听服务质量跟踪电话的时间并记录在车辆维修结算单上。

7. 解释费用

（1）根据车辆维修结算单，向顾客解释收费情况。

（2）请顾客在结算单上签字确认。

8. 服务顾问陪同顾客结账

（1）服务顾问陪同顾客到收银台结账。

（2）结算员将结算单、发票等叠好，注意收费金额朝外。

（3）将找回的零钱及出门证放在叠好的发票等上面，双手递给顾客。

（4）收银员感谢顾客的光临，与顾客道别。

9. 服务顾问将资料交还顾客

（1）服务顾问将车钥匙、行驶证、保养手册等相关物品交还给顾客。

（2）将能够随时与服务顾问取得联系的方式（电话号码等）告诉顾客。

（3）询问顾客是否还需要其他服务。

10. 送顾客离开

送别顾客并对顾客的惠顾表示感谢。

1.6.8　跟踪回访

3 天内安排相关工作人员对顾客进行电话回访，了解顾客满意程度和意见。

实训任务

1. 实训目的

（1）掌握运用肢体语言的标准，认识肢体语言在服务顾问工作中的重要性。

（2）全面掌握服务顾问的商务礼仪。

2. 实训要求

（1）指导教师对全班学生进行分组，每 6 ~ 8 人一组，自行扮演角色，演示后交换。

（2）设定情景，内容包括问候、引导、微笑、各种礼仪标准及要求。

（3）表演模拟，出场后各位同学自我介绍所扮演的角色。

（4）每组依次上台进行实训操作，每组的学生代表进行点评，教师进行总结归纳。

3. 实训步骤

第 1 步（学习准备）：教师引导学生解析学习目标，分析学习任务，引导学生进行任务实施前的学习工作，完成实训内容的任务准备。

第 2 步（制订计划）：教师引导学生根据已明确的学习任务，制订完成任务的计划。教师应引导学生培养团队协作、分工合作、沟通聆听的意识。学习计划应包含任务陈述、团队成员、学习资源（包含网络、教材资料）和具体安排。

第 3 步（任务实施）：以小组为单位展示学习成果。

思考与练习

1. 要完成服务顾问的工作，需要具备哪些方面的素质？
2. 在接待客户过程中，对服务顾问有哪些职责要求？
3. 服务顾问的礼仪包含哪些内容？
4. 服务顾问需要具备哪些工作技能？

项目 2　常规保养车辆接待

学习目标

1. 能按照礼仪的要求接待客户。
2. 能描述维修服务接待工作流程。
3. 了解客户预约的方法。
4. 掌握客户接待的方法。
5. 能描述与客户进行有效沟通的方法。
6. 能描述维修车型的主要维修服务项目。
7. 能描述主要维修服务项目的预计工时和费用。
8. 能描述交车和结算的工作内容和流程。
9. 能描述客户异议处理的内容和注意事项。

项目内容

2.1　预约流程

2.1.1　客户预约的目的

通过服务商提供的预约维修服务，在客户到来之前对车辆进行诊断，约定维修时间并对预约进行充分的准备，从而减少客户在维修过程中的非维修等待时间和避免缺少备件的情况发生，使客户的车辆得到迅速、优质的维修服务，提高客户满意度和忠诚度。

2.1.2　主动预约流程

主动预约即经销商主动联系客户，通过了解客户用车情况，询问客户车辆是否需要预约保养，从而提高客户满意度和忠诚度。主动预约流程如图 2-1 所示。

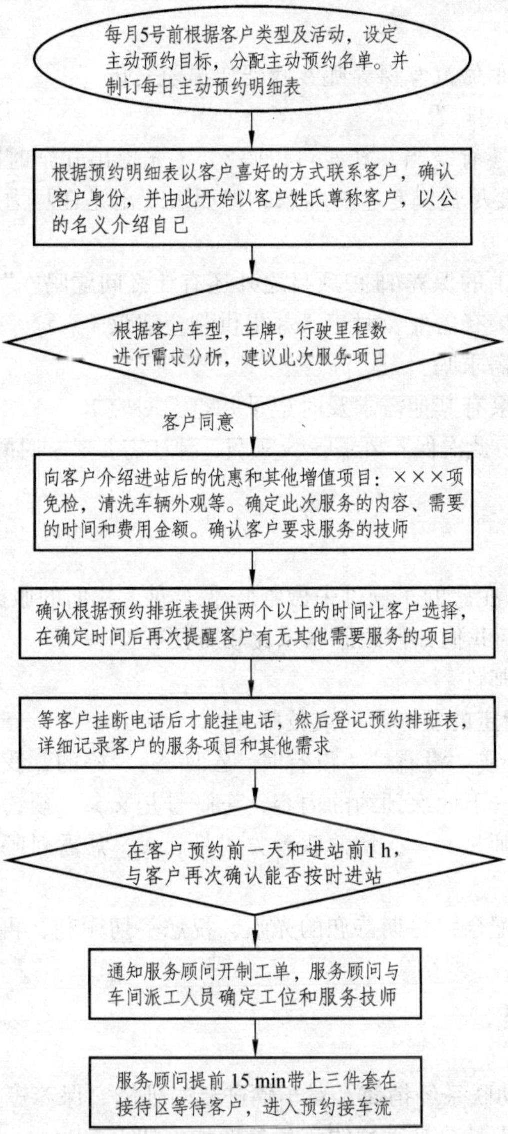

图 2-1　主动预约流程

假设以A代表预约人员，以B代表客户。主动预约流程话术如下：

参考话术一：

A:“您好！我是×××汽车服务站的××，请问您是××先生/女士吗？”

B:“是，什么事？”

A:“您好，××先生/女士。我是想提醒您，您的车上次是在××时间/××千米在我们这里做的××保养，那么现在行驶到多少千米了呢？”

B:“已行驶到××千米。”

A:“嗯，我建议您的车要在××千米之前再回来做××保养，以保证车辆更佳的状况。”（如果有其他的维护建议也要　次说明）

B:“好的。”

参考话术二：

A：“您准备哪天过来做汽车保养呢？我帮您提前安排。”

B：“预计××月××日。”

A：“我们××时段还有空当，您看可以吗？”（先提出几个时间段引导客户选择，如果没有客户适合的，则需要尽量满足客户需求，但要表现出是在尽力帮助他）

B：“可以。”

A：“您的车除了以上的保养/维护项目之外还有什么问题吗？”

B：“没有了。”（如果有需要及时记录并提供相应建议）

A：“您还有其他的需求吗？”

B：“没有了。”（如果有其他需求及时记录并给予回应）

A：“××先生/小姐，此次保养/维护××项目，预计需要××时间，预计需要花费××元。”

B：“好的，谢谢！”

参考话术三：

A：××先生/小姐，在您的车辆过来做维修/保养前，我们的服务顾问会提前24小时和1个小时与您确认的。请问我们如何跟您联系比较方便呢？

B：打电话/发短信/邮件。

A：请问您有没有指定的服务顾问或技师呢？

B：“好的，谢谢！”或“没有。”（没有时，A回答：“好的，我们帮您安排一下。”）

A：“我再跟您重复一下此次预约的内容，车牌号是××，预约内容是××，预约时间是××，预约服务顾问/技师是××，您的联系方式是××，您看对吗？”

B：“对的，没问题。”

A：“非常感谢您的配合，并期待您的光临，祝您一切顺利，再见！”

2.1.3 被动预约流程

被动预约即客户主动联系经销商，对车辆进行的维修、保养等一系列的预约服务。

假设以A代表预约人员，被动预约流程参考话术如下：

A：“您好，××维修站，服务顾问××为您服务。”

A：“先生/女士，您贵姓？”

A：“××先生，您好，有什么可以帮助您的吗？”

A：“××先生，您是要预约保养/维修吗？”

A：“好的，我帮您做一下预约登记：您的车型是××？”

A：“您的车牌号码是××？”

A：“您车辆的行驶里程数是××？”

A：“您预约的时间是××？”

A：“我们的预约工位会给您保留30分钟，这次您保养/维修××项目的工时和材料价格是××。”

A：“需要保养/维修的时间是××。”

A:“您方便把电话留给我吗？”

A:“这个月至××日，本店推出送温暖活动，活动内容是保养费用打8折，满500元送××，满1 000元送××。”

A:“李先生，请您来店前带好您的行驶证和保养手册。”

A:“您还有其他需要吗？”

A:“我们会在您来站前半小时跟您联系，××先生我们的地址是××，我是服务顾问××，稍后我们会把地址、电话给您以短信的形式发过去。”

A:“再见，感谢您的来电。”

确认客户挂断电话后方可挂电话。

2.1.4　客户预约的工作要点

服务顾问主动迎接客户，听取客户需求诊断故障，制定维修项目，提供建议，填写委托书，估算维修价格和根据车间设备和人力资源组织和协调工作。最终达到使客户满意、提高客户忠诚度和开拓车间维修业务的工作目标。

1. 主要业务

（1）接听客户预约电话并详细记录相关信息。

（2）通过电话进行诊断或制定解决方案。

（3）和客户约定维修的时间。

（4）按照预约要求进行准备工作（委托书、备件、专家、技工和工位、设备/工具、资料等）。

（5）确保预约的正常开展。

2. 实施要点

（1）公开的专用预约电话。

（2）接电话人员具备一定的维修常识。

（3）备件库设专用预约备件货架。

（4）车间预留一定的维修能力给预约客户。

（5）内部良好的沟通机制和通信设施。

3. 工作要求

（1）电话随时有人接听。

（2）记录所有需要的信息和客户对故障的描述。

（3）进行诊断，必要时向服务顾问和技术专家求助。

（4）告知用户诊断结果和解决方法以及所需费用和时间。

（5）根据客户要求和车间能力约定时间。

（6）告知客户谁将接待他。

（7）及时告知服务顾问和备件预约情况。

（8）备件部门设立专用货架存放预约的备件。

（9）服务顾问负责监督预约的准备工作（委托书、备件、专家、技工和工位、设备/工具、资料）。

（10）你不能履行预约时，及时通知客户并另约时间。

（11）提前一天和一小时确认各项准备工作和客户履约情况。

（12）预约客户前来时，服务顾问在场。

4. 注意事项

应尽量避免：

（1）电话铃响三声之后无人接听或长期占线。

（2）信息或故障描述记录不全。

（3）不对故障进行诊断。

（4）不按车间维修能力安排预约。

（5）客户不知道谁来接待他。

（6）预约情况不及时通知有关部门和人员。

（7）备件部门没有为预约客户预留备件。

（8）准备工作不充分。

（9）客户已经前来才通知不能履约。

（10）没提前确认准备工作和客户履约情况。

（11）客户前来时，负责接待的服务顾问不在场。

2.2 接车准备

1. 接待准备

（1）服务顾问按规范要求检查仪容、仪表。

（2）准备好必要的表单、工具、材料。

（3）环境维护及清洁。

2. 迎接客户

（1）主动迎接，并引导客户停车。

（2）使用标准问候语言。

（3）恰当称呼客户。

（4）注意接待顺序。

2.3 客户接待、接车预检

2.3.1 接车预检的目的

通过接车环检可以在客户在场的情况下一同对车辆进行检查，了解客户关心的问题，询问客户的来意，仔细倾听客户的要求及对车辆故障的描述。便于提高后期维修保养工作效率。

客户接待责任人员：售后业务经理、机电顾问、快修顾问、车身顾问、服务助理。

客户接待辅助人员：技术专家、技术专家助理、保修鉴定。

2.3.2　接车环检流程

接车环检包括：车内检查项目，发动机舱检查项目，车外观检查项目，后备箱检查项目，上举升机检查项目等 5 个，如图 2-2 所示。

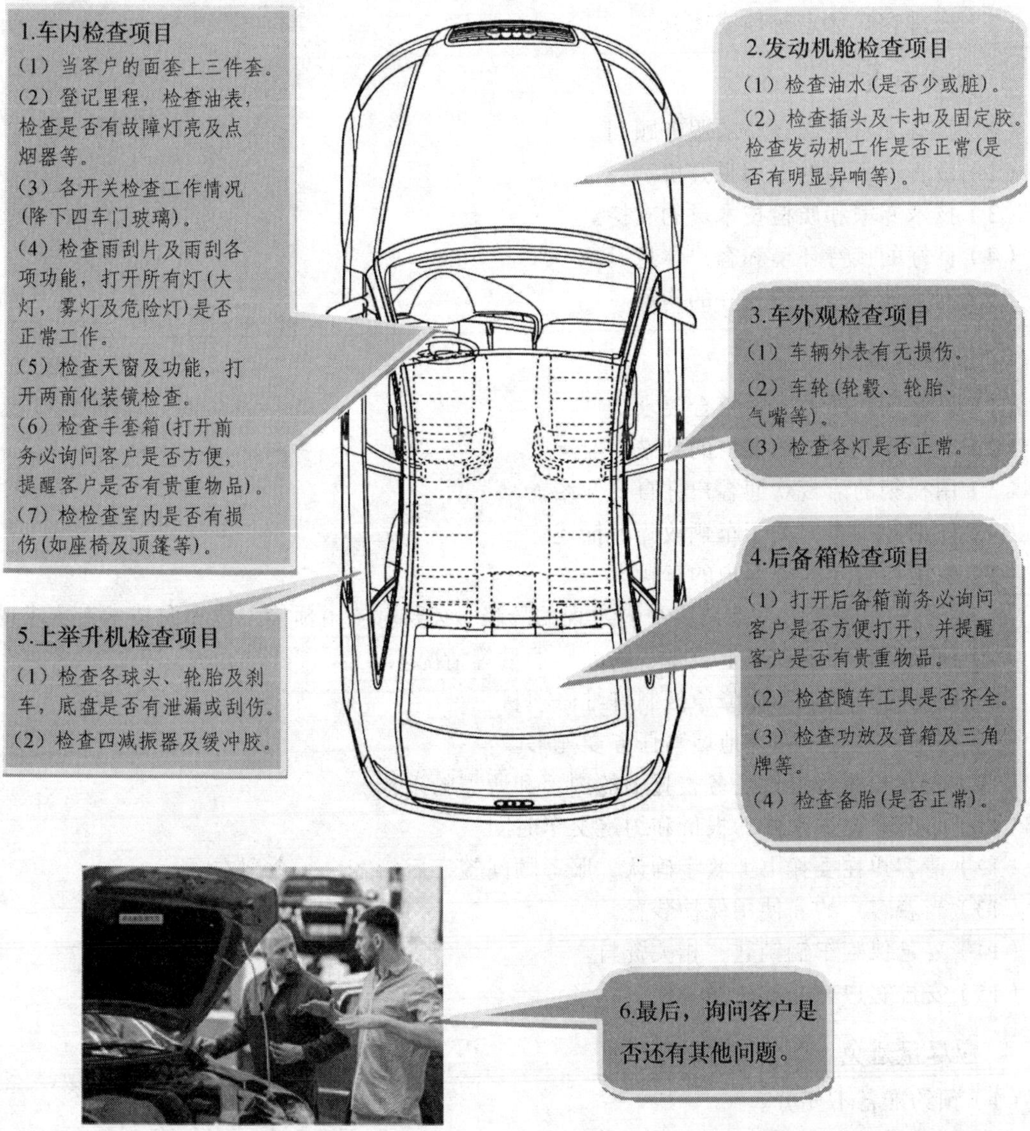

图 2-2

2.3.3 接车环检的工作要点

1. 主要业务

（1）履行约定的维修任务。
（2）以恰当的方式欢迎客户。
（3）倾听客户故障描述，系统地检查客户车辆，判断车辆故障原因。
（4）制定维修项目，估算维修价格和约定交车时间。
（5）提供维修建议来促进维修业务。
（6）达成协议，完成任务委托书，客户签字确认。
（7）安排客户休息等候或离开。

2. 实施要点

（1）具有丰富维修经验的服务顾问。
（2）设有诊断用的专用举升机。
（3）技术专家和质检技术员的支持。
（4）良好的接待环境和客户休息设施。
（5）同其他部门保持良好的沟通。

3. 应努力做到

（1）确保预约准备工作符合要求。
（2）准时等候预约的客户的到来。
（3）用礼貌的语言欢迎客户并自我介绍。
（4）仔细倾听客户关于车辆故障的描述。
（5）使用检查单检查客户的车辆。
（6）进行故障判断，并指出客户未发现的故障，必要时使用预检工位和向技术专家求助。
（7）记录车辆外观和车上设备、物品、油量等情况。
（8）根据客户要求和故障原因制订维修项目。
（9）仔细、认真、完整地填写任务委托书。
（10）向客户解释维修任务委托书的内容和所需的工作。
（11）向客户提供维修的报价和约定交车时间。
（12）请客户在委托书上签字确认，服务顾问签字后给客户一个副本。
（13）当着客户的面使用保护装置。
（14）妥善保管车辆钥匙、相关资料。
（15）安排客户离开或休息等候。

4. 应尽量避免

（1）预约准备不充分。
（2）预约客户到来时不在场。
（3）没有仔细倾听客户的陈述。
（4）没有系统地检查客户车辆。

（5）没有进行故障诊断，简单记录故障，把诊断任务交给车间。

（6）任务委托书填写不全、字迹潦草。

（7）不向客户解释委托书内容。

（8）不提供报价或报价不准。

（9）不约定交车时间。

（10）客户不在委托书上签字。

（11）不使用保护装置。

2.4 维修确认

2.4.1 车辆维修项目确认

了解客户关心的问题，询问客户的来意，仔细倾听客户的要求及对车辆故障的描述。

故障确认流程如下：

（1）可以立即确定故障的，根据质量担保规定，向客户说明车辆的维修项目和客户的需求是否属于质量担保范围内。如果当时很难确定是否属于质量担保范围，应向客户说明原因，待进一步进行诊断后做出结论。如仍无法断定，将情况上报汽车服务部待批准后做出结论。

（2）不能立即确定故障的，向客户解释需经全面仔细检查后才能确定。

（3）获得、核实客户、车辆信息。

① 向客户取得行驶证及车辆保养手册。

② 引导客户到接待前台，请客户坐下。

2.4.2 维修保养项目报价

1. 确认零部件供应情况

查询零部件库存，确定是否有所需零部件。

2. 估算零部件/工时费用

（1）查看 DMS 系统内客户服务档案，以判断车辆是否还有其他可推荐的维修项目。

（2）尽量准确地对维修费用进行估算，并将维修费用按工时费和备品费进行细化。

（3）将所有项目及所需备品录入 DMS 系统。

（4）如不能确定故障的，告知客户待检查结果出来后，再给出详细费用。

（5）根据对维修项目所需工时的估计及店内实际情况预估出完工时间。

3. 制作任务委托书

（1）询问并向客户说明公司接受的付费方式。

（2）说明交车程序，询问客户旧件处理方式。

（3）询问客户是否接受免费洗车服务。

（4）将以上信息录入 DMS 系统。

（5）告诉客户在维修过程中如果发现新的维修项目会及时与其联系，在客户同意并授权后才会进行维修。

（6）印制任务委托书，就任务委托书向客户解释，并请客户签字确认。

（7）将接车登记表、任务委托书客户联交与客户。

4. 安排客户休息

将客户引导到客户休息区，在客户休息区等待。

2.5 维修进度跟进

2.5.1 车间派工

车间技工根据任务委托书的要求，使用专用工具和维修资料，对所有车辆机械装置和车身各部件执行高质量的维修和保养，使车辆恢复出厂的参数，达到质量要求并告知客户他未发现的故障，确保客户的满意。

2.5.2 车间派工的目的

（1）根据任务委托书的维修项目进行维修工作。

（2）技术专家对技工遇到的技术难题给予帮助。

（3）服务顾问监控工作的进程。

（4）车间技工根据修理项目，到备件部门领取备件并履行相关手续。

（5）向客户通报任何对委托书的变更（项目、价格、交车时间）。

（6）完工后车间技工进行自检。

2.5.3 车间派工的工作要点

（1）经过培训的、技术熟练的车间技工。

（2）状态良好的设备和工具。

（3）齐全的维修资料和检测设备。

（4）充足的零备件供应。

（5）内部良好的沟通机制和通信设施。

2.5.4 车间派工的工作要求

（1）严格按照维修任务委托书的修理项目进行修理。

（2）任何对委托书的修改需经过客户的同意。

（3）发现委托书维修项目与实际不符或发现客户没发现的问题，及时向服务顾问汇报。

（4）服务顾问对反馈的问题，重新估算价格和时间，及时通知客户并征求客户的意见，得到确认后，更改委托书并通知车间技工。

（5）车间技工在工作过程中按照维修手册的要求操作。

（6）按照要求使用专用工具和检测仪器。

（7）使用维修资料进行诊断和工作。

（8）服务顾问监控维修进程，将变化及时通知客户。

（9）根据维修项目领取备件。

（10）主动为客户处理一些小的故障。

（11）遵守委托书上和客户约定的内容。

（12）爱护客户的财产，工作中使用保护装置。

（13）遵守安全生产的有关规定。

（14）遇到技术难题向技术专家求助。

（15）确认所有工作完成后，进行严格自检。

（16）完成委托书的维修报告等内容并签字。

2.5.5 车间派工应尽量避免

（1）车间技工不按委托书内容进行工作。

（2）擅自修改委托书内容。

（3）发现问题不报告。

（4）不按照维修手册的要求进行操作。

（5）不使用专用工具和检测仪器。

（6）诊断和工作时不使用维修资料。

（7）服务顾问不了解生产进程。

（8）不爱护客户财产，不使用保护装置。

（9）遇到困难不向有关人员求助。

（10）车间技工完工后不进行自检。

（11）车间技工不写维修报告，不签字。

2.6 交车确认

2.6.1 交车前自检

通过质检技术员对维修车辆的检验来保证维修质量达到客户的要求，防止不合格品交付给客户，避免投诉和返工，增加客户的满意度，维护 4S 店售后服务的信誉并保证交付车辆处于良好状态。

2.6.2 维修项目确认检查

（1）审核维修任务委托书的工作是否全部完成。
（2）对车间技工自检完毕的车辆进行质量检验。
（3）进行必要的路试，发现静态条件下无法发现的故障。
（4）对检验不合格的维修按照要求进行处理。
（5）收集各种维修单据，传递给服务顾问。
（6）和服务顾问进行内部交车。

2.6.3 确认维修费用

（1）交车前自查维修项目及费用。
（2）确认无误，打印结算单。
（3）通知客户接车，并交车结算。

2.7 交车结算

2.7.1 交车结算的目的

1. 实施要点

（1）文件化的质量检验规范。
（2）具备检验资格的质检技术员。
（3）不合格品处理程序。
（4）使用正是表格记录检验情况。
（5）与相关人员保持良好沟通。

2. 工作要求

（1）审核维修委托书，确保所有要求的工作全部完成。
（2）按照检验规范进行检验。
（3）必要时和主修技工一同进行路试。
（4）检验不合格的车辆按照程序进行处理，并及时通知服务顾问。
（5）检验过程中发现的问题，进行评估，告知服务顾问，由服务顾问与客户协商。
（6）发现的任何问题都要记录在委托书上。
（7）使用质量保证卡。
（8）确保车辆得到彻底清洁。
（9）及时通知服务顾问进行内部交车。
（10）向服务顾问说明车辆维修情况和质量状况。
（11）告知服务顾问有些零件的剩余使用寿命。

（12）任何需维修但未执行的工作都应记录在委托书上。
（13）将车停放在竣工车停车位。

3. 应尽量避免

（1）维修委托书上有未完成的工作。
（2）不按规定进行检验。
（3）检验不合格车辆不进行处理。
（4）检验中发现的问题未向服务顾问报告。
（5）车辆未进行清洁。
（6）没有及时通知服务顾问交车。
（7）不向服务顾问解释维修情况和质量状况。
（8）需维修但未修理的项目不记录。
（9）竣工车辆乱停乱放。

2.7.2 交车结算流程

在这个环节，我们通过结算、交付活动来兑现对客户关于质量、价格和时间的承诺并通过向客户解释维修内容和指出车辆存在的其他问题，使客户感受到专业的服务，提升客户的满意度和忠诚度。

1. 工作要求

（1）确保所有进行的工作和备件都列在结算单上。
（2）确保结算和向客户的报价一致。
（3）使用公布的工时和备件价格进行结算。
（4）确保所有客户需要的资料都已准备好。
（5）由原接待的服务顾问进行交付。
（6）向客户解释完成的工作和发票的内容。
（7）陪同或引导客户交款。
（8）向客户出示旧件并询问处理意见。
（9）提示下次保养的时间里程。
（10）指出额外需要进行的工作，并咨询客户意见。
（11）需立即进行的工作，客户如不修理，应在委托书上注明并请客户签字。
（12）告知客户有些零件的剩余使用寿命（轮胎、刹车片）。
（13）将所有单据交客户一份副本。
（14）取下保护用品，开出门证，送别客户。

2. 应尽量避免

（1）结算时项目不完整。
（2）结算价格与报价不一致。
（3）未按公开的价格进行结算。

（4）不由原来的服务顾问进行交付。
（5）未和客户检查车辆。
（6）没有指出需额外进行的工作。
（7）需立即进行修理的项目特别是涉及安全的项目，未做记录并请客户签字。
（8）没有送别客户。

2.7.3 交车结算的工作要点

（1）审核维修委托书和领料单，确保结算准确。
（2）准备结算的有关单据，并通知客户取车。
（3）向客户解释所做的工作及收费情况。
（4）陪同客户付款。
（5）与客户一同检查竣工车辆。
（6）交付车辆并与客户道别。

2.8 跟踪回访

2.8.1 服务后回访的目的

通过对客户实施有效地跟踪回访活动，收集客户意见，平息客户抱怨，提高服务质量及客户满意度。

1. 应努力做到

（1）争取对所有的客户进行跟踪回访。
（2）全面、客观地记录客户的谈话。
（3）利用掌握的技巧和沟通技巧接听电话。
（4）定期对回访的结果进行统计分析。
（5）从统计分析结果中查找问题和失误的原因。
（6）售后业务经理制定预防和纠正措施。
（7）回访中发现的客户抱怨，进行分类，交由有关人员制订处理措施并督促执行。
（8）根据回访结果完成回访分析报告向上级汇报。
（9）运用多种手段开展客户关系管理。

2. 应尽量避免

（1）低的回访比例。
（2）只记录满意的意见，不记录不满意的意见。
（3）不使用接听电话技巧和沟通技巧。
（4）不对回访结果进行分析。
（5）不制定预防和纠正措施。

（6）发现抱怨不进行处理。
（7）没有回访分析报告。
（8）客户关系管理手段单一。

2.8.2 服务后回访的工作要点

（1）在维修车辆交付一周内对客户进行跟踪回访。
（2）记录跟踪回访结果。
（3）对跟踪回访结果进行统计分析。
（4）对回访中发现的客户抱怨进行判断并传递到相关部门。
（5）运用各种措施维护客户关系。

2.9 车辆续保

2.9.1 车辆续保流程

2.9.1.1 汽车保险销售技巧

汽车销售市场的快速壮大，使汽车保险行业得到了发展，市场容量不断扩大，使得各个保险公司加强了销售汽车保险业务的力度,如何提高汽车保险销售技巧就是其中主要的内容。

汽车保险销售人员首要技巧就是让自己先明白汽车保险可以为参保者提供什么，可以让参保者得到什么，这就需要销售人员熟练掌握自己的产品服务特点及功能。这也是汽车保险销售人员要与保户沟通讨论的问题。

2.9.1.2 汽车保险销售的基本技能

1. 认真倾听

当向客户推荐汽车保险产品时，客户都会说出自己的想法，在客户决定是否购买时，通常会从他们的话语中得到暗示，倾听水平的高低决定销售人员成交的比例。其次，认真倾听客户所说的话，有目地地提出引导性问题，可以发掘客户的真正需要。最后，认真地倾听与滔滔不绝地讲述相比，前者给客户的印象更好（在做维修的时候同样如此）。

2. 充分的准备工作

积极主动与充分的准备，是挖掘客户、达到成功的最佳动力。抛开对所售产品的内容准备不说，作为保险销售人员，在与客户联系前必须做好这些准备工作，包括对所联系客户情况的了解、自我介绍、该说的话、该问的问题、客户可能会问到的问题等，另外就是对突发性事件的应对。

3. 分析事实的能力

按照历史数据的统计，在 90%～95%的拒绝客户中，有大约一半是客户在电话中表示出拒绝，销售代表就会主动放弃。如何尽可能地挖掘这部分客户的购买潜力，使一次看似不可能达成任何交易的谈话变成一个切实的销售业绩，对汽车保险销售人员来说，克服电话拒绝，提高对于事实的分析能力是非常关键的。

汽车保险销售人员在向客户推荐产品时，遭到拒绝的理由多种多样，比如：没有需要、没有钱、已经买过、不信任、不急迫、没有兴趣等，但是客户说的不一定都是实话，他们往往不会在一开始就告诉销售人员拒绝的真正理由，销售人员应该认识到，客户的拒绝并不代表他对所推荐的产品不感兴趣，因为有很多其他因素左右着客户的决定，例如，对于你所代表公司的信任程度、服务情况、与竞争对手相比的优势等等，这时需要销售人员要有一定的敏锐度，具备对于事实的分析能力，从客户的言谈中分析出客户是否存在需求和购买能力，从而利用一些技巧，说服客户购买产品。

4. 了解所销售产品的内容和特点

多数情况下，客户听到汽车保险就已经对产品有个大致的概念了。但涉及汽车保险的具体内容，还需要销售人员给予详细介绍，尤其是突出对所推荐产品特点的介绍，目的是吸引客户的购买。当然这些介绍必须是以事实为依据，既不能夸大客户购买后能够享有的好处，又不能通过打击同行业的其他产品而突出自己的产品，否则很可能会弄巧成拙，反而得不到客户的信任。

5. 具备不断学习的能力

所有行业的所有人都要加强学习，有句话叫活到老学到老。作为汽车保险销售人员，不断加强学习更是非常重要的。学习的对象和内容包括 3 个方面：

（1）从书本上学习。主要是一些理论知识，比如：如何进行电话销售、销售技巧等。

（2）在实践中学习。单位组织的培训、讨论等，都是大家学习的机会。另外，同事之间也要利用各种机会，相互学习。

（3）从客户处学习。客户是我们最好的老师，客户的需求就是产品的卖点，同时销售人员也尽可能从客户处了解同行业的其他产品。汽车保险销售人员要珍惜每一次与客户交流的机会，尽可能获取更多的信息，补充更多的知识。

6. 随时关注和收集有关信息

由于汽车保险是与大家生活息息相关的，作为此行业的从业人员，在平时应多注意与汽车保险相关的事件的发生。尤其对于汽车保险销售人员，在与客户进行交流的时候，一些负面消息的报道，易使客户产生对此行业的坏印象，也是客户引发疑问最多的地方或者是客户拒绝我们的重要理由。这要求保险销售人员既要了解和分析这些负面新闻，同时也要收集正面的消息和有利的案例，必要时用事实说服客户，更能打消客户的疑惑，从而达成购买意愿。关注更多免费采购流程，采购管理，合同范本，销售管理，销售技巧。

2.9.2　车辆续保的工作要点

汽车保险销售员学习汽车保险销售话术，可以提高说话和销售技巧，为消费者提供更简明清晰的解答和优质的服务。普通消费者一听到汽车保险销售话术，就会认为是一种骗人的把戏，是为吸引消费者投保而夸大保障、误导消费者的说辞。其实真正的汽车保险销售话术不仅仅是说话的艺术，更是保险销售员为客户提供优质服务的一种体现。

好的汽车保险销售话术从来不是建立在说话技巧上，是建立在丰富的保险知识与优质的保险产品上，然后再通过组织语言让消费者更容易接受。

（1）异议处理：关于价格问题。

Q1：“我是你们的续保客户，为什么价格不比其他公司低？”

A1：“××先生，因为您连续多年没有出险，去年的价格已经是最低的了，今年还是将所有的优惠给您。这也是行业规定的最低折扣了，请您放心。其实大公司的价格都差不多，最重要的是能不能给您提供更好的服务。今年我们××保险特别为像您这样的优质续保客户推出了七项专属升级理赔服务，现在续保还可以享受到咱们网站的最新活动及分公司的活动。您看没有问题的话我跟您核对一下咱们的送单地址？”

A2：“首先您需要关注是不是相同险种和相同保额。如果相同，我们××保险公司是最优惠的！因为××保险公司会在费率上给您多优惠 15%的。不过您放心，我们××保险对您的服务肯定不会打折。如果您现在在我们这里投保，您还会得到贵宾的车险管家服务（等等服务）。这样您既不用出家门投保，又可以享受到优质、便捷的服务！您看要是险种没什么变动，我帮您登记一下资料，安排人给您递送保单过去。请问明天上午还是下午送单比较合适？”

（2）异议处理：关于礼品问题。

Q1：“有礼品赠送吗？××保险公司有为什么你们没有？”

A1：“咱们××保险网销给您直接在保费上优惠了 15%，相当于直接给您折现了，比赠送礼品实惠得多。帮您省下的钱您可以自己购买其他喜欢的东西，多划算啊。”

A2：“××先生/女士，我们买保险主要目的是什么呢？就是为了出险时更省心，理赔时更舒心，服务时更放心。我们××保险的服务是全国性、无限次数的事故车及故障车救援，全国通赔，而且您现在通过网站投保，在商业险为您节省 15%的前提下，还能参加××最新活动。”

（3）异议处理：关于抱怨服务的客户。

Q1：“你们公司服务不好。”

A1：“真的很抱歉您有这样的经历。您指的是哪方面呢，能跟我说一下吗？这样我们才能针对您的意见做改进。我们××保险一直都很重视提高服务质量的，我们每年都有回访总结，凡是不好的服务项目我们都有改进。修理厂的合作也是一年一换的，如果客户反应某修理厂不好，我们是一定要中止合作的。今年我们又对向续保客户提供的服务进行了大规模升级，请您再次选择××保险，体验一下今年××保险的最新服务。这样吧，我先跟您核对一下咱们的相关信息××。”

A2：“您看针对咱们的理赔定损或是其他的工作人员，每年都是会有专业考核，如果考核不过关都是不予以录用的。咱们××保险这么大的公司，如果工作上出现问题还一直录用，这样××保险的客户不就全都流失了嘛，您说是吧。为了公司发展也为了更好地为客户服务，我们一定会对员工严格要求的。现在××保险又提供了一项相当惠民的服务，就是有专业的理赔协调员全程监督您这辆车的理赔、出险情况，大大保障了您的权益。衷心希望您能再次选择××保险，检验××保险，我们绝对不会让您失望的。”

A3：“请问您是对理赔的哪个环节不太满意？好的，感谢您提出宝贵的意见。其实我们一直在不断提升我们的服务质量，希望为广大信赖××保险、选择××保险的客户提供更好、更便捷的服务。近期我们更特别推出了针对续保客户的七项专属理赔服务，希望您能够继续选择××保险，体会我们在服务上的升级。您看没有问题的话我跟您核对一下咱们的相关信息？”

实训任务

1. 分小组进行情景模拟，从客户预约开始，直至服务后回访，练习整个客户接待过程。
2. 分小组进行车辆环检。

思考与练习

1. 预约流程的分类有哪些？
2. 简述主动预约的好处。
3. 简述车间派工的目的。
4. 交车结算的工作要点有哪些？
5. 汽车保险销售要掌握哪些基本技能？

项目3 故障车服务接待

学习目标

1. 了解汽车维修的基本常识。
2. 掌握服务预约与准备工作流程。
3. 熟悉客户接待的方法和技巧。
4. 了解汽车保险代赔的流程。
5. 知道我国汽车售后服务政策。

项目内容

3.1 汽车维修常识

汽车维修是汽车维护和修理的泛称，就是对出现故障的汽车通过技术手段排查，找出故障原因，并采取一定措施排除故障并恢复达到一定的性能和安全标准。汽车维修包括汽车大修和汽车小修，汽车大修是指用修理或更换汽车任何零部件（包括基础件）的方法，恢复汽车的完好技术状况和完全（或接近完全）恢复汽车寿命的恢复性修理。汽车小修是指用更换或修理个别零件的方法，保证或恢复汽车工作能力的运行性修理。

常见的维修项目一般分为发动机部分的维修、底盘部分维修、电气系统的维修和钣金喷漆维修。

3.1.1 发动机常见维修项目

发动机是汽车的心脏，作为汽车的动力装置，它会随着汽车运行时间的增长而产生一些问题和故障，从而影响汽车的稳定和驾驶的安全。下面来简单地说明一下汽车售后服务接待应了解的发动机常见维修问题，发动机构造如图 3-1 所示。

1. 发动机起动困难、起动时间越来越长

发生发动机起动困难、起动时间越来越长的原因大多是蓄电池性能不好。在这种汽车上，转动点火开关起动发动机时，发动机的转速瞬间较高，然后起动机就会显得动力不足，使发动机的转速降得很低，需要很长时间才能把发动机起动起来。其他的原因还有：发动机的油管破裂、接头松动、衬垫不严等造成渗气和漏油；滤清器、管路堵塞或者是燃油中有水造成起动困难。

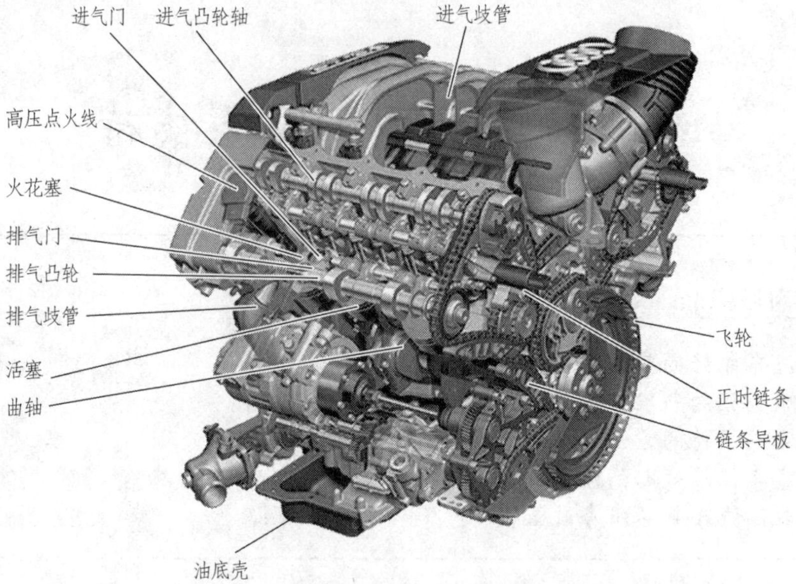

图 3-1　发动机构造图

维修方法：拆下旧蓄电池，更换新蓄电池。若状况仍没有改善，则可以考虑更换发动机上的油管和衬垫，紧固接头。清洗疏通滤清器或者是管路，将滤清器底部排渣孔螺塞拧开，排出污水。

2. 喷油过早或者是过迟

喷油过早表现为气缸中发出有节奏的“铛铛”声，喷油过迟表现为气缸中发出一种低沉而不清晰的响声。机身温度升高，消声器以及排气管烧红，冷却水温度高。

维修方法：旋松喷油泵联轴节上的两螺钉，使飞轮反转到与喷油泵传动接盘上的“定时刻度”对正，然后使飞轮正转到喷油泵联轴节前节上的刻度线，并与后节上喷油正时调整刻度线正中长刻线对准。

3. 供油不足，发动机的转速不能提高

发生这种情况的原因一般是起动加浓装置不起作用，导致汽车在点火起动时，发动机转速上不去。

维修方法：将汽车停车怠速，加速踏板踏到底再放开，如此反复多次。柴油发动机起动时更需较浓的混合气，多踏几次油门，使起动时增加喷油量。

4. 拉　缸

拉缸的原因是活塞与气缸配合间隙过小，积炭过多，燃烧后使活塞受热膨胀拉伤气缸。另外，发动机过热，机油不足，装配过程中部件清洗不干净，也可能造成拉缸。

维修方法：一般采用镗磨气缸的方法处理或者是更换活塞。在加工装配过程中，一定要根据不同车型、不同型号发动机的要求进行操作。

5. 发动机无力，加油加不起劲

发动机虽能顺利起动，但达不到额定功率和转矩。

维修方法：检查发动机中低压油路是否顺畅，如果油路没发现问题，就需要清除空气滤清器污物，检查排气制动阀。

6. 烧　瓦

发动机运转困难，冒黑烟甚至熄火，轴承有敲击声。产生的可能原因：润滑系统出现故障，如油滤器油道堵塞、油泵失效或者是轴瓦装配间隙不当；间隙过小，不能形成润滑油膜；间隙过大，润滑油流失，都容易导致烧瓦。

维修方法：采用刮削法修整轴承，当轴瓦与轴的结合部分在85%以上时，可以根据扭力要求紧固轴承。

7. 发动机活塞环损坏

由于活塞环损坏使其外部几何尺寸以及机械性能发生变化，造成密封不良、气缸内气压降低和发动机功率下降，严重时会使活塞环结胶、卡死或拆段，导致发动机不能工作。

维修方法：选择耐磨性能好的活塞环，特别是减磨措施做得比较好的，例如在材料上，选择在耐磨性和储油性方面都表现出明显优点的铬钼合金铸铁环，外形上选择挠性很好的内撑螺旋弹簧状的，同时使用品质合格的润滑油。

8. 正时链条响

正时链条未被张紧或错位，多数是由链条张紧器卡滞或者是压力油道堵塞等造成的。正时链条响声连续而均匀，发出轻微的“嘎啦、嘎啦”的响声，中速时更为明显，高速时响声杂乱（此响声不受温度和“断火”的影响）。

维修方法：用金属棒抵触在正时链轮盖上试听，如响声反应较强，则可判断是正时链条响，应调整紧链器或者是更换链条。

9. 发动机在运转过程中发出难闻的味道

车辆使用一段时间后，一些橡胶密封件老化，机油就会从密封件中泄漏，滴在排气歧管上，随着排气歧管温度升高，机油在短时间内蒸发，就会发出油烧焦的气味。

维修方法：只要更换密封件即可。

10. 车上滴漏出一滩不明液体且冷却液的液面高度下降

通常情况下造成滴漏的原因是连接散热器和发动机之间的橡皮管出现了裂缝。

维修方法：变质的冷却液防锈品质下降，不但容易导致散热器、管路、软管等部件的损坏，而且因冷却液的主要成分是乙二醇，滴漏到地上会造成环境和空气污染。但是很难通过目测判断冷却液是否变质，所以要定期更换冷却液，不要等到出现故障再去更换冷却液。一般建议车辆每行驶 4 万千米或者是两年即更换新的冷却液，另外每两年须更换冷却风扇传送带。

11. 发动机排气的噪声增大，废气排放超标

发动机的废气经高温发生氧化作用，很可能导致排气系统泄漏。

维修方法：检查排气系统的管路、接口处是否被废气腐蚀，接口垫是否被冲坏。若发现排气系统泄漏，则应及时修理或者是更换泄漏的部件。每年检查一次不仅可以保证排气系统正常运转，更重要的是减少尾气中有害物质对环境的污染。

12. **发动机动力性能下降，油耗增加，喷油器堵塞**

这很可能是由于长时间未更换机油、机油滤清器、空气滤清器造成油料燃烧不充分，导致发动机积炭增多。

维修方法：建议机油、机油滤清器，每行驶约 5 000 千米就更换一次，空气滤清器和燃油滤清器每行驶 1 万千米就进行更换，否则空气、燃油和机油中的杂质会造成零件磨损和堵塞油路，从而影响发动机正常运转。

13. **造成怠速时抖动**

造成起动时发动机比正常情况抖动得厉害，而且有时还会出现一次不能起动的问题。这有可能是节气门过脏，喷油器、进气道的积炭过多造成的。

维修方法：清洗节气门、喷油器、进气道。不过要提醒消费者的是，清洗工作可以一步一步进行，先清洗节气门看看有无改善，如果好了就不用清洗剩下的那两项了，避免多花不必要的钱。

3.1.2 底盘常见维修项目

汽车底盘构造如图 3-2 所示。

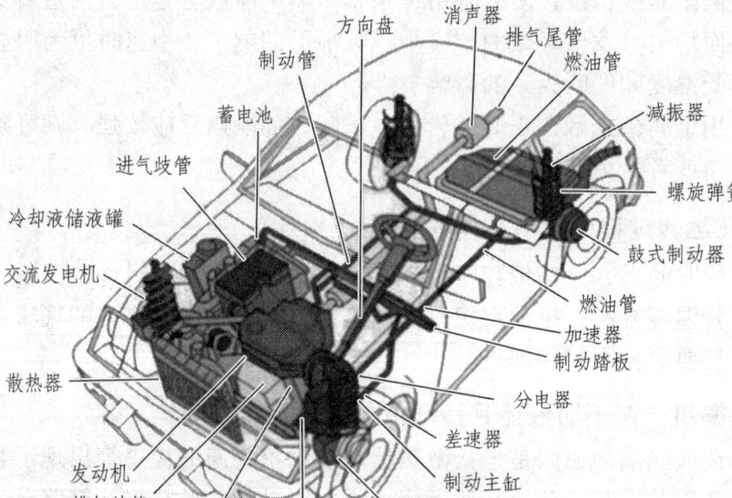

图 3-2 汽车底盘构造

1. **汽车油耗不断增加**

油耗增加的原因有很多，但常见又容易被忽略的是对轮胎气压的检查。轮胎气压不足不仅会导致行驶阻力增加，造成油耗上升，还会影响轮胎的使用寿命。

维修方法：自备胎压测量器，经常检查轮胎气压。不要忘记备胎的检查，以免急需更换轮胎时，才发现备胎已经没气了。温度高时胎压会比平时高一些，因此在冷天或者是阴凉处测量胎压比较准确。一般轮胎每行驶 1 万千米应互换位置，避免前后磨损程度相差太大。如果需要更换磨损严重的轮胎，则最好 2 个或者是 4 个一起换，纹路相同的轮胎可以前后交叉更换。另外，折线花纹的轮胎有助于节省燃油。

2. 高速行驶时方向盘振颤

汽车在高速行驶时出现行驶不稳、摆头，甚至方向盘抖动，这种情况有可能是前轮定位角失准，前束过大；前轮胎气压过低或者是由于轮胎修补、异常磨损等原因引起起动不平衡；钢质轮毂变形、制动鼓平衡性差；传动系统零部件安装松动；传动轴弯曲，轮动平衡差，车桥变形；减振器故障；主减速器异常磨损或者是间隙过大等原因造成的。

维修方法：可先架起驱动桥，前轮加塞安全三角木，起动发动机并逐步换入高速挡，使驱动轮达到原来出现摆振的速度。由于此时前桥处于静止状态，若车身或者是方向盘仍然出现抖动，则为传动系引起的振摆，可从传动轴、主减速器及后桥的其他零部件上查找原因；若达到原先摆振的速度，汽车不出现抖动，则基本可确定是前桥部分存在故障，可用车轮定位仪检查车轮定位和前束是否符合要求，检查轮胎是否变形过大和用轮胎平衡机检查车轮动平衡情况。

3. 转向沉重

汽车转向沉重的原因有可能是轮胎气压不足，尤其是前轮气压不足，转向会比较吃力；助力液压油不足，助力泵至方向机的油路有皱褶，导致方向机供油不足；转向助力泵损坏或者是型号不对，导致供油不足；方向机内部发卡；前轮定位不准，如主销后倾角过大。

维修方法：按照先易后难的原则，先检查轮胎气压、助力油壶的油量是否符合要求，再检查油路是否有皱褶，一般来说，如果出现助力液压油不足、助力泵至方向机的油路有皱褶、方向机发卡这 3 种原因引起的故障，转向时都会有异响。

4. 行驶时跑偏

在汽车行驶的过程中，方向盘摆正，沿直线行驶，但是汽车却不走直线。行驶时跑偏的原因有可能是左右轮胎气压不一致，左右轮胎的行驶阻力不等；车桥移位，导致车辆左右两边的轴距不等；前轮定位不准，左右前轮外倾角、主销后倾角、主销内倾角、前束等距不合要求等。

维修方法：检查左右两边车胎气压是否一致，用四轮定位仪检查车轮定位（包括车桥定位和前后轮定位）是否符合要求，并进行适当调整。

5. 高速抖动或者是跳动

高速行驶到某一时速时，方向盘能感到明显的抖动或者跳动，但低速时不明显。这里要先排除由于发动机故障而引起的非正常抖动，因为发动机的故障一般低速也会出现。汽车如果只是高速抖动明显的话，可以先目视轮辋上的平衡铅块是否有丢失或者是轮毂有无明显变形。如果上述地方都没有问题，就要运用专业的检测设备进行检测，因为转向拉杆、悬挂以及轮毂的细微变形是用眼睛难以辨别的。

维修方法：基本上可以通过调整底盘的悬挂位置、前束角度或更换轮胎来解决。

6. 底盘异响

过坑或坎时底盘后部发出“吱溜”的摩擦声，这是由于车的后部安装有一个平衡拉杆，拉杆上有一个橡胶套，这个橡胶套久经风雨后会老化、干裂，从而发出“吱溜、吱溜”的摩擦声。

维修方法：可先检查老化情况，如果只是干裂，则使用非矿物的黄油润滑即可，但如果老化情况严重，则需要更换橡胶套。

7. 手制动阀漏气

当手制动阀置“停车制动”位置时，手制动阀从排气口持续漏气，一般来讲是进气阀与阀座密闭不严，或者是阀与阀座之间有异物，或者是进气阀密封件损坏所致。

维修方法：用修理包更换进气阀密封件即可解决。在停车制动时，手制动阀漏气不会 产生其他的故障。然而当把手制动阀手柄置于“行驶”位置时，手制动阀漏气，将会产生汽车行驶时（中）后桥车轮“扒紧”的故障。这一般是由于手制动阀的阀杆与气阀接触封闭不严所致。造成该排气口封闭不严的可能是密封件的损坏，或者是由于阀杆与气阀之间有异物或油污的隔开而造成排气口封闭不严。

维修方法：拆检清洗或更换进气阀密封件。

8. 离合器打滑

汽车用低速挡起步时，放松离合器踏板后，汽车不能顺利起步，或者是汽车在加速行驶时，车速不能随发动机转速的升高而提高，感到行驶无力，严重时产生焦臭味或者是冒烟等现象。

维修方法：检查离合器踏板自由行程是否合适，不合适应进行调整；检查从动盘摩擦片、压盘或者是飞轮工作面磨损情况，若磨损严重，则应及时更换；检查压力弹簧、膜片弹簧是否疲软、折断或者是弹性不足，若弹性不足或者破坏，则应及时更换；检查从动盘、分离轴承筒与导管，若有油污，则应及时清理。

9. 轮胎磨损不均

轮胎花纹磨损不均匀，局部磨损严重。这有可能是由于气压过高，前束和外倾角调整不当，车轮制动器分离不彻底，悬架系统零件连接松动、磨损过甚或者是破坏，车轮摆差过大等原因造成的。

维修方法：首先检查轮胎气压，若轮胎气压过高，则应进行检查调整；检查前轮前束加外倾调整，若调整不当，则应进行检调；检查车轮制动器，若分离不彻底，则应予以调整；检查悬架系统的零件，若连接松动、磨损或者是破坏，则应进行紧固或者是更换。

10. 制动拖滞

抬起制动踏板后，制动阀排气缓慢或者是不排气，不能立即解除制动，或者是排气虽快，但仍感有制动作用。这有可能是由于制动踏板自由行程过小，或者是制动鼓与摩擦片的间隙过小；制动器回位弹簧过软或者是折断；制动踏板至制动阀臂之间的传动系零件卡滞，或者是制动器凸轮轴、制动蹄支销锈滞；制动阀排气阀调整垫片过薄，或者是回位弹簧过软、折断和橡胶阀座老化发胀；制动蹄摩擦片损坏等原因造成的。

维修方法：首先确定是全部车轮制动拖滞还是个别车轮制动拖滞。若是全部车轮制动拖滞，则多是制动踏板自由行程不足，或者是制动阀的故障。制动阀的故障一般是阀门粘住、弹簧折断等，若是某一车轮拖滞，则故障多在车轮制动器，应由易到难逐一检查排除。

11. 驻车制动不良

拉紧驻车制动手柄后，车辆仍能以低速挡起步。这有可能是由于驻车制动装置调整不当或拉锁卡滞或者是后轮制动器工作不良等原因造成的。

维修方法：拉动驻车制动手柄，检查其自由行程以及拉索是否存在运动卡滞形象，并进行必要的调整和润滑，或者是更换拉索；驻车制动器操纵机构工作正常时，应对后轮制动进行检修。

3.1.3　电气系统的常见维修项目

汽车电气系统如图 3-3 所示。

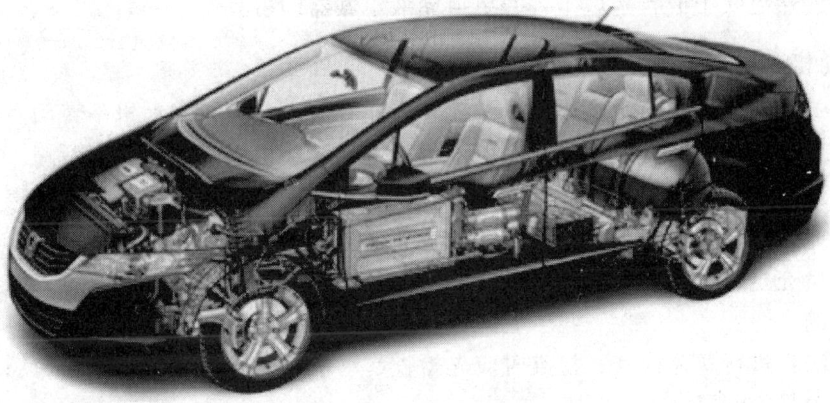

图 3-3　汽车电气系统

1. 发动机点不着火

发动机的起动是靠蓄电池的电流推动火花塞点火完成的，因而起动系统出现故障，很可能是由于蓄电池生锈或者是蓄电池滴漏造成的。

维修方法：每隔一两个月检查蓄电池内的电解液是否充足，可添加蒸馏水至适当的高度。目前，轿车大都采用免维护蓄电池，这种蓄电池不可擅自加水。此外，每年都要检查蓄电池的正负端接点有无生锈或者是污浊的现象。如果有则及时到 4S 店清除干净，以保持电路的畅通。蓄电池修复后，可延缓蓄电池报废的时间，减少资源浪费和废弃蓄电池对环境的污染。

2. 蓄电池自放电速度快

蓄电池在不工作的情况下，电量逐渐消耗的现象称为自行放电。自行放电不能完全避免，一般情况下，每天消耗本身容量的 1%～2%是正常的，如超过此数值，则为不正常自行放电。这有可能是由于极板材料或者是电解液中有杂质，杂质与极板或不同杂质间就会产生电位差，形成闭合的“局部电池”而产生电流，使蓄电池放电；隔板破裂，造成局部短路；蓄电池盖上有电解液或者是水，使正、负极间形成通路而放电；活性物质脱落，使极板短路造成放电；蓄电池长期存放，电解液中硫酸下沉，使上部密度小下部密度大，引起自行放电等原因造成的。

维修方法：要减少自行放电，电解液必须力求纯净，使用中应经常保持蓄电池盖的清洁，以免短路。如电解液不纯，则需将蓄电池用标准容量的 1/10 的电流放电至单格电压 17 V 为止，然后将电解液倒出，并用蒸馏水清洗干净，再换用纯净电解液进行充电。

3. 空调系统出现“冰塞”现象

汽车空调系统在空调开关刚刚接通时，制冷系统工作基本正常。但是，工作不到 1 min 压缩机就自动停转。经过一段时间（3 ~ 5 min）之后，压缩机又自动运转。如此往复，车厢内温度不能降低。这有可能是出现了“冰塞”现象。

维修方法：为了尽快确认膨胀阀处是否发生“冰塞”，可将歧管压力表的高、低压软管分别与制冷系统的高、低压维修接口连接，并用热毛巾或热布包住膨胀阀，如果低压侧压力在几分钟后回升，压缩机立即工作，则说明膨胀处有“冰塞”。将制冷系统全部分解，对各部分别进行清洗，然后吹干或者是烘干，并更换储液干燥器即可。

4. 起动机不转动

接通起动电路后，起动机啮合齿轮与飞轮齿圈有撞击响声，起动机不转动。出现该故障的原因多为发动机搭铁不良、蓄电池充电不足或者是起动机电磁开关线圈断路。

维修方法：检查蓄电池电能是否充足，观察电压表指针指示状况，如果电喇叭音量变小和前照灯灯光较暗，则说明蓄电池亏电。检查变速器上盖与车架之间的搭铁线是否松动。如果蓄电池电量充足，搭铁线完好，则该故障可能是由电磁开关线圈短路或者是起动机传动部分故障造成的。

维修方法：进行解体检查，检查时应先检查起动机小齿轮啮合是否到位，然后再检查起动机电磁开关是否断路。

3.1.4 钣金喷漆及常见维修项目

3.1.4.1 钣金喷漆的流程

1. 钣金操作流程（局部凹陷）

（1）钣金件的拆卸：将遭受过碰撞车辆受损部位的钣金件通过切割等方式拆离车身。

（2）损伤的确认：在将车辆受损部位进行清洁后，确认受损的程度。

（3）去除旧的油漆：将车辆受损部位的原车漆打磨至露出铁板层为止。

（4）钣金件的处理：根据钣金件受损的程度，采用相应的工具将凹陷部位复原。

（5）热时效法消除应力：通过热处理，将金属在恢复原来的形状和厚度过程中产生的拉伸和挤压应力消除，保持钣金件的刚度和强度。

（6）打磨连接面：在受损部位与周边漆膜连接部位打磨出一个坡面，便于其后新喷的漆面与原车漆面更好地连接在一起。

（7）防腐处理：把打磨完的受损面再次清洁除油，涂抹上环氧底漆并烘干，进行防锈处理。

注：以上钣金操作流程适用于受损程度不大的钣金件。若车体碰撞严重，伤及车架，则需要在车架矫正机上进行整车构架的校正，操作难度将会更大。

2. 喷漆操作流程（延续以上钣金流程）

（1）刮涂原子灰：在将涂抹了环氧底漆的钣金受损件清洁除油后，刮涂原子灰，原子灰晾干后进行打磨，并确认冲压线。

（2）喷涂底漆：原子灰打磨后进行清洁除油，开始喷涂底漆，并烤干。喷涂底漆时注意，把不需要喷涂的部位进行必要的遮挡。

（3）打磨底漆：对底漆进行打磨至原漆面高度相同，并确认其平整度。

（4）调漆：虽然目前特约服务店一般都备有原厂漆，但由于车辆在长时间使用后，面漆颜色与原厂漆会有所差别，所以这时就需要喷漆人员进行手工调漆。

（5）喷涂面漆：将调好的面漆加入喷枪罐中，调整喷枪的气压、出漆量以及喷幅后，开始均匀地喷涂在钣金件上。不同的面漆在喷涂时的工序也有所不同。面漆分为单层漆和多层漆，是色彩的确定层和装饰保护层，单层漆一般统称为素色漆，也称为普通漆，可以一层完成。多层漆分为银粉系列漆和珍珠系列漆，分双层及多层施工工序完成的涂料。银粉漆是由特制铝质材料研制而成，具有较高的保护性以及户外稳定性和很强的客观性，珍珠系列漆是由云母片及贝壳等材料通过高科技提制而成，是色彩丰富、装饰极强的高级涂料。面漆部分的喷涂质量要求很高，要做到清洁、丰满、光亮、不垂、不挂、光泽均匀、不漏喷、不花枪、流平好、不咬底、不浮躁、不偏色，这些全方面做到位，一气呵成确实是件不容易的事，需要极丰富的经验和故障预知排除能力。

3.1.4.2　常见维修项目

1. 汽车常见部位刮擦维修

（1）微小的细痕。维修方法：一些细小的划痕细蜡加粗蜡就可以对付。首先将车洗净擦干，海绵粘上粗蜡，以画圆的方式上蜡。粗蜡打完后，再上细蜡，由内往外同样的方向，即直向或横向画圆上蜡。这样之前凌乱的细微刮痕几乎都能去掉。

（2）未掉底漆的刮伤。维修方法：面积稍大的刮伤或脱漆，用打蜡没办法处理，可以用补漆笔救救急。补漆笔在使用前要摇一摇，让里面的漆调和均匀。做法也很简单，把车子洗净擦干，不要上任何蜡，选用适合车子颜色的补漆笔，直接涂在刮伤处。等补漆笔抹处干了之后，再将细蜡打上即可。

（3）已见底漆的刮痕。维修方法：遇到较深且明显的底漆刮痕，易让钣金生锈，所以除锈防锈很重要。车子洗净擦干后不要上任何蜡，在刮痕处涂上除锈剂，等 10 ~ 15 min 并用面纸擦去除锈剂后，再涂上防锈剂，避免刮伤处再继续生锈。

2. 汽车凹陷修复操作规范

单层部位的修复，只需一个挂链配合大工具就可完成。双层部位的修复，可通过原始孔、刮去粘连胶或打孔进行修复。其基本过程为：确认凹陷位置→确定修复灯摆放的位置及角度→根据凹陷情况选择适合的工具→确定修复时的支点→大体修复→漆面处理→精确填补→漆面处理→变换角度检验修复直至满意为止。

（1）前机盖的修复。可根据情况拆掉隔热层或刮去粘连胶或打孔即可修复，需注意的是打孔的位置要选择在隐蔽部位。

（2）前叶子板的修复。卸下前大灯、轮胎上面的挡泥板、小侧灯进行修复。也可在前叶子板后端的孔隙进行修复，个别情况允许将前叶子板上部的固定螺丝卸下，再用三角木支撑出空隙进行修复。

（3）车顶的修复。修复时要根据凹陷情况，可全部卸下车顶内饰，也可只卸下局部的内饰扣，原则是在工具可到达并无障碍的情况下尽量减少拆卸。

（4）前车门的修复。一般情况下不必拆卸，只需将汽车玻璃降下即可完成。如果凹陷在加强筋里或在车门下部边缘，可拆卸车门内饰进行修复，也可通过车门下部的排水孔进行修复。如果在上部的加强筋里，则可将玻璃外部的防尘条卸下，通过加强筋上的自然孔进行修复。如果没有自然孔，则需将车门内饰卸下，从加强筋下部边缘进行修复。个别车型也需要将车门上部的双层分开进行修复。如果凹陷在车门的前部，则需将车门拆下在修复架上修复，也可通过穿线孔修复。

（5）后车门的修复。修复比较方便，除了通过修复前门时的途径之外，还可通过后门前端的穿线孔进行修复。一般情况下不必将车门整个卸下即可修复。

（6）后叶子板的修复。修复时，一般情况下只需将后尾灯卸下即可完成。如果凹陷在轮眉边缘处，则需要将轮胎卸下，在轮胎上面的护板里面开孔进行修复。开孔时一定要把握好开孔器的力度，因为轮眉边缘部位外部钢板与内部钢板距离比较近，不可将外部钢板也打穿。如果凹陷在后叶子板的上部后挡风玻璃两端，则可将后挡风玻璃两边的内饰板卸下，通过内饰扣孔进行修复。

（7）行李箱的修复。行李箱的修复和前机盖的修复基本相同，只是其部位的边角和筋骨比较多，修复时要注意选择工具，力度要适当，必要时要用上修复球。

（8）保险杠的修复。保险杠只有个别车型能修复（只有软塑料可以修复，钢化塑料、石棉的无法修复）。其修复方法是：先用烤灯加热再用修复工具修复，然后用凉水冷却即可，需要注意的是加热程度不要伤害车漆但塑料部分具有可塑性即可。其过程需要反复操作直至满意为止。

3.1.5 汽车维修设备常识

汽车故障诊断设备能扩大汽车维修人员的感知能力。有些设备附有常见车型的技术数据，有利于提高维修人员对汽车技术状况判断的准确性，而有些设备则具有一定的分析判断能力，为实现汽车故障的快速、准确、有效诊断提供了技术支撑。汽车维修设备能有效地提高汽车维修的生产率和维修质量。汽车售后服务接待在与客户沟通时，若能说明在维修过程中可能涉及的检测与维修，便能更好地体现服务的专业性。因此应了解基础的故障诊断仪器。

3.1.5.1 发动机故障诊断设备

1. 发动机密封性检测设备

（1）气缸压力表

气缸压力表是用来检测气缸压缩压力的，根据测试结果可以判断出气缸衬垫、气缸体与气缸盖之间的密封状况、活塞环与缸壁之间配合状况，以及燃烧室内积炭是否过多等与气缸有关的技术状况。

（2）气缸漏气量检测仪

气缸漏气量检测仪用于测量在活塞处于压缩行程上止点位置时，气缸内外传输压缩空气的压力变化值，从而判断汽车发动机的气缸和进、排气门的密封状况。而在测量气缸漏气量的同时，进行人工观测检查、眼看耳听辅助诊断，可对气缸、气缸垫和进、排气门的密封状况进行深入准确的诊断。

（3）曲轴箱窜气量检测仪

曲轴箱窜气量检测仪是用来对发动机曲轴箱窜气量进行测量的，从而检验发动机的动态密封性，判断发动机气缸、活塞和活塞环的技术状况，检测发动机磨合的质量。

（4）真空表（见图 3-4）

真空表用于检测汽油发动机进气歧管的真空度，通过测量进气歧管真空度及其变化状况，可以判断发动机密封性能的好坏、空燃比的好坏和点火性能的好坏，可以诊断汽车密封性、配气机构密封性、进气管的泄漏、排气消声器阻塞以及气门机构失调、混合气的稀或浓、点火时间和点火性能等诸多方面的故障。

图 3-4　真空表

2. 点火正时枪（灯）

点火正时一般是用点火提前角（曲轴转角或是凸轮轴转角）来表示。点火正时枪（灯）（见图 3-5）可检测汽油机点火提前角，有的还能测试转速、点火导通（闭合）角和电压参数。

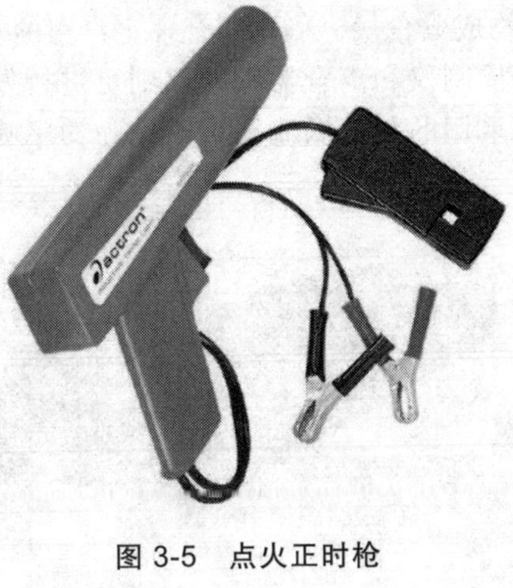

图 3-5　点火正时枪

3. 发动机废气分析仪

发动机废气分析仪（见图 3-6）主要用于测量汽车发动机排气中的多种气体含量，这类仪器还可以用于对空燃比的检查，催化转化器性能的检测，燃油反馈系统的检查，进、排气管泄漏等故障，帮助分析并排除发动机控制系统的故障，以及确保车辆污染排放指标的正常。根据检测气体种类的不同，发动机废气分析仪分为：二气体、四气体和五气体分析仪 3 种。

图 3-6　发动机废气分析仪

4. 柴油机烟度计

柴油机烟度计用于检测柴油车的排气烟度，以便研究和分析柴油机的工作状况。烟度计有多种，常见的有滤纸式烟度计、透光式烟度计和重量式烟度计。我国常用的 2 种是：滤纸式烟度计和透光式烟度计。

5. 发动机综合分析仪

发动机综合分析仪有多种形式，常见的有汽油机综合分析仪、柴油机综合分析仪，以及汽油和柴油两用发动机分析仪，可适用的发动机类型很广，可对起动和充电系数、点火系统、燃油系统和点火正时等多种项目进行精确测试。

3.1.5.2　底盘故障诊断设备

1. 底盘测功机

底盘测功机（见图 3-7）一般用于检测各类汽车的底盘输出功率、驱动力、车速、加速性能、滑行性能，以及车速表和里程表的准确性。如果配以燃油流量计则可检测油耗，配以排放分析仪则可检测排放污染物成分含量，可以综合评定汽车的动力性能、经济性，以及环保指标；若配以曲轴箱窜气量检测仪和离合器频闪仪则可进行发动机磨损检测和离合器打滑检测。现在的底盘测功机多采用的是电涡流测功器作为功率吸收装置，并用微型计算机作为控制中心。

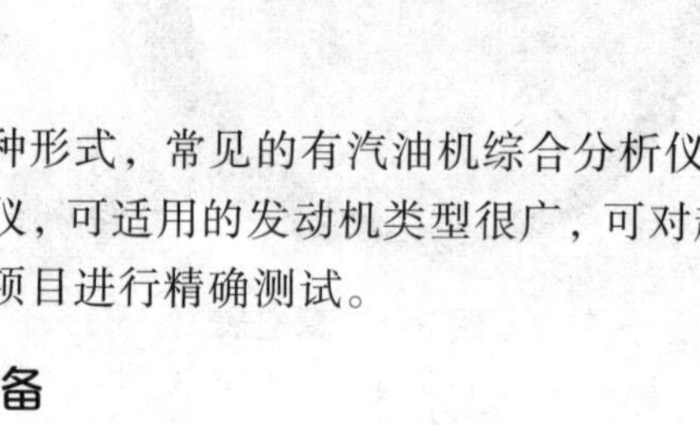

图 3-7　底盘测功机

2. 四轮定位仪

四轮定位仪（见图 3-8）用于测量车轮的各项定位参数，判断车轮定位的准确性，同时还可以检验出车轮定位部件的故障。现用的四轮定位仪一般存储有大量流行车型的车轮定位参数的标准值和车轮定位调整方法的指导，车轮定位技术状态判断方便，调整操作容易。为便于检测和调整，被检汽车需放在地沟或是举升平台上，地沟或是举升平台应处于水平状态，四轮定位仪则安装在地沟两旁或是举升平台上。

图 3-8 四轮定位仪

3. 底盘间隙检测仪

底盘间隙检测仪用于检测转向系统各销轴、悬架系统以及底盘其他部件因磨损产生的间隙，从而消除隐患，确保安全。

4. 制动试验台

制动试验台一般是用来对各种类型车辆的制动性能进行检测。测量参数包括所有车轮的制动力、制动力差、制动协调时间等。制动试验台有滚筒式和平板式两种。

5. 侧滑试验台

侧滑试验台是用来检测汽车前轮的侧滑量，以便判断车轮定位中车轮前束和车轮外倾的配合是否恰当。侧滑试验台有单板式和双板式两种，其中双板式应用最为普遍。

3.1.5.3 汽车电控系统诊断设备

1. 汽车专用万用表

汽车专用万用表（见图 3-9）可以检测充电、起动、燃油及空气、点火、电气、发动机管理、冷却等系统和各种传感器，检测参量包括电压、电流、电阻、电容、占空比、频率、脉宽、转速、温度和压力等，并且可以检测线路的通断。

2. 汽车示波器

示波器可用于测试电池、传感器、ECM 信号的电压，测试火花塞线、继电器的电阻，测试保险丝、传感器、灯、导线、开关的线路通断。使用相应探头可测试温度和电流。

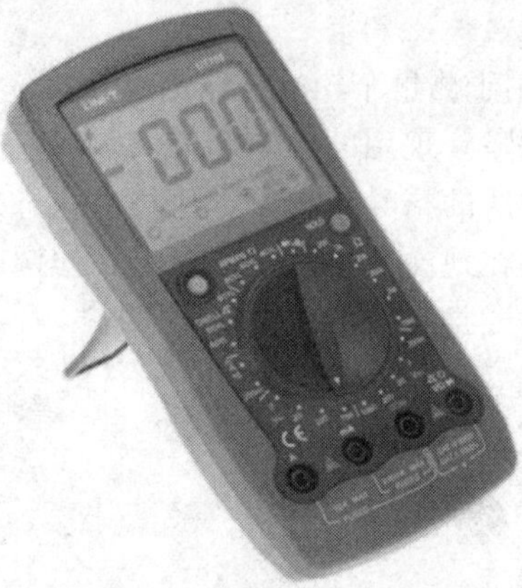

图 3-9　汽车专用万用表

3. 通用故障检测仪

通用故障检测仪备有常见车系的软件，并配有各种专用检测接口电缆。在使用时，只需将被测汽车的牌号和车辆识别码输入故障检测仪，就能从软件中调出相应的检测程序。再按照故障检测仪屏幕上的提示，将相应的故障检测接口电缆一端的插头和汽车上的检测插座连接，就可以根据汽车微型计算机自行诊断电路的功能范围和检修要求，选择电喷发动机、电控自动变速器、制动防抱死装置等各控制系统，进行读取故障代码，查阅故障码的内容，测试执行器的工作情况，清除微机内存储故障代码等检测工作。

4. 专用故障诊断仪

专用故障诊断仪是为各汽车厂家生产的专用测试设备。它除了具备读码、解码、数据扫描等功能以外，还具有传感器输入信号和执行器输出信号的参数修正、计算机控制系统参数调整，以及系统匹配和标定、防盗密码设定等专业功能。

3.1.5.4　汽车维护设备

1. 发动机燃油系统免拆清洗机

如图 3-10 所示，该设备配合汽车的定期维护和特别除炭维修，不需拆卸发动机，只需将接头与发动机供油管、回油管连接。机器内放入专用清洗剂可溶解喷油器针阀和燃烧室各组件的积炭、油泥、胶质等污染物，经由汽车的排放系统排出，使汽车燃油供给系统得到彻底清洗。这类仪器一般可以清洗多种汽油机及柴油机的燃油系统，有的还可以检查燃油压力，确定系统是否堵塞。

图 3-10　发动机燃油系统免拆清洗机

2. 发动机润滑系统免拆清洗机

在汽车的定期维护中，不需拆卸发动机，只需用接头与发动机机油过滤器和油底壳螺孔相连，利用空气动力和专用清洗剂，在发动机静态时进行清洗。只需要

12 min就可以将发动机润滑系统油泥、积炭和杂质一并清除，恢复发动机效率，减少磨损和有害气体的排放。

3. 发动机冷却系统清洗机

发动机冷却系统清洗机利用的是轻微液压冲击原理，对发动机冷却系统进行冲击清洗、循环清洗、再循环清洗和更换冷却液。可清除发动机冷却系统的污垢，恢复发动机冷却系统的性能。

4. 自动变速器油更换机

目前最新的自动变速器油更换机可分为气动、可调压、可调流量机型。全新的自动变速器油更换机可以调节空气压力和进出油量、油压，能控制变速器内的需求油量，完全解决了在手工更换变速器油时不彻底（多数变速器内的油液不能手工更换）和油量不准确的问题。

5. 汽油机喷油器清洗机

汽油机喷油器清洗机适用于汽油发动机电子喷射喷油器的清洗，清除喷油嘴的积污，从而解决喷油器或是喷油嘴堵塞问题。这种设备一般都是利用超声波的作用来清洗喷油器，利用超声波的冲击和振荡来溶解和排除喷油器内的胶质物，并能够清理喷油嘴的积污，而且能够反向清洗，使清洗更彻底，且操作方便。有的清洗机还具有喷油器测试功能，能模拟发动机运转过程，测试发动机转速、喷油器的开启时间、脉冲数供给、喷油器电阻或是喷油模式、喷油器电压和供油压力等。

6. 柴油机喷油泵试验台

柴油机喷油泵试验台是用来对各种类型的喷油泵进行检测调试的。这种设备一般可检测各缸供油盘及其均匀度、出油阀的开启压力和喷油泵体的密封性以及调速器的性能，并能检测喷油泵供油开始点及供油间隔角。

7. 轮胎平衡机

轮胎平衡机可用于汽车各种类型车轮的平衡调试，可以获得动态、静态下的精密测试和准确的平衡。此类设备一般采用的都是微型计算机控制，具有较高的精确度，能自动测定出轮胎两个校正平面上的动态平衡度。

8. 汽车清洗及打蜡机

汽车清洗及打蜡机主要是用于中小型车辆的刷洗、打蜡和吹干等。这类设备能自动识别车头、车尾，能进行正、反转的反复刷洗，而且都是微机全自动程序控制，操作方便。

3.1.5.5　汽车修理设备

1. 气门修磨机

气门修磨机用于汽车发动机气门锥面的磨削加工。操作简便，能够保证气门研磨和支撑点的准确性。

2. 镗缸机

气缸镗削的目的是恢复气缸原有的正确圆度、圆柱度和表面粗糙度，保证各缸中心线与主轴承孔中心线在一个平面内，并且互相垂直。目前常用的镗缸设备有固定式镗缸机和移动式镗缸机两种。

3. 磨缸机

磨缸机用于镗缸后缸壁表面的最后一次磨削精加工，以消除在气缸镗削加工时留下的刀痕，减小气缸壁的表面粗糙度值，达到气缸加工的最终要求，延长气缸和活塞的使用寿命。目前一些企业开始使用激光加工设备对气缸扎进行激光加工处理，激光加工处理前后都需要进行磨削加工。

4. 曲轴磨床

曲轴磨床用于汽车发动机曲轴的主轴颈和连杆轴颈的磨削加工，也可以用于一般外圆磨削。

5. 激光加工系统

激光加工系统用于汽车发动机气缸孔、缸套内表面、曲轴、凸轮轴轴颈和凸轮工作面等零部件表面的激光加工处理。处理后的零件表面提高了硬度和耐磨性，同时也能够更好地进行润滑，而使用寿命大幅度延长。

6. 制动鼓镗床

制动鼓镗床是用于镗削汽车制动鼓和制动蹄片的设备。这类设备具有加工范围广，刚度高，加工精度高，操作简便的特点。

7. 车身、底盘矫正仪

车身以及底盘矫正仪除了可以实现需整形汽车的快速多点定位固定、全方位牵引校正以外，还配有测量基准定位系统、专用量具和专用测量触头，可实现车身上各测量点的三维坐标精确测量，并且配备有常见车型测量基点分布图记录车身、底盘数据，为提高车身整形速度和质量提供了保证。汽车大梁底盘矫正仪如图 3-11 所示。

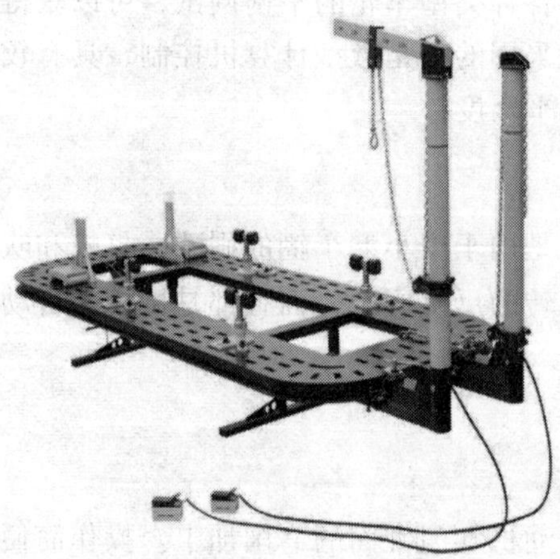

图 3-11　汽车大梁底盘矫正仪

3.2 服务预约与准备

教学引例

一汽丰田售后服务流程

一汽丰田汽车销售有限公司自成立以来，始终秉承“专业对车、诚意待人”的服务理念，从对车到对人开展双重关注，潜心打造“诚信服务”品牌，为客户创造更多价值，让客户尊享安心、喜悦的汽车生活。一汽丰田的售后服务流程共分为6个步骤：保养提醒和预约、预约准备、接待、生产、交车和维修后跟踪服务，其服务流程如图3-12所示。

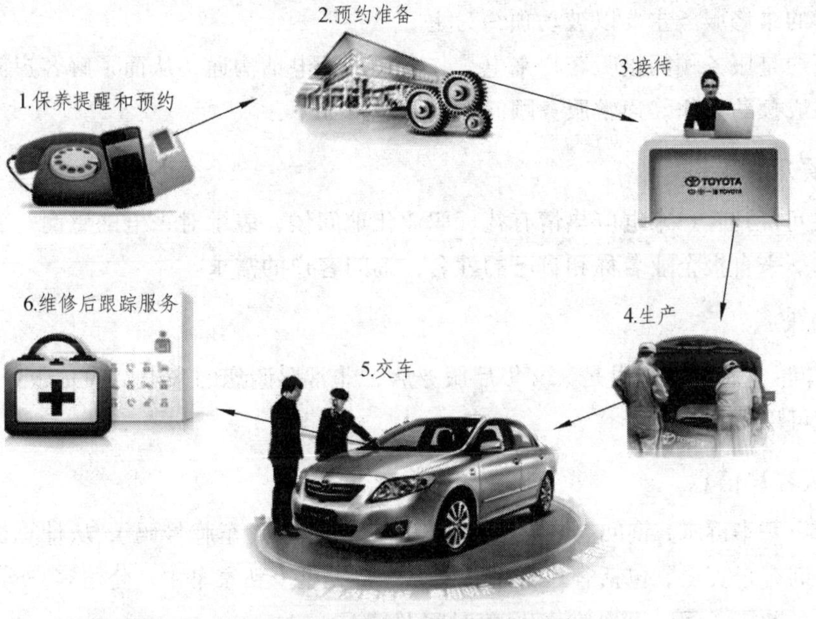

图 3-12　一汽丰田售后服务流程

第1步：保养提醒和预约。工作是根据车主的维护需求来推测车辆的保养时间并提醒车主；同时根据车主的实际需求给车主提出保养、维修方面的建议；并使用服务进程控制看板来识别可用的技师、工位，并向车主建议可行的预约时间。

第2步：预约准备。需完成的工作包括准备所需零件、工具以及人员，确保保养和维修服务可以顺利进行；合理安排人员提升工作效率，避免出现技师怠工的现象；与车主进行预约确认，减少失约车主。

第3步：接待。接待时要引导车主停车并热情问候车主；确认车主到店目的以及车主和车辆的信息；安装车辆检查三件套保护车主车辆；与车主一同进行环车检查；提供保养和维修建议，向车主解释工作项目、预估费用和交车时间；再次确认车主所有需求、填写施工单。

第4步：生产。生产过程要根据技术水平和当天工作计划分配工单；优先对待返修和等待车主；利用可视化管理工作来跟踪技师的作业情况，出现追加作业的情况，必须与车主进行事先确认来取得授权。

第 5 步：交车。交车时要向车主进行问候，展示旧件或指出修理的部位，解释费用明细，确认车况、交还车主物品，开具发票、陪同车主付款，感谢车主并进行送别。

第 6 步：维修后跟踪服务。要求 72 h 以内回访车主，并记录车主的反馈，对车主的要求、以及不满意车主进行跟踪回访。多数的售后服务企业将服务预约作为售后服务流程的第一步。服务预约往往构成了与客户的第一次接触，为立即与客户建立良好关系的提供了机会。

3.2.1 维修预约

3.2.1.1 维修预约的方式

电话预约的方式有两种：一是企业主动预约客户，二是客户主动预约企业，即企业被动预约。汽车的维修服务主要以被动预约为主。

被动预约是服务顾问接听客户来电，与客户进行电话沟通，从而了解客户需求，记录相关信息，完成预约工作。通常服务顾问的应答逻辑如下：

1. 问候开启预约

服务顾问接到客户来电应热情有礼、职业化地问候，表示对来电的感谢，表现出对来电的欢迎。接下来自报企业名称和自己的姓名，询问客户的需求。

参考话术：

服务顾问："您好，这里是 × × 售后服务店，非常感谢您的来电。我是服务顾问 × × ×，请问有什么可以帮到您？"

2. 确认客户信息

倾听客户基本诉求，询问客户姓名及车辆信息（车型、车牌号码），从计算机企业信息系统中快速查询客户资料，包括客户联系方式、客户类型（私家车主、公司客户等）、了解车辆数据（车型、购买时间、上次维修/保养时间及情况）。

如果是新客户，在时间来得及的情况下应尽快建立档案；如果发现客户信息有变更，及时更改。

注意：知道了客户姓名之后，接下来的电话沟通中要以姓来称呼客户，比如 × × 先生/女士等。

3. 确定客户需求

确定车辆主要问题是什么，问题出现的频率、时间、车速、当时的道路情况等，以做出诊断。

参考话术：

服务顾问："× × 先生/女士，为了保证更有效地维修您的车辆，我们需要了解一些情况。请告诉我问题发生时的车速是多少？是在热车状态还是在冷车状态的时候，发生的频率是怎样？"

4. 预估时间费用

通过系统提示和经验，判断完成项目通常需要的时间和大致费用。如无法立即判断，要向客户说明复杂性并致歉，邀请客户到店。

参考话术：

服务顾问："根据初步估计，这辆车需要一天的时间维修，我们会在技师对其进行全面的诊断之后再次跟您确认。"

5. 协商确定日期服务

服务顾问在企业计算机售后服务系统预约单中确认服务的空闲时段，并根据收集的信息进行判断，考虑合适的日期和具体的时间，可精确到分钟。

参考话术：

服务顾问："我们将在××时间接待您？是否符合您的要求？"

服务顾问："××先生/女士，您看本周××上午××这个时间可以吗？"

如果提出的预约时间满足客户要求，就进一步确认预约；如果第一次提出的预约时间不满足客户要求，应当尽量提出两个以上时间供客户选择。

6. 结束预约通话

询问客户是否还有其他的需求，如果有补充则继续记录，若无，则准备结束通话。在结束预约之前，为了确保信息记录的准确性，服务顾问最好能够复述一遍客户预约的时间和需求。最后再次感谢客户来电，并礼貌地结束通话。

参考话术：

服务顾问："××先生/女士，您还有别的需要吗？"

客户："没有了。"

服务顾问："那好的，××先生/女士，您预约的是本周××上午××到店做您爱车的首次保养，我们会提前两天再一次跟您确认。感谢您的来电，祝您生活愉快！"

3.2.1.2　维修预约的内容

概括而言，服务顾问在电话预约中需要询问客户及车辆基础信息（核对老客户数据、登记新客户数据）；询问行驶里程；询问上次维修时间及是否是重复维修；确认客户的需求、车辆故障问题；介绍特色服务项目及询问客户是否需要这些项目；确定服务顾问的姓名；确定接车时间；暂定交车时间；提供价格信息以及提醒客户带齐相关资料（随车文件、保养手册等等）。

在电话预约过程中，服务顾问需要填写预约登记表。大多数汽车售后服务企业都有自己专用的预约登记表，服务顾问需要在用户允许的情况下，准确、详细地填写好登记表，登记表见表3-1。

表 3-1 电话预约登记表

填表人： 填表时间： 年 月 日

车型：________	车牌号：________	车架号：________	
行驶里程：________	车主：________	联系电话：________	
服务顾问：________	预约时间：____年____月____日____时		
故障描述	维修项目	所需配件（零件号）	维修费用估价
备注			

针对在第一次致电提醒客户车辆入厂保养时，对还没有做出决定是否入厂的客户，进行第二次致电，再次提醒客户车辆进行下一次按期保养的日期，同时向客户确认是否有预约入厂的意向。假如客户有入厂意向，服务顾问应立即进行临时预约，确认客户入厂时间，确认客户入厂保养内容及客户的其他需求。

二次致电的注意事项：

（1）假如在第一次致电客户时，客户明确表示不需要进行下一次入厂或预约，则不需要进行第二次致电。

（2）第二次致电的日期应保证在零件备货期前进行，以保证零件部门有充足的时间进行零件准备，当预约所需的零件需要订货时，服务顾问应及时协商调整预约时间，保证能在预约的入厂日前将零件准备好。

参考话术：

服务顾问："早上好，这里是××4S店售后服务部，我是××。请问，您有什么需要吗？"

客户："我想给车子做个保养，顺便检查一下排气系统。"

服务顾问："好的，能告诉我您的姓名和车型吗？"

客户："我叫李××，车子是我先生的，车型是帕萨特。"

服务顾问："好的，李女士。请问您的车子排气系统有什么问题呢？"

客户："最近我先生发现排气系统开始出现噪声，他认为需要换个后消声器，你能给我安排到明天吗？"

服务顾问："我帮您看看。（片刻之后）不好意思，李女士，明天的预约已经满了，做保养和维修排气系统至少需要3个小时，您看下周一或者周二哪个时间段您方便呢？"

客户："排气噪声太大了，我想越快越好，那就下周一上午吧，中午能交车吗？"

服务顾问："好的，如果您下周一上午 8：30 过来，按照通常维修进度，到中午 12：00 是可以维修好的。"

客户："好，那就下周一上午 8：30 吧。顺便问下，价格是多少？"

服务顾问："抱歉李女士，这个我现在暂时确定不了，我们尚不知道您的爱车是否只需要更换后消声器或做进一步的维修，所以具体的费用我要等维修技师检查完您的车辆以后再给您一个准确的报价。您看可以吗？"

客户："好吧，但愿只更换后消声器就能解决问题。你们能够准时交车吗？我下午 14：00 还有个会，需要用车。"

服务顾问："这点您放心，若没有其他维修问题，可以按时交车。"

客户："好吧。"

服务顾问："那我再跟你确认一下，李女士咱们预约的时间是下周一上午 8：30，做一个保养加解决排气噪声问题，除此之外还有别的吗？"

客户："没有了。"

服务顾问："好的，我们会提前提醒您预约，感谢您的来电，再见！"

3.2.2 准备工作

预约准备是针对达成临时预约的客户，需要进行的准备工作。主要内容包括以下几个方面：

1. 确认配件库存

服务顾问向零件部门确认配件有无库存，当配件库存不足时，则需要进行配件订货。由配件部门确认配件到货时间，若不能在客户预约入厂日到货，服务顾问则需向客户重新预约时间。若配件库存到位，则进行配件准备，将预定配件单独存放于预约货架。

2. 车间准备

维修车间在接到预约通知后，应根据客户车辆预约入厂日期安排预约工位、维修技师，准备好相应的维修设备和工具。

3. 客户资料查询

服务顾问还应对车主信息和车辆情况做了解。从计算机售后服务系统中（DMS）核对用户车辆维修档案，并对以往的维修记录进行查询，如果是重复性维修或疑难维修项目，服务顾问应在预约登记表中做标注，并通知维修车间。

4. 系统录入

有些汽车售后服务企业要求服务顾问将客户预约情况录入售后服务系统，这时，需要进行一定的系统操作。以广汽本田的售后服务系统操作为例，服务顾问进入图 3-13 所示的操作页面，点击新增按键，进入预约管理界面，添加预约客户信息。

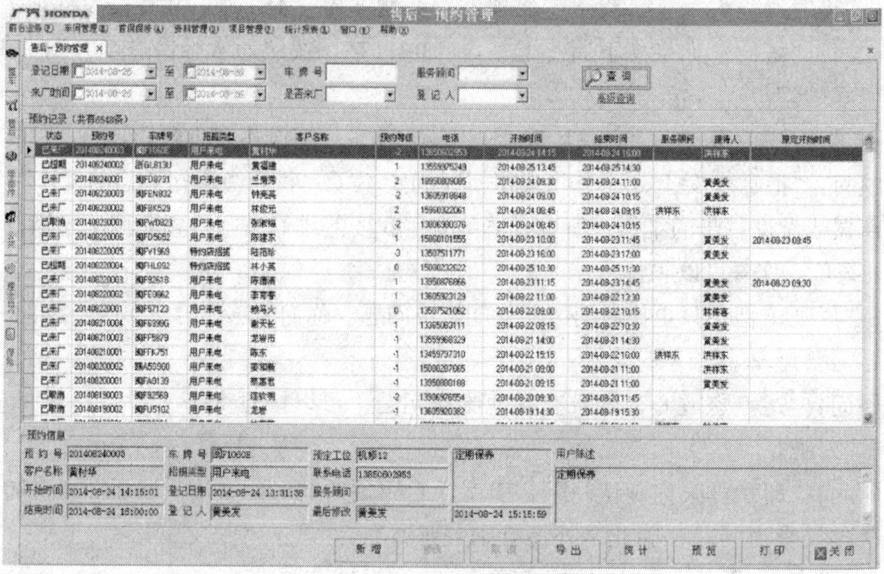

图 3-13　预约管理界面

在预约新增界面点击添加按钮就可以填写新增预约事项，如图 3-14 所示，完成之后点击“确定”即可保存。

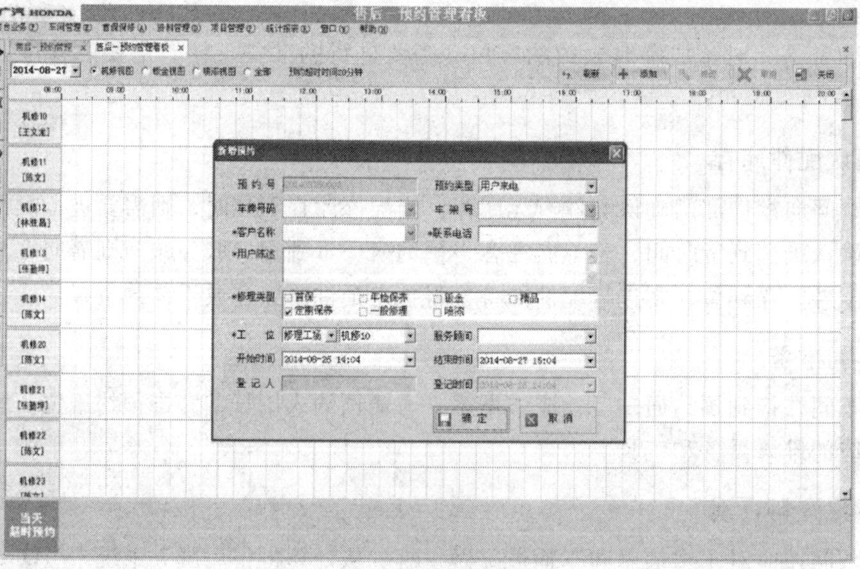

图 3-14　预约新增界面

5. 外出服务准备

对于外出类服务，则应准备好服务车辆、安排外出人员和相应的配件、维修工具等。

6. 完成准备

服务顾问亲自确认上述准备工作是否已经到位，并做好预约欢迎准备，完成预约准备事项。

3.2.3　预约与准备工作流程图

维修车辆的预约与准备工作的流程如图 3-15 所示。

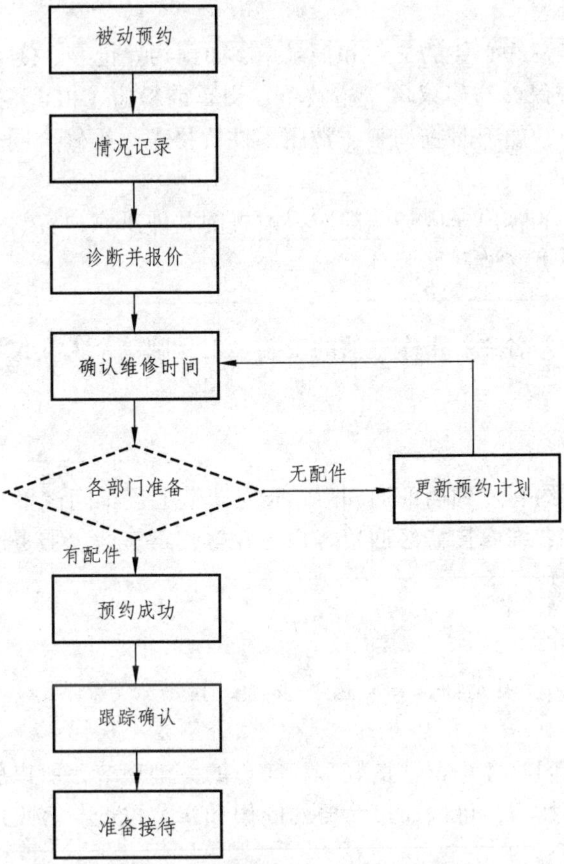

图 3-15　维修车辆的预约准备流程图

企业通过主动预约或被动预约方式开启电话预约，服务顾问与客户沟通并记录客户需求等相关信息，负责基本的车辆故障诊断和预估价格，与客户协商车辆进厂时间完成电话沟通。接下来服务顾问需要确认配件库存状况，如果有配件，则本次预约成功，各个部门开始准备。如果配件缺货，服务顾问需要与客户另约车辆进厂时间。约好之后，各部门开始准备。服务顾问进一步跟踪提醒直到客户如约前来。

3.3　客户接待与诊断

3.3.1　客户接待

1. 接待前准备

服务顾问出门接待客户之前首先应该检查自己是否做好了各种用具的准备工作，包括以下一些物品：

（1）三件套。

服务顾问每天需准备好不少于 15 份的三件套（脚垫、座椅套、方向盘套），整齐放置在三件套柜子中备用。

（2）接车单及价目表

服务顾问每天需准备好必要的文件和记录单，如预约登记表、接车问诊单、零件订购单、返修记录单、定期检查保养与建议单、施救单、交车前检验（PDI）检查表等。还要准备好计算机中要使用的文件，如工时查询表、常用零件价格表、维修合同范本等。

（3）客户资料

对于预约当天要来的客户，服务顾问应提前查阅并熟悉客户资料，包括车主姓名、以前的保养维修记录，以便更好地开展服务。

（4）个人礼仪用品

服务顾问每天需备好名片、干净整洁的工装、工号牌等个人礼仪用品。

2. 接待预约客户

（1）迎接客户

服务顾问在接到预约客户到店的通知后，应立即带上接车问诊单、预约登记表、三件套、名片等用品到停车场或者维修接待区迎接客户。在客户下车时，服务顾问应主动替客户打开车门，面带微笑问候客户。

参考话术：

服务顾问："您好，欢迎光临，××先生/女士，我是服务顾问××，今天由我来接待您，这是我的名片。"

迎接客户是服务顾问给客户留下良好第一印象的关键环节，所以服务顾问要注意自身言语的亲和力和待人接物技巧，可以通过简要的问候和寒暄拉近与客户之间的距离，展示良好的个人形象。

（2）确认客户来意

对于预约客户服务顾问要主动与其进行沟通，复述预约的内容及具体的解决办法，得到客户的确认；若客户的意向有改变，则及时记录在"接车问诊单"上面。

参考话术：

服务顾问：××先生/女士，您本次是来做××千米保养的吧？除此之外还有什么需要吗？

（3）进行故障问诊

如果预约客户认为其车辆有其他的问题，服务顾问则应立刻进行故障问诊。可采用"5W2H"方法与客户沟通，全面了解有关情况。客户描述的车辆故障情况，服务顾问应准确地记录在接车问诊单上面。对于能够判断的故障，服务顾问应向客户解释车辆可能的故障原因以及相应的维修办法。

对于一些偶发性故障，服务顾问需要与客户共同试车，并请车间维修技师帮忙。车间维修技师在服务顾问的陪同下，与客户进行沟通，对车辆故障进一步诊断。由维修技师确定作业范围、作业种类及需要更换的零部件名称、数量等信息。服务顾问向客户告知维修相关信息，并向客户解释维修的重要性。对客户提出的疑问，服务顾问应主动予以解答，对于无法解答的问题，则由技术人员协助解答。

对不能立即确定故障的车辆，服务顾问应主动向客户做好解释，并告知客户车辆留店检修的必要性，如客户不同意车辆留店检修，应尊重客户的决定，做好配合工作。如果客户询问质保问题，服务顾问应向客户说明保修政策，并告知质量担保范围等内容。

3.3.2 客户沟通的技巧

作为服务顾问，能运用多种形式的技巧固然重要，但没有任何一种比好的沟通更重要。沟通是帮助服务顾问找出客户正确、完整需求的技巧，是工作中不可缺少的一环。特别是在接待客户和问诊环节，有效地沟通能够帮助服务顾问准确地判断出车辆问题，更容易带给客户满意的服务。为达到有效地沟通应该运用如下方法：

1. 用提问的方式去了解客户的需求

高质量的提问可使服务顾问与客户都受益，双方都可以明白对方的需要。想了解客户实质性的需求并不是很容易的事，可通过以下 3 个步骤来真正了解客户的需求：

（1）客户接受提问

作为服务顾问，当你请求客户允许你去取得你所需要的资料时，你已表现出对他的尊重，他会自然而然地与你对话，这个请求会是简单的、舒适的。

参考话术：

服务顾问：“××先生/女士，我向您请教几个问题，可以吗？”

（2）找出事实的问题

服务顾问可以通过对话找到客户遇到问题时的实际资料。可采用“什么？”“如何？”“为什么？”“是么？”等问句去找出重要的实际资料。

参考话术：

服务顾问：“耗油太多是突然发生的事吗？”

或问：“您的车子在市区的耗油量如何，在高速公路上又如何？”

（3）找出感受的问题

服务顾问提问找出感受的问题时，目的不是要得到是或否的答案，而是希望得到详细的回应，以便更好了解事情的背景，进而引导客户说出他的感受、疑惑与担忧。

在找出感受的问题时，可采用“您想”“您感到”“您认为”等词语，希望得到对方的一段描述。比如，已问过三个耗油问题后，就可以问：“那您认为它应该是怎么样的呢？”

用这种方法，就会快速知道客户期望些什么，甚至会找出一些意想不到的资料，这对解决客户遇到的问题是非常重要的。

2. 将自己代入客户的身份

如果客户已认为服务顾问很了解他，这是客户一种深层次的感受。“你很了解他”这句话并没有被客户直接说出来，但他愿意回答服务顾问的提问。这时，服务顾问再与他讨论问题的真正细节，比较有效的方法是将自己代人客户的身份。

如果服务顾问能设身处地地为客户着想，就会更容易去了解和满足客户的需求，而且对自己来说也有利。客户如果感到服务顾问很了解他，他就会愿意接受服务顾问的建议。例如，某一位客户的情绪处于愤怒或失望状态，服务顾问可以说："我知道您很生气，换了我也会这样的"。

3. **对客户需求做出反应**

对客户的需求做出适当的反应是服务顾问找出问题必然要做的事，服务顾问要提出好的问题和对客户表示关注才能做到这一点。

当服务顾问对客户表示关注，客户开始信任他，相信他是为自己而工作。对于服务顾问来说，表示关注的方法可以直接地说出客户对某一件事的感受，一个具体的方法就是把自己所能察觉到的客户感受，用自己的演绎方式重复一遍。

参考话术：

服务顾问："让我看看，我是不是明白您刚才所说的。"或："如果我没看错，您对车子的性能是满意的，只是不喜欢它的油耗量罢了。"

4. **适当迎合客户**

身为服务顾问会比汽车修理车间的任何人都更多地接触客户，而客户会把服务顾问的表现看作是企业的形象。如果获得客户的喜欢，是每个服务顾问都要学习和思考的问题。在与客户交流和沟通中，服务顾问要善于观察，针对不同的客户，采用不同的沟通方式，做出不同的反应，获得客户的好感。

比如一位满带经商口吻的客户，他大有可能期望服务顾问的反应，也是充满商业味道的，服务顾问着重去谈车子的实际问题及他的切身问题，通常会很有成效。

对待一位看起来有点畏缩的客户，服务顾问要做出友善、关心的反应，舒缓一下客户紧张情绪，让他更好适应。这时，如果服务顾问说"我明白"或是"您所说的对我们会有帮助的"，并且点头微笑，对这类客户会很有效。

有些客户喜欢服务顾问详细地去解释车子毛病引起的原因，有些客户就不喜欢甚至认为这样太麻烦、太浪费时间，不想听。这就需要服务顾问根据他们的个人爱好，配以适当的形式做出反应。因此，服务顾问要用灵活多变的形式适当地迎合客户，拉近与客户之间的距离。

3.4 保险车辆的接待流程

知识链接

2016年车险费改新政策解读

目前车险费改已经在多个城市实施，并将逐步推广到全国。从目前已经实施的城市来看，虽然费改要关注保费本身规则变化，但是同样需要了解清楚费改背后，所体现出对于车主在选车、车险购买、理赔及维修等方面新观念的引导。因为许多车主在购车养车等方面传统观念和做法，在车险新调整下，将会带来不菲的额外花费。而如果提前做好准备，这些花费是完全有可能避免的。下面简要介绍一下需要改变的传统观念。

1. 买车险要关注不同渠道“增值”服务

在车险费改试点地区，险企采用的保费计算方法皆为：商业车险保费=基准纯风险保费/（1－附加费用率）×无赔款优待系数×自主核保系数×自主渠道系数。其中，基准纯风险保费和无赔款优待系数费率调整方案参照中国保险行业协会拟订的费率基准执行。附加费用率预定为 35%。险企拟订的自主核保系数费率调整方案和自主渠道系数费率调整方案均可在（0.85～1.15）范围内使用。

尽管自主核保系数和自主渠道系数指定了一个范围，但各保险公司为了抢占市场份额，几乎都把系数定为 0.85，直接降到底，把保费打到了地板价。这样车险费改之后，各渠道车险保费价格趋于一致。所以之前车险优惠幅度最大的电销业务，目前在车险费改试点地区已经出现大幅下滑。

所以对于车主来说，选择车险除了关注车险品牌、同一款车型在不同保险公司的车险报价差异之外，还要在各渠道车险价格差不多的情况下，更多了解一下不同渠道购买车险是否能提供额外“增值服务”。比如是否能提供违章处理、车务代办服务，或者赠送积分、加油卡等。特别在一些交通不便的城乡地区，推荐选择就近但是有资质、信得过的代办销售网点。这些新渠道相比传统 4S 店、电话销售或者网上投保等传统模式，会带来更多的实惠和便利。

2. 小刮小蹭尽量别每年处理

车险新规则最大的变化，就是车险费率会与出险次数挂钩。按照之前的规则，两款同品牌同型号的车型，连续三年不出险与每年都出险两次，保险额度相差很小；但是新规则下则是每出一次险，在第二年保费上都会有很明显的变化。这就意味着，不出险的车主保费会更便宜，而出险多的车主保费会更贵。出险理赔次数与保费的比例关系见表 3-2。

表 3-2 出险理赔次数与保费的比例关系

出险理赔次数与保费的比例关系			
车险费改前		车险费改后	
上年度出险次数	第二年保费系数	上年度出险次数	第二年保费系数
5 次以上	1.5	5 次以上	2.0
4 次以上	0.923	4 次以上	1.75
3 次以上	0.846 5	3 次以上	1.5
2 次以上	0.769 5	2 次以上	1.25
1 次以上	0.769 5	1 次以上	1.0
新保	0.95	新保	1.0
0 次	0.7	0 次	0.85
连续 2 年 0 次	0.7	连续 2 年 0 次	0.7
连续 3 年 0 次	0.7	连续 3 年 0 次	0.6

因为之前车险每年用一两次，对于第二年保费影响不大，许多车主都会一年走一两次保险，把车上的小划痕、小刮蹭在 4S 店处理一下。“买了保险就要用”，这样的保险观念，未来将会大幅提高车主每年车险费用。所以除非刮蹭面积比较大，或者一些追求完美型的车主，

看车上有划痕心里就不舒服，就会想办法处理刮划痕。车身有小损伤勿需太在意，而且小的划痕对于二手车估值也没有太大影响，每年都处理一些小的划痕和剐蹭，确实没有太大的意义。

3. 发生事故之后看情况报险

虽说新的保险政策出台了，新的保费或会因出险的次数越多而越高，但是车主不能因为担心来年的保费增长，出了事故而不敢报险。比较严重的交通事故，如车辆损毁严重或者有人员受伤，是一定要第一时间报险。如果只是发生轻微的追尾或者小刮蹭事故，在被保险车辆出险后，其维修费用在 1 000 元以下，其实不值得报险。因为如果走保险，那么一般车辆第二年的保费将提高 1 000 元左右，明显得不偿失，因此自己解决更划算。

如果车辆表面发生明显变形，最好的办法是发生事故后可以先报保险，再根据具体情况决定是否需要理赔。因为按照保险行业规定，车主们在出事故后报险并不等于理赔。车主们出险后，报了保险后但没有理赔，是不会计入理赔的次数中。另外商业险与交强险也是分开来计算的，如果交强险出险，那么理赔次数的多少只会对交强险的优惠有影响，不影响商业险的投保与折扣。

所以在报险后，先去维修店评估车辆修理费用，再与保险专员咨询来年的保费，算好账后，根据具体情况看如何处理更划算。

4. 车辆喷漆、钣金修理可选更划算的修理店

车险费率改革启动后可谓“牵一发而动全身”，因为按照以往在车险理赔项目里，小刮小蹭占了最大比例，车辆有了刮蹭车主都会走保险去 4S 店进行维修，对于维修价格并不敏感。但费改后，车主因为需要避免第二年保费增高，所以减少报保险次数。所以许多时候车主自己掏钱进行修理，就需要进行价格的比较。

虽然汽车品牌 4S 店确实对于本品牌车辆维修水平比较高，同时配件来源渠道也正规，但是本身建店成本也较高，所以在维修费用上会比较贵。而一般车辆钣金、喷漆等维修，技术含量并不高，选择收费低修理时间短的修理店或者快修店其实更划算。

车主在选择这样的修理店时，也不能一味地只看价格，如果喷漆水平和质量不过关，造成车辆喷漆后表面有明显色差，价格再便宜也是得不偿失。所以最好提前对修理店做一些考察，比如生意怎么样、一般什么样的车在这修、在这修理的车主口碑如何，以及要检验一下修理店的硬件水平，如举升机数量、是否有烤漆房、各项专业设备是否齐全，这些都是很好的参考指标。

5. 选车不止问车价还要问保险价

车险费率化改革后，消费者在买车时，除了关注车价本身外，还要关注车的零整比是多少。零整比越高的车，要缴纳更多保费。所谓零整比就是市场上该车型全部零配件的价格之和与新车销售价格的比值。另外车险费改新政运用了全国车险行业多年来的理赔大数据平台，保险公司在输入相关的车辆信息后，每一款车型相应的赔付率即可显示。也就是说，不同车型保费也会有所区别。

综上所述，出险理赔会对车辆车险实际价格有多大影响，目前还没有一个官方数据表，但是基本上大的保险公司都会有一份相关内部数据。这也给消费者提个醒，去 4S 店选车，不

仅要问“裸车”价格，还有必要问一下车辆保险价格。同一级别不同品牌之间的车型，有可能价格相差不大，但车险相差比较大。如果之前不了解情况，很有可能购买之后会带来额外负担。

3.4.1 保险代赔流程

目前投保车险的方式多种多样，有多种渠道可供选择。客户可以亲自到保险公司对外营业的窗口选择投保。越来越多的客户为了省时省力会选择在购车时经销售顾问介绍在汽车经销店购买保险，或者是通过汽车维修商代理投保。现在，很多汽车经销商、汽车维修商都通过与保险公司签订协议，成为保险公司的代理。客户可以通过代理来购买保险，投保车辆出险后直接在指定专营店进行维修，快捷高效并值得客户信赖。

在车辆出险后，客户会十分着急，他们对车辆维修及保险条例均不是十分地了解，且要求得到比较满意的维修服务，以及周到的保险代理服务。这就需要汽车维修企业必须做好保险代赔以及故障车辆的维修服务工作。事故车辆的维修工作较为复杂，在索赔过程中时常伴随着客户与保险公司的纠纷，因此对事故车辆维修接待人员的素质要求较高。为方便事故车辆的理赔工作，许多品牌售后服务部都开辟了“事故车维修接待处”，并聘请对事故车的定损、理赔等经验丰富，熟悉代理上牌、续保业务流程，有较强事故车业务拓展能力以及客源关系较好的服务顾问担任事故车辆的接待及索赔工作，并称之为“事故组理赔员”。

保险车辆的接待流程如下：

1. 接车服务

（1）接车估价

事故组理赔员对前来报修的客户要主动迎接、问候，然后与客户一起看车、照相、估价。如果保险公司已经估价，并且与维修店估价出入较大，则应该与保险公司协商。

（2）办理保险手续

让客户填写出险证明，并请客户提供相应的文件，包括保单证本、出险证明、驾驶证、行驶证、被保险人身份证（路上出险的，需提供交通管理局事故调解书）。客户没有到保险公司报案的，应该要视情况及时代客户报案。

（3）制订维修方案

根据事故状况、客户要求以及保险公司定损的定损单，制订委托维修派工单。请客户确认维修项目，并且在委托维修派工单上签字。根据车间的修理进度，与客户商定取车的时间，并注于委托维修派工单上。最后将事故车移入车间进行修理。

2. 车辆维修过程服务

接到事故车辆后，各工种组长按委托维修派工单先进行登记，登记内容为派工单号、修理内容、维修开始的时间、交车的时间。

视车间维修进度以及维修项目合理安排任务，在委托维修派工单上注明工位号、主修人，然后开始修理工作。

在维修过程中需增加维修项目时，应该及时与客户（保险公司定损人员）联系，并且做详细说明。

3. 财务结算服务

客户报修车辆维修完成后，首先查看派工单是否有质检员签字，若没有则退回车间再交车。确认维修好后，按照委托书上实际维修项目输入计算机，并同时输入工位号、主修人。然后按照约定时间通知客户提车。

向客户介绍维修的情况，并请客户验车。在客户满意后办理提车手续（收回客户提车联），客户自己垫付的，需按照结算单上的维修金额交费，财务人员开具维修发票。若是直接与保险公司结算的，则在计算机结算后打印结算清单并请客户签字认可，会计单财务存查，结算单交保险公司，如客户需要，可以给客户复印件。相关资料交服务部留存，检查客户提供的文件是否齐全、正确、有效。

客户索赔档案所需资料：

（1）结算结果报告；

（2）施工单；

（3）接车问诊单；

（4）估价单；

（5）保险事故车辆损失情况确认书；

（6）机动车保险事故现场查勘记录（附事故经过描述及车主签字）；

（7）被保险人驾驶证、行驶证和身份证复印件等。

4. 保险公司结算程序

将客户的索赔档案移交给保险内勤员，核对手续的完整性并整理理赔案，同时记录到保险事故车理赔报表中。然后将保险；理赔案资料交保险公司审核，留下客户的银行账号。

在赔款到账后，根据赔款申请表与财务部逐一核对，两部门确认后存档。根据理赔案填写“支出单”并由财务人员审核，总经理签字确认后，方可通知客户取款。

保险理赔说明：

（1）对于“两无事故车”（“两无”即无现场、无交警证明或者是公安证明），客户无法提供理赔要件，不能委托代理。

（2）涉及物损和双方、多方事故的，原则上经销店是不予代办的，但可代跑保险理赔相关手续。遇客户强烈要求可请示售后服务经理和总经理同意后，符合代办条件的客户垫付维修额 30%~50%，在保险索赔回款后客户先期垫付部分可返还给客户。

（3）对公安交警事故证明的责任认定需要认真核对，同时依照相应保险公司的规定留意保险理赔中的责任免赔条款，免赔部分由客户承担。

（4）礼貌提醒客户，在车辆修复完毕时，若车主未能提供齐全的代赔资料则将预全额维修款。

（5）对于牵涉人伤事故，在短期难以结案时，也要礼貌地告知客户于维修后交车时要同时结账，资料会完整提供，客户自己向保险公司索赔或者是协助客户向保险公司进行索赔。

（6）对于外地的保险索赔全额收取维修款，出具相应的维修资料和发票，请客户自行理赔。

（7）保险代办只针对签订代办委赔协议的保险公司，其他保险公司不办理委赔，可帮助客户代跑保险理赔相关手续。遇客户强烈要求代办的可在请示售后服务经理和总经理同意后，由客户垫付维修额的50%，回款后返还客户。

实训任务

让学生两人一组进行角色扮演，演练本项目所讲的电话预约话术。扮演服务顾问的同学要注意说话的语气、语调，表现出电话沟通的亲和力。

项目 4　车辆“三包”索赔

学习目标

1. 了解车辆消费者保护的发展过程。
2. 了解车辆“三包”的定义。
3. 掌握车辆“三包”内涵及原则。
4. 知晓车辆“三包”条件。
5. 能够根据车辆损坏状况实施“三包”服务。
6. 熟悉“三包”索赔流程。

教学引例

出租车司机李先生于 2019 年 1 月 3 日购买了一辆桑塔纳，行驶了 680 千米，发现油耗太大，经检查认为是发动机出现了烧机油的问题，于是申请更换发动机，更换后烧机油现象依然存在，在行驶了总里程 870 千米后的 6 月 25 日又更换发动机，经过两次更换发动机，但新换发动机又出现了烧机油的情况，且新换发动机行驶里程数不足 5 万千米，认为处于“三包”有效期内，因此符合车辆“三包”规定的退换车条件，坚持要求 4S 店全额退车。4S 店反馈此车购买时间已超出 60 日的“三包”有效期，无法满足消费者全额退车的诉求，但车辆依然处于产品包修期内，4S 店将继续履行包修义务。

项目内容

4.1　车辆消费者保护的发展过程

4.1.1　国外车辆消费者保护的发展过程

1. 美国车辆消费者保护的发展过程

20 世纪 60 年代中期，美国政府为保护政府公务员安全，制定了 9 项针对公务用车的安全标准，引起强烈不满，美国公民强烈要求享有平等权利，因此催生美国《国家交通及机动车安全法》。随着汽车消费者维权意识的提升和社会的不断进步，最终推动美国出台专门维护汽车消费者权益的法律《柠檬法》。《柠檬法》出台的一个很重要的原因就是决策者意识到消费者与美国本土整车制造商之间产生纠纷无力维权，转而购买国外品牌的产品，进而影响到美国本土汽车产业的发展。《柠檬法》的出台不仅帮助了消费者维权，也将本土汽车产业发展引向发展正轨。虽然在最初几年，美国各大汽车公司均遭受了重大损失，但通过这样的磨练，美国汽车制造商自行制定的“三包”标准，还通过完善的配套法律规定汽车制造企业必须履行的义务。一旦违法，就会受到严厉的调查和惩罚，其罚款可以高达上千亿美元。美国甚至还出现了专打《柠檬法》官司的律师。各州《柠檬法》的具体条文和规定不尽相同，但保障消费者权益和促进业者提高服务质量的法律精神是一致的。比如，消费者无论是换车还是退车，车企都要一并退还消费者此前修车的费用。如果消费者提出退车，车企还必须返还车主购车时缴纳的税款等相关费用。

2. 日本车辆消费者保护的发展过程

日本车辆消费者保护方面，政府没有严格的政策规定，对汽车售后的修换是企业根据市场竞争决定的。但经过一段时期的市场调整、磨合，现在各企业都不约而同地制定了大致相同的修换规定。汽车质量保证期为 3 年或 6 万千米，重要部件为 5 年或 10 万千米。为解决消费者对汽车的投诉问题，由日本各大汽车生产商组成的日本自动车工业会（JAMA）内设立了纠纷处理机构“汽车产品责任咨询中心”，它的主要职能是汽车产品责任方面的咨询、帮助和调解、审查纠纷、与内外相关机构之间的交流和协作，作为民间组织它有效地利用汽车行业拥有的技术，保持中立性、公正性，迅速、简单地解决纠纷，增强当事人之间的信任，保护消费者的权益，为提高汽车产品的安全做出贡献。

3. 韩国车辆消费者保护的发展过程

韩国在《民法》中有一个“缺陷物保修责任法”，规定了对产品的缺陷确认后，要赔偿给用户。并规定对产品的重要部件，修理 3 次仍未修好，应予更换。根据汽车的特点，韩国的厂商将发动机、变速器列为重要部件，3 次修不好（含更换总成），可以换车。但没有退车的规定。质量保证期是 2 年或 4 万千米，发动机、变速器是 3 年或 6 万千米。上述要求不是政府规定的，而是企业自律形成的。

4.1.2 中国车辆消费者保护的发展过程

1993 年 2 月，第七届全国人民代表大会常务委员会第三十次会议正式通过《中华人民共和国产品质量法》，进一步明确了产品生产者和经销者的质量责任和义务，明确规定如果售出的产品不符合规定要求的，应当负责“修理、更换、退货”；给购买产品的消费者造成损失的应当“赔偿损失”，即所谓的“三包”。随后，又通过《消费者权益保护法》使“三包”成为重要法律依据之一。以法律的形式明确了产品的生产者、销售者对售出的产品承担“三包”责任，使我国的消费者维护自己的合法权益有了法律武器。

为了进一步落实和规范“三包”责任，除《工业产品质量责任条例》《中华人民共和国产品质量法》和《消费者权益保护法》发布之外，有关部门还陆续发布了有关“三包”的管理办法，进一步明确了“三包”产品目录、“三包”的范围和期限等，使“三包”更具可操作性，很好地促进了消费者维护自己的合法权益。

中国是全球最大新车市场，与美国、日本、德国等汽车发达国家的成熟汽车市场相比，中国各类汽车消费者权益保障的措施无论是从政策的制定层面，还是执行层面都有待改进，很多消费者的权益尚未得到有效的保护。2013 年 10 月 1 日实施的《家用汽车产品修理、更换、退货责任规定》极大地推动了我国汽车消费者权益的保护。

教学引例

伴随私家车消费的强势兴起，汽车问题投诉量快速上升，如图 4-1 所示。2017 年度，全国消费者协会投诉与咨询信息系统共录入汽车产品(含零部件)投诉 20 474 件，比 2016 年增加 5 227 件，增长率为 34.3%，涉及质量安全问题的占比最大，也是投诉量同比上升幅度最大的商品。

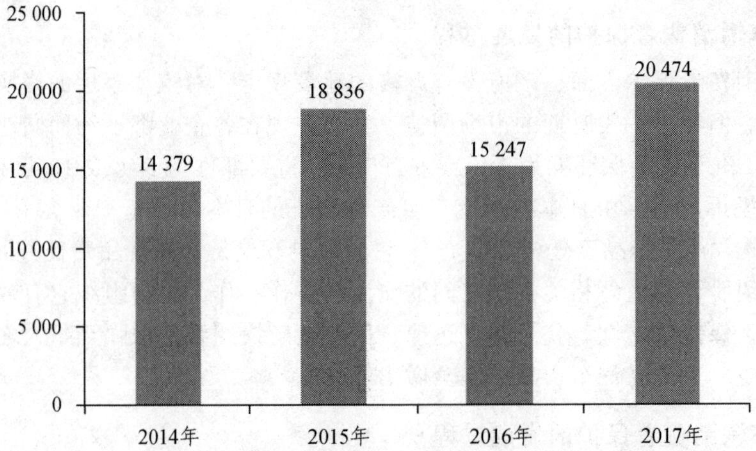

图 4-1　汽车问题投诉量（单位：件）

2017 年全年投诉案件中，受理率为 94.50%，其他为不受理、待受理或移转案件。受理的案件中，达成调解协议 13 931 件，未达成调解协议 2 445 件，消费者撤回投诉 503 件，投诉解决率 68.88%，为消费者挽回经济损失 1.92 亿元。

2017 年所有汽车投诉中，65.32%的投诉对象是家用轿车，占比最大，其次是汽车零部件，占比 25.77%。汽车产品投诉类型如图 4-2 所示。

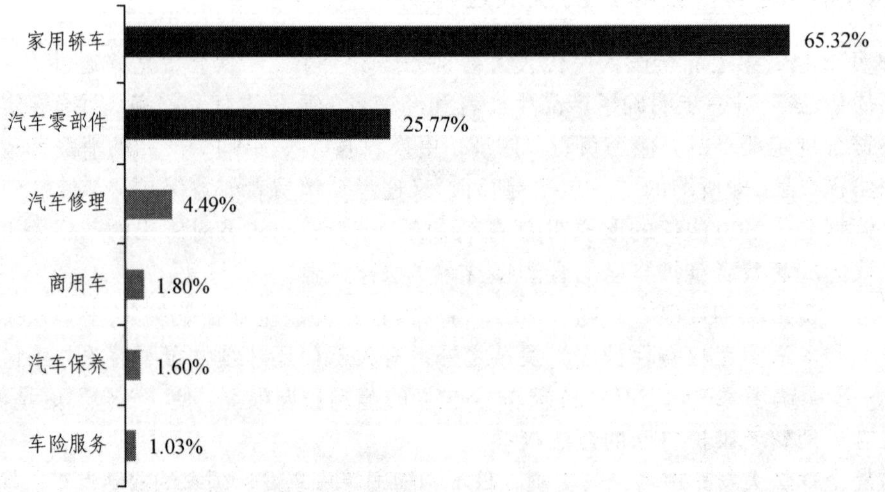

图 4-2　汽车产品投诉类型

教学引例

《家用汽车产品修理、更换、退货责任规定》实施前，国内各主要车企为了更好地营销和提升企业形象，抢先进行“三包”政策实施以吸引消费者，见表 4-1。

表 4-1 2013 年宣布提前实施“三包”政策的车企

车企	实施日期	质保期	车企	实施日期	质保期
长安汽车	9月18日起	4年或10万千米	上汽通用五菱	9月9日起	5年或10万千米
上汽乘用车	9月2日起	3年或10万千米	大众品牌	9月2日起	3年或10万千米
北京现代	9月1日起	5年或10万千米	长城汽车	9月1日起	3年或6万千米
比亚迪	8月31日起	4年或10万千米	东风雪铁龙	9月1日起	3年或10万千米
东风日产	9月1日起	3年或10万千米	东风悦达起亚	9月1日起	3年或10万千米
		楼兰等:5年或10万千米			K5：5年或10万千米
广汽传祺	8月30日起	3年或10万千米	长安马自达	7月1日起	3年或6万千米
东风裕隆	9月1日起	3年或10万千米	东风标致	9月1日起	3年或10万千米
上汽通用	9月1日起	3年或10万千米	东南汽车	9月1日起	3年或10万千米
北汽威旺	5月16日起	2年或5万千米	北京奔驰	3月1日起	3年不限里程
北京汽车	6月1日起	3年或6万千米	北汽E系列	3月16日起	3年或6万千米

4.1.3 中美车辆“三包”政策对比

以发达国家美国汽车“三包”政策为主要参照，对比我国汽车“三包”政策（见表 4-2)，了解汽车“三包”政策的出发点及归宿点。

表 4-2 中美汽车“三包”政策对比

对比项目	美国《柠檬法》	中国车辆“三包”政策
实施时间	1982年起美国各州开始实施	2013年10月1日起
责任归属	制造商对车辆缺陷负责，而不是经销商	“三包”责任由销售者依法承担
“三包”有效期	12～24个月或12 000～24 000英里（1英里≈1.6千米）	不低于2年或者行驶里程5万千米
包退换时间	新车180日或18 000英里（加州标准）	60天或3万千米
包退换条件	（1）涉及制动、转向等严重安全缺陷，制造商只有1次维修机会； （2）涉及安全但不是严重缺陷，制造商有2次维修机会； （3）其他不涉及安全方面的缺陷，制造商通常有3～4次维修机会； （4）维修时间一年内总共达到30天	（1）因严重安全性能故障累计进行了2次修理，严重故障仍未排除； （2）发动机、变速器累计更换2次后，仍不能正常使用； （3）转向系统、制动系统、悬架系统、前/后桥主要零件因其质量问题，累计更换2次后，仍不能正常使用的

续表

对比项目	美国《柠檬法》(1英里≈1.6千米)	中国车辆“三包”政策
保修期	5年或10万千米，高级汽车保修时间、里程更长，比如宝马享受7年或16万千米的保修	3年或6万千米
争议解决	州消协处理无果，可提起仲裁或诉讼	引入处理争议的专家库
惩罚措施	出现问题的车企将受重罚，恶意申诉方要为获胜方支付3倍的实际损失及律师费	对没有按照规章履行法定义务的生产商或者修理商，最高罚款3万元
损耗件目录	明确提出底盘等损耗件目标	家用汽车产品的易损耗零部件在其质量保证期内出现产品质量问题的，消费者可以选择免费更换易损耗零部件
折旧费	根据车辆的行驶里程在退还的购车款中打一些折扣	消费者需缴纳一部分的合理使用补偿费，公式：[（车价款（元）×行驶里程（km）/1 000]×n，使用补偿系数n由生产者确定

4.2　车辆质量“三包”的内容

4.2.1　车辆质量“三包”定义

根据《工业产品质量责任条例》第十五条规定经销企业售出的产品在保证期限内发现质量不符合要求时，应由经销企业负责对用户实行包修、包换、包退“三包”政策承担赔偿实际经济损失的责任。所谓“三包”是指包修、包换、包退，主要是指经营者对所经营的商品（服务）在一定期限内若发生质量问题，便有免费修理、更换、退货的义务，如果经营者不履行此义务，则要承担相应的民事责任。《中华人民共和国消费者权益保护法》规定，经营者提供的商品或者服务不符合质量要求的，消费者可以依照国家规定、当事人约定退货，或者要求经营者履行更换、修理等义务。没有国家规定和当事人约定的，消费者可以自收到商品之日起七日内退货；七日后符合法定解除合同条件的，消费者可以及时退货，不符合法定解除合同条件的，可以要求经营者履行更换、修理等义务，进行退货、更换、修理的，经营者应当承担运输等必要费用。经营者采用网络、电视、电话、邮购等方式销售商品，消费者有权自收到商品之日起七日内退货，且无需说明理由。

实行“三包”是经营者对商品（服务）承担质量保证的一种方法，其意义有：一是促进经营者保证商品或者服务达到国家规定的质量要求；二是有助于消费者的消费需求得到最大程度的实现，保障消费者的合法权益不受侵犯。

《家用汽车产品修理、更换、退货责任规定》进一步明确了车辆“三包”的规定，要求汽车产品生产者、销售者和修理者在内，因汽车产品质量问题，对汽车产品修理、更换、退货。《家用汽车产品修理、更换、退货责任规定》中家用汽车产品“三包”责任的基本内容，是鼓励家用汽车产品经营者做出更有利于维护消费者合法权益的严于本规定的“三包”责任承诺；承诺一经作出，应当依法履行。本规定所称“三包”责任由销售者依法承担，销售者依照规定承担“三包”责任后，属于生产者的责任或者属于其他经营者的责任的，销售者有权向生产者、其他经营者追偿。家用汽车产品经营者之间可以订立合同约定“三包”责任的承担，但不得侵害消费者的合法权益，不得免除本规定所规定的“三包”责任和质量义务。家用汽车产品消费者、经营者行使权利、履行义务或承担责任，应当遵循诚实信用原则，不得恶意欺诈。家用汽车产品经营者不得故意拖延或者无正当理由拒绝消费者提出的符合本规定的“三包”责任要求。

《农业机械产品修理、更换、退货责任规定》农机产品实行谁销售谁负责“三包”的原则。农机产品的“三包”有效期自销售者开具购机发票之日起计算，“三包”有效期包括整机“三包”有效期，主要部件质量保证期，易损件和其他零部件的质量保证期。内燃机、拖拉机、联合收割机、插秧机的整机“三包”有效期及其主要部件的质量保证期应当不少于本规定的指定时间。内燃机单机作为商品出售给农机用户的，计为整机，其包含的主要零部件由生产者明示在“三包”凭证上。拖拉机、联合收割机、插秧机的主要部件由生产者明示在“三包”凭证上。其他农机产品的整机“三包”有效期及其主要部件或系统的名称和质量保证期，由生产者明示在“三包”凭证上，且有效期不得少于一年。内燃机作为农机产品配套动力的，其“三包”有效期和主要部件的质量保证期按农机产品的整机的“三包”有效期和主要部件质量保证期执行。农机产品的易损件及其他零部件的质量保证期达不到整机“三包”有效期的，其所属的部件或系统的名称和合理的质量保证期由生产者明示在“三包”凭证上。

1. 包　修

自购车之日起(以购车发票时间为准)，在一定的质量保修期内，因质量问题引起的故障，采取以换件或修复的方式恢复车辆性能。

2. 包　换

自购车之日起(以购车发票时间为准)，在一定的质量保修期内，因严重的质量问题(如制动失效、转向失效、车体开裂、发动机抱死等)，经修理仍达不到车辆主要技术性能指标的，用户可以换车。

3. 包　退

自购车之日起(以购车发票时间为准)，在一定的质量保修期内，因严重的质量问题(如制动失效、转向失效、车体开裂、发动机抱死等)，消费者可以退车。

4.2.2　车辆“三包”的原则

车辆“三包”索赔主要是通过4S店完成的，目前4S店内遇到最多的情况是包修，换车、退车为极个别案例。要做好“三包”索赔工作，首先是要熟悉汽车制造厂的相关索赔政策；其次是要了解国家的相关法规，包括《家用汽车产品修理、更换、退货责任规定》《消费者权益保护法》《合同法》《产品质量法、汽车召回管理规定》等；最后是要了解4S店对汽车维修的相关规定、操作流程。

为了更好地运用车辆“三包”原则，首先要掌握不属于“三包”范围的内容。下列情况不予“三包”：

(1)正常磨损，从动盘总成面片与铆钉磨成一半。压盘平面磨下1 mm左右，属离合器使用到限。

（2）未装车使用，外观无质量缺陷，存放地点不当锈蚀严重的。

（3）仿冒产品或有我公司标识的翻新件。

（4）产品经过焊接，修理、改动过的。

（5）盖总成的定位孔予以破坏。属安装错误。

（6）残缺不全的离合器损坏件。

（7）一轴过松、严重超载造成从动盘总成花键严重冲击的。

（8）从动盘总成由于严重超载，或操作不当而使摩擦片烧蚀的。

（9）因离合器沾上油污，分离轴承位置不对，接触面积不够、压紧力不够，严重超载引起的打滑、丢转。

（10）盖总成分离指端严重烧蚀，属安装、调整不当的。

（11）离合器掉进杂物，将离合器损坏的。

（12）盖总成的盖与膜片簧中间有杂物，使分离指抬不起来，或个别分离指抬 不起来、属使用不当。

（13）由于其他相关性部件（例如，飞轮不平）影响离合器使用权性能的。

同时，还要了解不在“三包”索赔范围的汽车周边产品，主要有以下一些类型：

（1）易损件、保养用件、消耗品等。如灯泡、汽油格、机油格（就是机油滤清器）、小塑料卡子、卡扣、防冻液、机油等等这些东西都是不保修的，但有些厂家也会有保修，这个一定要仔细看保修手册的规定（有的话也就是大概保修 6 个月或者 1 万千米内）。

（2）常用件。如升降器、开关、雨刮电机、CD 机、减振器等车辆维修经常用配件。

（3）以上举例均属于配件本身质量问题的情况，如人为因系造成的，均不能索赔的。

1. **包修原则**

包修是指在“三包”有效期内，除因消费者使用或保管不当等因素致使商品不能正常使用外，在维修时消费者可以不支付任何费用，由厂商所提供完全免费的维修服务，其中包含材料费、配件费和工时费等。原则上自销售者开具购车发票之日起，如果汽车发生包修范围的故障，根据购买时间和行驶里程（以先到者为准）长短作为包修的依据。

企业在产品销售过程中，应根据产品的使用寿命和国家有关产品销售的包修规定，明确制定产品的包修期限。在规定期限范围内，顾客购买的产品如果发生损坏或故障，企业有责任和义务对产品实行包修。

特别需要指出的是包修与保修是有区别的，在商品售后服务方面及消费者保护领域，不少消费者（包括有些消费者是保护组织的工作人员）对保修的概念与包修的概念的认识不太清楚，消费者购买商品时，商家作出三年、五年甚至终身保修的承诺，但等到出现故障去维修时，却收到更换零部件及维修工作人员的工时费用的清单，商家解释说“保修”并非“包修”。不少经营者正是利用“保修”与“包修”的一字之差而在损害消费者利益，从维护自己的利益角度出发，对这两个词提出了不同的解释，认为“包修”是生产者或销售者对产品故障为消费者提供的免费修理，“保修”则是对产品故障提供的收费维修。

2. 包换原则

包换是指对顾客购买的产品因厂家原因影响使用，消费者可以向卖家或者厂家提出更换产品，卖家或者厂家给予更换的一种售后的服务方式。原则上自销售者开具购车发票之日起，如果汽车发生包换范围的故障，根据购买时间和行驶里程（以先到者为准）长短作为包换的依据。

汽车拥有者在购买汽车后，“三包”有效期内（购买时间或行驶里程，以先到为准），因下列原因之一，可申请换车：

（1）因同一故障进行修理，超过5次维修还未达到正常使用标准的，消费者可申请换车。

（2）因同一故障进行汽车修理，累计维修时间超过35天，消费者可申请换车。

（3）因同一个产品质量问题引发而进行的修理，累计超过5次，消费者可申请换车。

3. 包退原则

自销售者开具购车发票之日起，如果汽车发生包退范围的故障，原则上根据购买时间和行驶里程（以先到者为准）长短作为包退的依据。其中包退范围的故障为：严重安全性能故障累计进行了2次修理，严重安全性能故障仍未排除或者又出现新的严重安全性能故障的；或发动机、变速器累计更换2次后；或转向系统、制动系统、悬架系统、前/后桥、车身的同一主要零件因其质量问题，累计更换2次后，仍不能正常使用的等。

如果家用汽车产品符合更换条件，销售者无同品牌同型号产品，也无不低于原车配置的产品向消费者更换的，消费者可以选择退货，销售者应当负责退货。

4.2.3 车辆“三包”的特点

1. 包修的特点

包修业务的特点主要表现在：

（1）对顾客在产品使用过程中发生的故障和损坏，企业必须无条件的负责维修。

（2）包修一般属于免费修理，顾客不需要支付费用。

（3）在包修期内企业如果不负责维修，用户有权提出申诉或退换产品。

2. 包换的特点

包换的特点主要表现在：

（1）免费换车

当消费者购车在60日内或行驶里程3 000千米之内（以先到者为准），车辆发动机、变速器的主要零件出现产品质量问题的，消费者可以选择免费更换发动机、变速器（这两部分总成的主要零件所包括的内容，生产者会在“三包”证上明示）。此外，在这段时间范围内，车辆出现转向系统失效、制动系统失效、车身开裂或燃油泄漏情况，消费者可选择更换车辆，销售者应当负责免费更换。

（2）可选择换车

2年或者行驶里程5万千米之内（以先到者为准）是车辆“三包”有效期，在此期间，因严重安全性能故障累计进行了2次修理，严重安全性能故障仍未排除或者又出现新的严重安全性能故障的，消费者可以选择更换车辆。如果在此期间，车辆发动机、变速器累计更换2次后，或者发动机、变速器的同一主要零件因其质量问题，累计更换2次后，仍不能正常使用的（发动机、变速器与其主要零件更换次数不重复计算），消费者可以选择更换车辆。

3. 包退的特点

包退的特点主要表现在：

（1）自销售者开具购车发票之日起，在规定的时间和行驶里程内，发动机换2次仍不正常可退车；

（2）在“三包”有效期内，因严重安全性能故障累计进行了2次修理，严重安全性能故障仍未排除或者又出现新的严重安全性能故障的；

（3）发动机、变速器累计更换2次后；或转向系统、制动系统、悬架系统、前/后桥、车身的同一主要零件因其质量问题，累计更换2次后，仍不能正常使用的；

（4）消费者选择退货时，销售者应当负责退货；

（5）如果家用汽车产品符合更换条件，销售者无同品牌同型号产品，也无不低于原车配置的产品向消费者更换的，消费者可以选择退货，销售者应当负责退货。

4.2.4 车辆严重安全性能故障对车辆“三包”的影响

在车辆“三包”规定中，严重安全性能故障是影响汽车产品更换、退货的重要条件之一，但对严重安全性能故障判断的依据过去并不明确。为了更好地配合“三包”规定的贯彻实施，车辆“三包”专业技术委员会研究制定了《家用汽车产品严重安全性能故障判断指南》，并正式发布细化了“三包”的标准，为严重安全性能故障的判断提供参考依据。以下是《家用汽车产品严重安全性能故障判断指南》规定：

（1）严重安全性能故障的范围：

本指南适用于车辆“三包”规定中家用汽车产品严重安全性能故障的判断。

（2）严重安全性能故障的定义：

① 严重安全性能故障：家用汽车产品存在危及人身、财产安全的产品质量问题，致使消费者无法安全使用家用汽车产品，包括出现安全装置不能起到应有的保护作用或者存在起火等危险情况。

② 故障模式：家用汽车产品严重安全性能故障的表现形式。

③ 失效：汽车整车、主要系统或零部件在正常使用过程中，因产品质量问题导致规定功能完全丧失或主要性能严重下降的现象。规定功能是指产品在法规、标准中规定的和企业明示的功能；主要性能是指产品在法规、标准中规定的和企业明示的性能。

（3）判断严重安全性能故障的前提条件。

家用汽车产品存在质量问题，并且已经发生故障，导致或可能导致危及人身、财产安全的事故。

（4）判断严重安全性能故障的基本原则。

构成严重安全性能故障，应同时符合以下3个原则：

① 故障的突发性。故障发生前，驾驶员或乘员无法预见将要发生的故障。

② 危险的不可控性。故障发生时，驾驶员或乘员难以采取措施，防止事故发生。

③ 后果的严重性。故障带来的后果已经危及或将危及人身、财产安全。

（5）严重安全性能故障主要故障模式，见表4-3。

表4-3 严重安全性能故障主要故障模式

序号	主要故障模式	故障说明及典型故障示例	备注
1	制动失效	由于基本制动功能或制动助力功能突然失效，使驾驶员无法按其意愿对车辆进行制动操作，控制车辆减速，包括驻车制动突然失效使车辆无法驻车或行驶中车辆自行制动	
2	转向失效	汽车在行驶中，由于转向功能或转向助力功能突然失效，使驾驶员无法按其意愿控制车辆的行驶方向	
3	动力失控	由于动力系统原因导致汽车突然自行持续加速或无法减速	
4	安全装置失效	汽车在碰撞时安全装置无法按规定的功能对驾驶员或乘员起到应有的保护作用，如安全带、安全气囊或座椅固定装置的失效，汽车行驶中驾驶员或乘员车门自行打开	
5	车辆火灾	由于汽车的电气故障、易燃油液泄漏或局部过热等原因可能引起火灾风险	
6	视野丧失	汽车在行驶时车外前方视野突然丧失，如行驶中发动机舱盖自行掀起	
7	车辆姿态失控	汽车在正常行驶时由于汽车受力构件如车轮、悬架、前/后桥、动力传动、车身等部件的原因，导致车辆突然失控	

4.2.5 车辆“三包”退换条件

1. 60日或3 000千米

（1）退换车：车辆出现转向系统失效、制动系统失效、车身开裂或燃油泄漏，车主可以选择更换或退货，经销商应当负责免费更换或退货。

（2）更换总成：发动机、变速器的主要零件出现质量问题的，车主可以选择免费更换发动机、变速器总成。

2. 2年或50 000千米

（1）退换车：

① 因严重安全性能故障累计进行了2次修理，严重安全性能故障仍未排除或者又出现新的严重安全性能故障的。

② 发动机、变速器累计更换2次总成后，或者发动机、变速器的同一主要零件因其质量问题，累计更换2次后，仍不能正常使用的，总成和主要零件更换次数不重复计算。

③ 转向系统、制动系统、悬架系统、前/后桥、车身的同一主要零件因其质量问题，累计更换2次后，仍不能正常使用的。

（2）换车条件：

① 因产品质量问题修理时间累计超过35日的。

② 因同一产品质量问题累计修理超过5次的。

退换车的条件总结表见表4-4。

表4-4 退换车的条件列表

换车条件	退换车条件	退车条件
因产品质量问题修理时间累计超过35日的	60日或3 000千米转向系统失效、制动系统失效、车身开裂或燃油泄漏（1次）	达到换车条件，经销商无货可换的
因同一产品质量问题累计修理超过5次的	① 2次严重安全故障再发； ② 发动机、变速器总成或其同一主要零部件； ③ 转向、制动、悬架前/后桥、车身同一主要零部件更换2次	—

3. 车辆“三包”主要零部件

（1）发动机、变速器主要零部件，见表4-5。

表4-5 发动机、变速器主要零部件表

总成	主要零部件名称	释义
发动机	活塞、活塞环、活塞销	连杆轴承包括大瓦和小瓦
	曲轴、主轴承	
	连杆、连杆轴承	
	气缸盖	气缸盖本体
	凸轮轴、气门	凸轮轴、气门本体
	气缸体	气缸体壳体
变速器	箱体	变速器壳体
	箱内动力传动元件（含离合器、制动器）	所有齿轮、轴和轴承，箱内动力传动元件包括同步器、自动变速器的离合器、制动器链条和链轮，CVT的传动带和带轮。但不含液压阀、电磁阀、阀体等非动力传动件
	齿轮、轴类、轴承	

（2）转向系统、制动系统、悬架系统、前/后桥、车身主要零部件，见表4-6。

表4-6 转向系统、制动系统、悬架系统、前/后桥、车身主要零部件

总成或系统	主要零件种类范围	释义
转向系统	转向机总成	包括机械和电动转向机
	转向柱、转向万向节	转向柱、转向万向节
	转向拉杆（不含球头）	横拉杆、直拉杆
	转向节	转向节
制动系统	制动主缸	制动总泵
	轮缸	盘式或鼓式制动器的制动分泵、制动钳或制动轮缸
	助力器	真空助力器
	制动踏板及其支架	制动踏板、踏板支架

续表

总成或系统	主要零件种类范围	释义
悬架系统	弹簧(螺旋弹簧、扭杆弹簧、钢板弹簧、空气弹簧、液压弹簧等)	各类弹簧
	控制臂、连杆	横臂、纵臂、摆臂、斜臂、连杆(四连杆、推力杆、扭杆、拉杆、压杆、支撑杆)
前/后桥	桥壳	桥壳壳体
	主减速器、差速器	主减速器、差速器
	传动轴、半轴	传动轴:带或不带万向节的轴管或实心轴,或两直接相连的万向节;半轴:带或不带万向节
车身	车身骨架	车身结构件
	副车架	前后副车架,支撑发动机/变速器、悬架
	纵梁、横梁	前/后纵梁、边梁、前/后横梁、地板纵梁、地板横梁
	前后车门本体	前后车门本体,含尾门

(3)车辆“三包”的易损耗零部件,见表4-7。

表4-7 车辆“三包”的易损耗零部件表

序号	名称	序号	名称
1	蓄电池	8	机油滤清器
2	燃油滤清器	9	保险丝及普通继电器(不含集成控制单元)
3	遥控器电池	10	空调滤清器
4	轮胎	11	空气滤清器
5	火花塞	12	雨刮片
6	制动衬片	13	灯泡
7	离合器片		

4.2.6 车辆“三包”的相关术语

1. 累计更换

发动机更换1次、变速器更换1次,计2次。

2. 不重复计算

(1)发动机与发动机主要零部件的更换次数不重复计算。

(2)变速器与变速器主要零件的更换次数不重复计算。

3. 同一主要零件

同一主要零件指相同部位,不可拆卸的最小可维修的单元(零件)。如,发电机规定不得解体维修，只能更换总成，则发电机总成为同一主要零件，不应该理解为发电机内部的组成零件。

4. 同一产品质量问题

因家用汽车产品的同一最小可维修、更换的零部件的质量问题出现故障（与故障现象、故障模式无关）。

5. 汽车产品缺陷

汽车产品缺陷是指由于设计、制造等方面的原因而在某一批次、型号或类别的汽车产品中普遍存在的具有同一性的缺陷，具体包括汽车产品存在危及人身、财产安全的不合理危险，以及不符合有关汽车安全的国家标准、行业标准两种情形。

根据引起产品缺陷的原因，可以将其分成以下 3 类：

（1）设计上的缺陷：是指产品在设计上存在着不安全、不合理的因素。例如，结构设置不合理，设计选用的材料不适当，没有设计应有的附加安全装置等，也可能是制造的疏忽造成车辆明显或者隐形的功能问题或故障。

（2）制造上的缺陷：是指产品在加工、制作、装配等制造过程中，不合设计规范或者不符合加工工艺要求，没有完善的控制和检验手段，致使产品存在不安全的因素。由制造工艺设计缺陷引起车辆产品出现批量或单一的异常故障发生。

（3）告知上的缺陷（也称指示缺陷或说明缺陷）：即由于产品本身的特性而具有一定的合理危险性，告知上的缺陷需要产品生产者和经销者实行告知义务。

6. 功能缺陷

是指不符合工艺及制造规范的状况，某一部件或总成不工作或有实际损坏，产品或产品的某一部分不能按设计要求起作用。

7. 功能异常

指部件、系统或功能不能按照合同要求运行，对于产品来说属于正常状况，但与类似产品相比存在着实质性差别。

4.2.7 车辆“三包”退换车的其他要求

（1）在“三包”有效期内，符合换车、退车条件的，车主需凭“三包”凭证、购车发票向在车辆信息登记卡中登记的经销商提交书面换车、退车申请书，经销商在 10 个工作日内做出书面答复。

（2）用户丢失“三包”凭证的销售者、生产者应在接到用户申请后 10 个工作日之内给予补办。

（3）补办原则：用户向当地服务商申请，公司免费将“三包”凭证发到用户购车的销售商处，销售商盖章后交付用户。

（4）“三包”退换补偿费用 = [车价款（元）× 行驶里程（千米）/1 000] × n。

注：使用补偿系数 n 由生产者根据家用汽车产品使用时间、使用状况等因素在 0.5%～0.8%确定。

（5）车辆退车后汽车购置税费的处理规定。

购置税和保险依据合同可退。根据车辆“三包”规定，消费者新购买了一辆车，如果因质量问题，通过与经销商、生产企业商榷并达成退车协议，那么购车所产生的购置税同样可以退还给消费者。如果因质量问题退车，按照已缴税款每年扣减10%的计算方式退税，购车未满1年，可以申请全额退税。此外，购车初期缴纳的保险费用同样可以申请退还。根据《保险法》要求，保险责任开始前，投保人要求解除合同，只需收取投保人手续费，其余全部退还，保险责任开始后，按照合同约定扣除自保险责任开始之日至合同解除之日应收的部分费用，其余退还投保人。

（6）车辆“三包”法新规中对私自改动车辆的规定。

如今有许多车主希望为车辆进行个性化或性能改装，但在车辆“三包”规定中显示，“使用说明书中明示不得改装、调整、拆卸，但消费者自行改装、调整、拆卸而造成损坏的，经营者可以不承担‘三包’责任”。当然，出于安全考虑，我们并不推崇消费者对原车进行性能改装，但按照规定，消费者即便不对车辆做大肆改动，只要在非厂方指定维修站以外对车辆进行改装、调整、拆卸，一旦车辆损坏也不能享有“三包”保护。

（7）备用车及交通费用补偿政策。

家用汽车产品质量问题累计维修超过5次的，应当为客户提供备用车或合理的交通费用补偿。

（8）下列情况不属于享受“三包”政策（十不包）：

① 因不可抗力造成损坏的。

② 因交通事故造成损坏的。

③ 用于出租或者其他营运目的的。

④ 车主所购家用汽车产品已被书面告知存在瑕疵的。

⑤ 发生产品质量问题，用户自行处置不当而造成损坏的。

⑥ 未到“三包”手册中明示的服务商处维修保养车辆的。

⑦ 易损耗零部件超出其明示的质量保证期出现质量问题的。

⑧ 因用户使用不当或未按照使用说明书要求正确使用、维护、修理产品，而造成损坏的。

⑨ 使用说明书中明示不得改表、调整、拆卸，但用户自行改装、调整、拆卸而造成损坏的。

⑩ 在“三包”期和“三包”有效期内，无有效发票和“三包”凭证以及伪造“三包”凭证或有涂改现象的。

4.3 车辆“三包”工作中生产者、销售者、修理者的义务

教学引例

郑州一位吕女士于2018年10月1日在郑州××汽车销售服务有限公司购买一辆某品牌汽车，10月6日车辆行驶不足200千米时发现自动变速箱失效，吕女士与4S店技术人员取得联系后，4S店技术人员赶至现场检查并确认为变速箱故障，但仍需将车辆拖至4S店进行进一步检查。

吕女士认为，问题已经非常明显，新车出现如此严重的故障，4S 店必须退换车。但 4S 店依然坚持要将车拖回检查，吕女士于是在汽车投诉网上发表投诉。汽车投诉网接到吕女士的投诉后，迅速将投诉原文转发给了该品牌汽车的生产厂家进行协调处理，生产厂家很快做出回复：已联系 4S 店并安排处理。10 月 7 日晚上，吕女士在投诉回复中：4S 店已同意换车，手续在进行中，问题车辆暂时仍停在 4S 店等候处理。

根据《家用汽车产品修理、更换、退货责任规定》，吕女士的车辆购买于 2018 年 10 月 1 日，2018 年 10 月 6 日发现车辆故障，在汽车“三包”退换条件中，属于第一条规定（从销售者开具购车发票 60 天内或者行驶里程 3 000 千米之内，出现转向系统失效、制动系统失效、车身开裂、燃油泄漏等情况的），所以应该享有“三包”权利。严格来说吕女士车辆不符合其他退、换车条件，因为条款中规定的是严重安全性能故障，而吕女士的车辆却是变速箱故障；条款中还规定为累计更换 2 次，而 4S 店并未对吕女士的车辆变速箱进行更换。

4S 店这里同意退换车，主要还是因为某品牌汽车的售后服务好，能够想车主之所想，如果仅凭车辆“三包”的硬性规定来要求退换车，尚有一定的困难。例如，规定中说所“转向系统失效、制动系统失效、车身开裂、燃油泄漏等”这些情况在购车后 60 日内出现的概率基本是微乎其微的；“严重的安全性能故障”中所指的严重安全性能故障也不够明确；“同一主要零件因其质量问题，累计更换 2 次”中的“主要零件”定义也不够清晰，并且还需更换的是同一零件，如果厂商把发动机中的所以零件都更换一次，是依然达不到这条规定的。

另外车辆“三包”还规定，按照以上规定更换或者退货的，消费者应当支付因使用家用汽车产品所产生的合理使用补偿，销售者依照本规定应当免费更换、退货的除外，具体按补偿费用的计算公式确定，并在“三包”凭证中明示。

汽车“三包”的实施，在一定程度上约束汽车生产制造商与销售者的行为，例如“修理时间累计超过 35 日的，或者因同一产品质量问题累计修理超过 5 次的”等规定还是非常有效的，但汽车“三包”还有进步和完善的空间。通过这个案例可以看出，在具体细则进一步完善的同时，更多的依然要看企业的自觉性和对社会、对车主负责任的态度。如果企业能够想车主所想，怀着负责任的态度为车主处理问题，相信车主们都能积极配合，问题解决起来也自然顺畅简单，所以不管未来如何发展，企业态度却是汽车“三包”待以具体实施的重点。

4.3.1 生产者义务

（1）生产者应当严格执行出厂检验制度，未经检验合格的家用汽车产品，不得出厂销售。

（2）生产者应当向国家市场监督管理总局备案生产者基本信息、车型信息、约定的销售和修理网点资料、产品使用说明书、“三包”凭证、维修保养手册、“三包”责任争议处理和退换车信息等家用汽车产品“三包”有关信息，并在信息发生变化时及时更新备案。

（3）家用汽车产品应当具有中文的产品合格证或相关证明以及产品使用说明书、“三包”凭证、维修保养手册等随车文件。

产品使用说明书应当符合消费品使用说明等国家标准规定的要求。家用汽车产品所具有的使用性能、安全性能在相关标准中没有规定的，其性能指标、工作条件、工作环境等要求应当在产品使用说明书中明示。

“三包”凭证应当包括以下内容：产品品牌、型号、车辆类型规格、车辆识别代码（VIN码）；生产日期、生产者名称、地址、邮政编码、客服电话；销售者名称、地址、邮政编码、电话等销售网点资料、销售日期；修理者名称、地址、邮政编码、电话等修理网点资料或者相关查询方式；家用汽车产品“三包”条款、包修期和“三包”有效期以及按照规定要求应当明示的其他内容。维修保养手册应当格式规范、内容实用。随车提供工具、备件等物品的，应附有随车物品清单。

4.3.2 销售者义务

（1）销售者应当建立并执行进货检查验收制度，验明家用汽车产品合格证等相关证明和其他标识。

（2）销售者销售家用汽车产品，应当符合下列要求：

① 向消费者交付合格的家用汽车产品以及发票。

② 按照随车物品清单等随车文件向消费者交付随车工具、备件等物品。

③ 当面查验家用汽车产品的外观、内饰等现场可查验的质量状况。

④ 明示并交付产品使用说明书、“三包”凭证、维修保养手册等随车文件。

⑤ 明示家用汽车产品“三包”条款、包修期和“三包”有效期。

⑥ 明示由生产者约定的修理者名称、地址和联系电话等修理网点资料，但不得限制消费者在上述修理网点中自主选择修理者。

⑦ 在“三包”凭证上填写有关销售信息。

⑧ 提醒消费者阅读安全注意事项、按产品使用说明书的要求进行使用和维护保养。

对于进口家用汽车产品，销售者还应当明示并交付海关出具的货物进口证明和出入境检验检疫机构出具的进口机动车辆检验证明等资料。

4.3.3 修理者义务

（1）保证家用汽车产品零部件质量合格。

（2）保持修理所需的零部件的合理储备，确保修理工作的正常进行。

（3）建立并执行修理记录存档制度，书面修理记录要提供给消费者一份。

（4）修理记录内容符合法律相应要求并应便于消费者查阅和复制。

（5）家用汽车产品出现产品质量问题或严重安全性能故障，提供电话咨询服务、现场服务。

（6）因产品质量问题每次修理时间超过5日的，应当为消费者提供备用车或者合理的交通费用补偿。

（7）修理时间自消费者与修理者确定修理之时起至完成修理之时止。一次修理不足24小时的，以1日计。

4.4 车辆“三包”法规的其他规定

4.4.1 车辆“三包”的责任免除

（1）易损耗零部件超出生产者明示的质量保证期出现产品质量问题的，经营者可以不承担本规定所规定的家用汽车产品“三包”责任。

（2）在家用汽车产品包修期和“三包”有效期内，存在下列情形之一的，经营者对所涉及产品质量问题，可以不承担本规定所规定的“三包”责任：

① 消费者所购家用汽车产品已被书面告知存在瑕疵的；

② 家用汽车产品用于出租或者其他营运目的的；

③ 使用说明书中明示不得改装、调整、拆卸，但消费者自行改装、调整、拆卸而造成损坏的；

④ 发生产品质量问题，消费者自行处置不当而造成损坏的；

⑤ 因消费者未按照使用说明书要求正确使用、维护、修理产品，而造成损坏的；

⑥ 因不可抗力造成损坏的。

（3）在家用汽车产品包修期和“三包”有效期内，无有效发票和“三包”凭证的，经营者可以不承担本规定所规定的“三包”责任。

4.4.2 车辆“三包”争议的处理

教学引例

江苏省××市的蔡先生于2018年2月29日在××汽车销售有限公司购入一辆广汽菲克自由光2.4L领先智能版汽车。第二天在上海绕城高架以100 km/h速度行驶，行驶过程中发生转向失效故障，方向盘几乎打不动。中控提示“动力转向辅助关闭—需要维修”（之后还提示维修变速箱），期间差点酿成车祸事故。蔡先生认为，根据国家汽车行业“三包”法第二十条中“家用汽车产品自销售者开具购车发票之日起60日内或者行驶里程3 000千米之内（以先到者为准），家用汽车产品出现转向系统失效、制动系统失效、车身开裂或燃油泄漏，消费者选择更换家用汽车产品或退货的，销售者应当负责免费更换或退货。

提出退车诉求后，4S店售后××经理承诺一切事宜等检测完再协商，2018年9月6日，汽车总部厂家工程师对车辆进行了全面检测，检测结论直到9月21日才出来，检测结论认为是方向机启动了自保护程序，关闭了转向助力，但属于半电子助力失效状态，不符合车辆“三包”退车规定。然而，汽车“三包”专业技术委员会指定的《家用汽车产品严重安全性能故障判断指南》为严重安全性能故障的判断提供参考依据，“失效”是指汽车整车、主要系统或零部件在正常使用过程中，因产品质量问题导致规定功能完全丧失或主要性能严重下降的现象。

蔡先生认为，车辆在高速行驶中出现电子助力转向系统关闭，已经严重危害到本人及乘客的生命安全，完全符合“转向系统失效”这个范畴的，所以汽车销售者必须按照国家汽车行业“三包”法接受退车诉求。

汽车“三包”争议本身就是天然存在的，但我们可以分析造成汽车“三包”争议的一些因素：首先是法律因素。质量问题、严重安全性能故障、不能正常使用等内容都无法在法规中明确详尽地表述，因此各方在理解上就会出现差异；其次是经济因素：汽车是高价值消费品，往往质量（或故障）问题的处理需要较高的费用；最后就是技术因素：消费者与经营者在信息的获取、技术的掌握等方面的不对称，导致在认知上存在差距。正是由于以上这些因素的存在，导致了汽车“三包“争议，不可避免地出现各种问题。

4.4.2.1 争议处理基本程序

争议处理基本程序：协商、调解、申诉、仲裁，如图 4-1 所示。

图 4-3 争议处理基本程序

1. 协 商

对于家用汽车产品“三包”责任的争议，消费者应优先与经营者协商解决。争议双方直接面对面地友好协商是解决“三包”争议最经济、最直接、最有效的方式。双方在协商过程中，可以充分阐述自己的理由，摆出相关证据材料，也可以充分听取和理解对方的意见和诉求。在此基础上，以“三包”规定中关于修理、更换、退货的相关条款以及相关标准为依据，双方通过协商而达成一致的解决方案的可能性是很大的。这种解决方式无需经历繁杂的程序，无需花费律师费、专家费或检测费等高昂的费用，对双方来说都是最简单最有效解决问题的方式。因此，推荐争议双方优先通过协商方式解决争议。

2. 调 解

对于汽车“三包”争议，消费者可依法向各级消费者权益保护组织等第三方社会中介机构请求调解解决。消费者如果对于双方协商的结果不满意，可以向当地消协进行投诉，请求消协出面进行调解。消协调解的具体程序可拨打当地的投诉电话 12315 咨询。今后，可能还会有其他一些第三方社会中介机构能够参与到这样的调解中。

3. 申 诉

对于汽车产品的“三包”争议，消费者或经营者也可以向当地市场监督管理部门或交通等行政部门进行申诉。对于提交到市场监督管理部门的申诉案件，依据第三十五条的规定将“按照产品质量申诉处理有关规定执行”。具体程序可以拨打当地的 12365 产品申诉投诉电话咨询。

4. 仲裁或诉讼

如果争议双方不愿通过协商、调解解决或者协商、调解无法达成一致的，可以根据协议申请仲裁，也可以依法向人民法院起诉。对于汽车“三包”争议，双方协商和第三方调解有可能无法达成一致意见；或者暂时达成了一致意见，但因为申诉或调解的结果对争议双方都不具有法律上的强制约束力，任何一方都有可能不遵守已达成的解决协议。在这种情况下，争议任何一方都有权申请仲裁或向当地法院提起诉讼。当然，消费者也可以不通过协商或调解、申诉等程序，直接申请仲裁或诉讼。在我国，仲裁协议和诉讼判决对当事方具有强制约束力，双方必须遵守。所以仲裁和诉讼是解决“三包”争议的最终手段。但通常程序较为复杂，对当事双方耗费的时间和精力都比较大。

综合以上 4 种汽车“三包”争议解决的途径来看，建议消费者合法理性地维权，经营者客观务实地面对问题，推己及人，在遵纪守法的前提下积极为消费者解决问题。

4.4.2.2　争议处理法律规定

（1）家用汽车产品“三包”责任发生争议的，消费者可以与经营者协商解决；可以依法向各级消费者权益保护组织等第三方社会中介机构请求调解解决；可以依法向市场监督管理等有关行政部门申诉进行处理。家用汽车产品“三包”责任争议双方不愿通过协商、调解解决或者协商、调解无法达成一致的，可以根据协议申请仲裁，也可以依法向人民法院起诉。

（2）经营者应当妥善处理消费者对家用汽车产品“三包”问题的咨询、查询和投诉。经营者和消费者应积极配合市场监督管理等有关行政部门、有关机构等对家用汽车产品“三包”责任争议的处理。

（3）省级以上市场监督管理部门可以组织建立家用汽车产品“三包”责任争议处理技术咨询人员库，为争议处理提供技术咨询，经争议双方同意，可以选择技术咨询人员参与争议处理，技术咨询人员咨询费用由双方协商解决。经营者和消费者应当配合市场监督管理部门家用汽车产品“三包”责任争议处理技术咨询人员库建设，推荐技术咨询人员，提供必要的技术咨询。

（4）市场监督管理部门处理家用汽车产品“三包”责任争议，按照产品质量申诉处理有关规定执行。

（5）处理家用汽车产品“三包”责任争议，需要对相关产品进行检验和鉴定的，按照产品质量仲裁检验和产品质量鉴定有关规定执行。

4.4.3　违反车辆“三包”的处罚

教学引例

美国惩罚性赔偿判决

在美国产品责任险的案例中，惩罚性赔偿是一个非常特殊的项目，通常情况下，新闻媒体会用大篇幅报道惩罚性赔偿，并极力渲染其巨额的惩罚性赔偿判决金额，但实际上这类判决是凤毛麟角。

20 世纪在美国轰动一时的“福特事件”，从中我们可以窥其奥秘。遇难者家属对福特汽车公司的起诉，不仅说明了惩罚性赔偿的依据，而且也体现了审判前双方律师在澄清公司内部事务真相中所起的作用。当然，由于作为惩罚性赔偿的 1.25 亿美元付给一个个受害者，因而在 1978 年 2 月的新闻界弓|起了极大的反响。

1972 年的某天，高速公路上，13 岁的理查德·格林萧乘坐邻居驾驶的一辆福特平托（FordPinto）牌汽车回家。正常行驶的汽车突然减速、停止，被后车追尾撞后，油箱爆炸，汽油外溢，引起车身进一步起火、爆炸。驾车的女司机当场死亡，小格林萧被严重烧伤，烧伤面积达 90%，不幸地失去了鼻子、左耳和左手大部分。自这次事故之后的 6 年里，小格林萧先后接受了 60 多次手术治疗以修补被毁坏的面容和其他损伤。

原告律师向福特汽车公司提起了诉讼。他们指出该次事故是由于汽车的设计错误所致，由于油箱安装在车辆的后座下部，距离离合器只有 8 cm 多，一旦有中等强度的碰撞就能引起爆炸。这一点在法庭质证的过程中基本没有异议。

原告律师依据审判前的调查，向陪审团出示了下列证据：福特公司在 Pinto 车型设计期间曾经进行过一系列的碰撞试验，其中的一部分还留有影像资料，试验清晰地表明，如果发生碰撞，汽车内部会充满从爆炸油箱流出的汽油，这给陪审团留下了非常深刻的印象。

接着，原告又提供了一个惊人的证据：在第一批 Pinto 车投放市场之前，福特公司的两名工程师曾经明确地提出过要在油箱内安装防振的保护装置，每辆车因此需要增加 11 美元的成本。但福特公司经过计算后做出的决定是不安装该附加装置，至少在两年之内不这么做。他们是这样算账的，如果要生产 1 100 万辆家用轿车和 150 万辆卡车，那么增加该附加装置导致的成本为 1 亿 3 750 万美元。而假设最多有 180 辆 Pinto 车的车主因事故而导致死亡，另外 180 位被烧伤，2 100 辆汽车被烧毁，依据当时的普遍判例，福特公司将可能赔偿每个死者 20 万美元，每位烧伤者 67 000 美元，每辆汽车损失 700 美元。那么，在不安装附加安全设施的情况下，可能的最大支出仅为 4 953 万美元。对比安装油箱保护装置所要花费的 1 亿 3 750 万美元，福特公司决定采取了省钱的方法。

这一证据的披露激怒了陪审团，在诉讼后的一次采访中，一名陪审团成员讲述了陪审团是如何将惩罚性赔偿定为 1.25 亿美元的。由于不安装必要的安全装置的决定，福特公司节省了将近 1 亿美元的成本。原告律师正是基于这一证据和计算提出了 1 亿美元的赔偿请求，而陪审团认为即使给予这一数额的赔偿也并不意味着对福特汽车公司无视消费者生命安全的惩罚。所以陪审团要求在节省的总额中加上 2 500 万美元，后面的这一数额才是真正具有了罚款的性质。

当然，这样的惩罚性损失赔偿方式是存在争议的。福特公司在 Pinto 车型设计过程中的种种错误是极为严重的过失，甚至有故意的成分，被处以惩罚性损失赔偿是咎由自取。问题是当原告由此而得到远远高于实际损失的金钱时，那么我们不禁会问，这样的判决的数量到底应该是多少呢？依据原告的报告，福特公司认为可能会有 180 起死亡和 180 起烧伤的案子，实际上，类似的事故在美国其他州也有发生的报告，且在当时都处于悬而未决的冗长的法律诉讼过程中。那么是不是所有的被告都可以得到 1.25 亿美元的惩罚性损失赔偿呢？

实际上，该案最终的结果是加州桑塔阿纳法庭在判决时没有采纳陪审团的决议。法官将惩罚性赔偿减至 350 万美元。依据加州的民事诉讼法，在特殊情况下法官有权作出这样更改陪审团决议的决定。最终，福特公司的上诉被驳回，350 万美元的惩罚性赔偿判决得到核准并构成产品责任的判例。考虑到这是 1978 年，350 万美元的赔偿仍然可以被视为一个天价的巨额赔偿。

尽管发生在美国的这个案子已经是 30 多年前了，但从中我们仍然可以清晰地看到美国产品责任的法律领域中对于消费者强烈的保护意识、机制，以及对于不负责任的制造商的惩戒手段。对我国汽车行业，仍然有相当深刻的借鉴和警示意义。

我国违反车辆“三包”的处罚。

（1）违反《家用汽车产品修理、更换、退货责任规定》第九条规定的，予以警告，责令限期改正，处 1 万元以上 3 万元以下罚款。

（2）违反《家用汽车产品修理、更换、退货责任规定》第十条规定，构成有关法律法规规定的违法行为的，依法予以处罚；未构成有关法律法规规定的违法行为的，予以警告，责令限期改正；情节严重的，处 1 万元以上 3 万元以下罚款。

（3）违反《家用汽车产品修理、更换、退货责任规定》第十二条规定，构成有关法律法规规定的违法行为的，依法予以处罚；未构成有关法律法规规定的违法行为的，予以警告，责令限期改正；情节严重的，处 3 万元以下罚款。

（4）违反《家用汽车产品修理、更换、退货责任规定》第十三条、第十四条、第十五条或第十六条规定的，予以警告，责令限期改正；情节严重的，处 3 万元以下罚款。

（5）未按《家用汽车产品修理、更换、退货责任规定》承担“三包”责任的，责令改正，并依法向社会公布。

（6）规定所规定的行政处罚，由县级以上市场监督管理等部门在职权范围内依法实施，并将违法行为记入质量信用档案。

4.5 车辆“三包”索赔流程

如果汽车要进行“三包”，还应掌握索赔流程。索赔的流程包括：前台接待定项、车间派工、领料、维修换件、索赔申请、索赔确认、收索赔款等。注意车辆的包赔期限与条件。

接待过程中，接待人员进行初检，初步判定是否有索赔项，如果有，则应该在委托书中注明，将项目的费用归属标注清楚。在维修和换件过程中，索赔员要根据实际情况进一步判断是否属于索赔项。如果属于索赔项目，则需要将索赔项目和配件的收费类别定为“索赔”，并向厂家提出申请。根据服务记录生成相应的索赔记录，并填写索赔单的相关内容，按照整车厂家的要求进行传真、邮寄或者网上申请索赔。经厂家确认后，该索赔款项计为向厂家的应收款，到一定时间，服务站可以按照规定与整车厂进行核对收款。

4.5.1 索赔期限

车辆“三包”索赔规定中，有 4 种值得注意的时间期限。

1. 汽车质量保修期

对于汽车质量保修期，前面已提到的时间及千米数，以开发票日期起算。而汽车产品质量保修分为新车整车质量保修和零件质量保修两部分。不管是国内还是国外，整车质保都并非真正是指整车任何部件都享受同样的质保服务，而是分部件进行质保。一般来讲，易损坏或者老化的部件如电瓶、避震器、雨刮、橡胶、音响设备等的质保期要短一些，而不易损坏的部件如发动机缸体等的保修期要长些，还有一些部件有的汽车厂会申明免赔，如轮胎等。不同的部件有不同的质保期，所谓整车质保期实际上更准确的表述应该为“整车中质保期限最长的部件”的质保期。

2. 汽车质量保修起始日期

为了能够实现保修索赔，正确记录保修起始日期至关重要。对于执行车辆维修工作的任何服务中心来说，这个保修起始日期都必须是易于确定的。所有项目的保修起始日期均以汽车生产企业的授权经销商给用户开具的车辆及零件销售发票日期为准。

3. 新车质量保修起始日期

对于直接销售给用户的车辆，开具销售发票的日期就是该车享受质保期的起始日期。通常情况下，这个日期为汽车生产企业的授权经销商将车辆交付首位车主之日。

4. 零件质量保修起始日期

由经销商维修而安装的零件，开具维修发票的日期就是该零件的质保起始日期，如果零件是经销商直接销售给用户而不负责安装，则开具该零件销售发票的日期为质保起始日期。

4.5.2 汽车“三包”索赔流程

4S 服务站和特约维修站中都设置有索赔员一职，专门负责有关“三包”索赔事宜。用户在使用车辆过程中，发现车辆出现故障或存在缺陷，可以向特约经销商提出索赔。顾客来到服务站时，无论服务项目中是否应有索赔项，服务站都应该同样接待。一般来说，“三包”索赔的工作内容包括：前台接待定项、车间派工、领料、维修换件、索赔申请、索赔确认和收索赔款等。

1. 登记开单

4S 店或服务站按照服务流程为车辆进行登记开单，即前台接待。在接待过程中，接待人员听取顾客的诉求并进行初检，初步判定是否有索赔项，如果有，则应该在委托书中注明。在一次服务过程中，可能有些项目是自费的，有的属于索赔的，还可能有其他收费类别，所以将每个项目的费用归属标注清楚是十分必要的。

2. 索赔判定

索赔项目的维修、用料过程与普通维修是大同小异的，其最大的差别在于，在维修和换件过程中，索赔员要根据实际情况进一步判断是否属于索赔项。如果索赔员判断应属于索赔项目，则需要将索赔项目和配件的收费类别定为“索赔”，并向厂家提出申请。其后的管理环节，与普通维修流程相同。在结算时，服务站只收取客户的自费项目的款项，索赔项目与配件则应该由厂家来承担。

3. 索赔申请

索赔员进行索赔申请时，应该根据服务记录生成相应的索赔记录，并填写索赔单的相关内容，按照整车厂家的要求进行传真、邮寄或者网上申请索赔。经厂家确认后，该索赔款项计为向厂家的应收款，到一定时间，服务站可以按照规定与整车厂进行核对收款。

4. 索赔变动

如果索赔过程中，发生索赔单内容需要变动的情况，我们则需要对已经确认的索赔单进行相应的修改，此时，应收款项也会有相应的变动。

索赔工作流程图如图 4-4 所示。

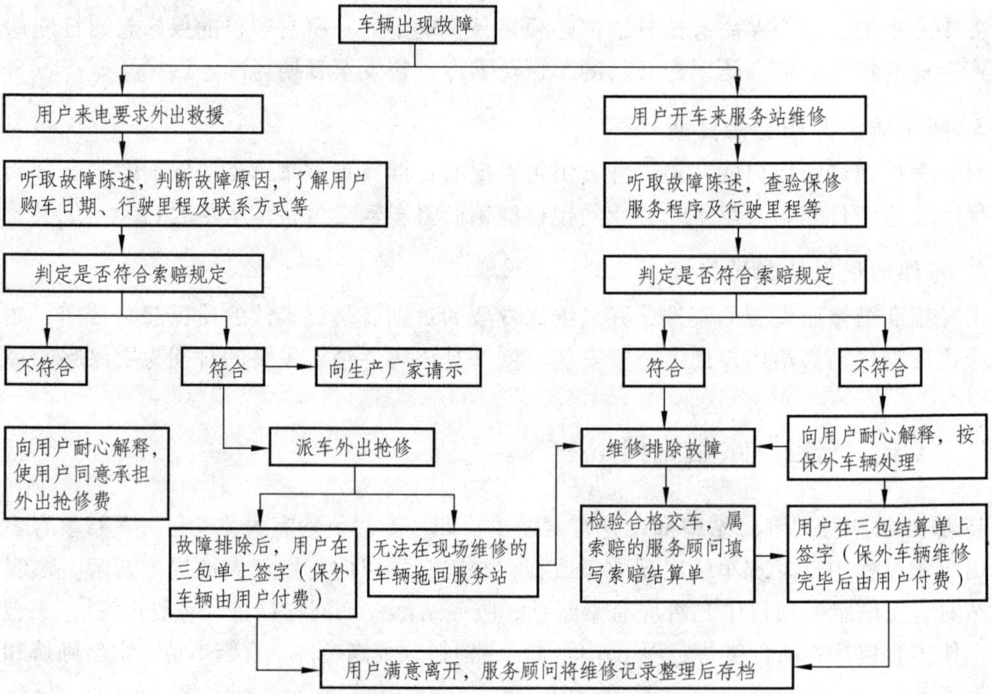

图 4-4　索赔工作流程图

4.6　缺陷汽车的召回

4.6.1　汽车召回的概念

所谓汽车产品召回，就是按照法定的要求和程序，由缺陷汽车产品制造商进行消除其产品缺陷的过程。包括制造商以有效方式通知销售商、修理商、车主等有关方关于缺陷的具体情况以及消除缺陷的方法等事项，并由制造商组织销售商、修理商等通过修理、更换、退货等具体措施消除其汽车产品缺陷。

根据《缺陷汽车产品召回管理条例》的规定，汽车召回是指汽车产品生产者按照《条例》规定的程序，及时采取修正或者补充标识、修理、更换、退货等措施消除缺陷的活动，其主要目的是消除汽车产品中可能引起人身伤害或财产损失的缺陷。对于召回范围内的汽车，大多数在召回维修之前并没有出现故障症状，所以召回也是一种预防性措施。从国内外召回案例来看，汽车召回几乎都是通过免费修理或换件的方式解决缺陷问题的，退车和换车的情况极为少见。

汽车召回分为主动召回和被动召回两种，主动召回是车企发现问题主动采取召回，而被动召回则是政府监管部门发出强制指令让企业采取召回措施。目前我国汽车召回的情况主动召回的多，被动召回的少。

4.6.2 中国缺陷汽车召回制度发展历程

中国缺陷汽车召回制度起步较晚，2004年3月，原国家质检总局等四部门发布《缺陷汽车产品召回管理规定》，我国才开始实行缺陷汽车产品召回制度。截至2012年底，累计召回缺陷汽车产品9414万辆。从2013年1月1日开始，国家开始实行《缺陷汽车产品召回管理条例》（简称《条例》），从操作性和可行性上加大了汽车召回管理力度，汽车召回数量和次数也屡创新高，2013年～2018年，汽车召回数量超过500万辆。

2016年1月1日，原国家质检总局发布的《缺陷汽车产品召回管理条例实施办法》（简称《实施办法》）正式实施，缺陷汽车召回机制进一步完善，《实施办法》作为《条例》的细化规章，进一步明确和强化了生产者召回责任主体义务，增加了对汽车零部件生产者的义务，对监管部门的工作流程以及地方质检部门参与召回管理的内容进行了细化，增加了向社会发布风险预警信息的内容，丰富了缺陷产品调查工作手段。

我国车市近年召回数量和次数都有所增加，包括中国品牌、合资品牌和豪华品牌共有上百款车型涉及召回，其中，受高田气囊案的持续发酵，包括三菱、丰田和本田在内的日系品牌均有不同数量的汽车召回，波及最大的为本田汽车，其半年召回数量已逾百万辆，主要涉及车型包括CRV、思域和思铂睿。而德系、美系也因产品问题召回数量逐渐攀升，甚至出现了上汽通用一次性召回216万辆缺陷汽车的事件。因燃油吸油器和帘式空气囊存在安全隐患，四川一汽丰田汽车有限公司和丰田汽车（中国）投资有限公司将召回部分国产丰田普锐斯汽车、进口LEXUS雷克萨斯CT200h、丰田杰路驰、丰田普锐斯PHV汽车共计43841辆。这已经是丰田实行的第7次召回，已涉及汽车近50万辆。豪华品牌在召回数量和次数上仍存在上升势头，包括英菲尼迪、阿斯顿马丁、保时捷等等在内诸多豪华品牌均有不同车型存在产品缺陷，召回数量已超过30万辆，创造同比新高。针对豪华品牌召回数量的不断扩大，一方面消费者维权意识逐步加强，这也给监管部门和汽车厂商带来了压力。同时，随着豪车保有量持续增长，国产化进程加快，国内零部件配套供应商产品质量不过关，导致豪车召回的数量有所上升。中国品牌近年召回规模和频次有所增加，召回总量为76万辆，约占召回总数的13%。一般来说召回数量与产销规模成正比，过去中国品牌召回少，是因为其占有的市场份额小，随着中国品牌市场占有率逐渐提升，召回数量也有所增长。

在中国品牌初期发展阶段，消费者对中国品牌汽车的期待值较低，即便车子出现问题，只要不是致命缺陷，一般都不会发展到投诉甚至召回的地步。但随着一方面国家管理加强，一方面消费者对于中国品牌要求也在提高，维权意识逐步加强，中国品牌召回数量自然有所增加，乘用车召回数量和次数屈指可数。

与缺陷汽车召回车型有所不同，但是召回原因却相近。其中，因零部件缺陷造成的汽车使用安全问题比例高达80%以上，膜片、气囊等等零部件问题是造成车企召回的最大原因，相当比例的缺陷问题是由零部件供应商的产品缺陷引发或直接导致的，由于部分零部件供应商产品质量控制和追溯能力不足造成的召回范围不清、改善措施不善、处置能力不足等问题时有发生，而这类问题导致的召回往往涉及的数量、范围和规模较大。

在成熟的汽车工业国家，尤其是最早建立召回制度的美国市场，因产品质量问题引发的汽车召回已成为常态化，汽车召回数量也往往高得惊人。

我国汽车虽然发展起步晚，随着我国车市步入市场化阶段，汽车召回制度日趋完善，车企越来越看重汽车售后服务，汽车的安全保障标准逐步提高，消费者维权意识在加强，汽车召回制度进一步完善。尽管汽车召回制度在不断完善，但在召回中仍有诸多问题。

对于召回存在的问题，目前汽车召回在各大厂家实行，但以自愿为主，出于品牌和成本的考虑，在市场仍存在监管执行不力、缺乏第三方检测机构评定、相关规定缺失的前提下，车企对于召回的态度仍不积极。随着汽车召回制度越来越严格，对明知有缺陷拒不召回或召回后拒不消除缺陷的企业，将产生较大震慑作用，消费者权益将得到进一步提高。

4.6.3 汽车召回的法律规定

4.6.3.1 《缺陷汽车产品召回管理条例》的相关规定

（1）汽车缺陷是指由于设计、制造、标识等原因导致在同一批次、型号或者类别的汽车产品中普遍存在的不符合保障人身、财产安全的国家标准、行业标准的情形或者其他危及人身、财产安全的不合理的危险。

（2）汽车缺陷召回是指汽车产品生产者对其已售出的汽车产品采取措施消除缺陷的活动。对缺陷汽车产品生产者应当依照《条例》全部召回，生产者未实施召回的，产品质量监督部门应当依照《条例》责令其召回。《条例》所称生产者是指在中国境内依法设立的生产汽车产品并以其名义颁发产品合格证的企业。从中国境外进口汽车产品到境内销售的企业视为生产者。

（3）生产者应当建立并保存汽车产品设计、制造、标识、检验等方面的信息记录以及汽车产品初次销售的车主信息记录，保存期不得少于 10 年。

（4）经营者获知汽车产品存在缺陷的，应当立即停止销售、租赁、使用缺陷汽车产品，并协助生产者实施召回。经营者应当向国务院产品质量监督部门报告和向生产者通报所获知的汽车产品可能存在缺陷的相关信息。生产者获知汽车产品可能存在缺陷的，应当立即组织调查分析，并如实向国务院产品质量监督部门报告调查分析结果。

生产者确认汽车产品存在缺陷的，应当立即停止生产、销售、进口缺陷汽车产品，并实施召回。产品质量监督部门开展缺陷调查，可以进入生产者、经营者的生产经营场所进行现场调查，查阅、复制相关资料和记录，向相关单位和个人了解汽车产品可能存在缺陷的情况。生产者应当配合缺陷调查，提供调查需要的有关资料、产品和专用设备。经营者应当配合缺陷调查，提供调查需要的有关资料。

国务院产品质量监督部门调查认为汽车产品存在缺陷的，应当通知生产者实施召回。生产者认为其汽车产品不存在缺陷的，可以自收到通知之日起 15 个工作日内向国务院产品质量监督部门提出异议，并提供证明材料。国务院产品质量监督部门应当组织与生产者无利害关系的专家对证明材料进行论证，必要时对汽车产品进行技术检测或者鉴定。生产者既不按照通知实施召回又不在《条例》第二款规定期限内提出异议的，或者经产品质量监督部门依照本条第二款规定组织论证、技术检测、鉴定确认汽车产品存在缺陷的，产品质量监督部门应当责令生产者实施召回；生产者应当立即停止生产、销售、进口缺陷汽车产品，并实施召回。生产者实施召回，应当按照产品质量监督部门的规定制定召回计划，并报产品质量监督部门备案。修改已备案的召回计划应当重新备案。

生产者应当将报产品质量监督部门备案的召回计划同时通报销售者，销售者应当停止销售缺陷汽车产品。生产者实施召回，应当以便于公众知晓的方式发布信息，告知车主汽车产品存在的缺陷、避免损害发生的应急处置方法和生产者消除缺陷的措施等事项。车主应当配合生产者实施召回。对实施召回的缺陷汽车产品，生产者应当及时采取修正或者补充标识、修理、更换、退货等措施消除缺陷。生产者应当承担消除缺陷的费用和必要的运送缺陷汽车产品的费用。生产者应当按照产品质量监督部门的规定提交召回阶段性报告和召回总结报告。

生产者违反《条例》规定，有下列情形之一的，由产品质量监督部门责令改正；拒不改正的，处5万元以上20万元以下的罚款：

（1）未按照规定保存有关汽车产品、车主的信息记录；

（2）未按照规定备案有关信息、召回计划；

（3）未按照规定提交有关召回报告。

生产者、经营者违反《条例》规定，有下列情形之一的，由产品质量监督部门责令改正；拒不改正的，处50万元以上100万元以下的罚款；有违法所得的，并处没收违法所得；情节严重的，由许可机关吊销有关许可：

（1）生产者、经营者不配合产品质量监督部门缺陷调查；

（2）生产者未按照已备案的召回计划实施召回；

（3）生产者未将召回计划通报销售者。

生产者违反《条例》规定，有下列情形之一的，由产品质量监督部门责令改正，处缺陷汽车产品货值金额 1%以上 10%以下的罚款；有违法所得的，并处没收违法所得；情节严重的，由许可机关吊销有关许可：

（1）未停止生产、销售或者进口缺陷汽车产品；

（2）隐瞒缺陷情况；

（3）经责令召回拒不召回。

4.6.3.2 《缺陷汽车产品召回管理条例实施办法》的相关规定

1. 缺陷调查

（1）生产者获知汽车产品可能存在缺陷的，应当立即组织调查分析，并将调查分析结果报告国家市场监督管理总局。生产者经调查分析确认汽车产品存在缺陷的，应当立即停止生产、销售、进口缺陷汽车产品，并实施召回；生产者经调查分析认为汽车产品不存在缺陷的，应当在报送的调查分析结果中说明分析过程、方法、风险评估意见以及分析结论等。

（2）国家市场监督管理总局负责组织对缺陷汽车产品召回信息管理系统收集的信息、有关单位和个人的投诉信息以及通过其他方式获取的缺陷汽车产品相关信息进行分析，发现汽车产品可能存在缺陷的，应当立即通知生产者开展相关调查分析。

生产者应当按照国家市场监督管理总局通知要求，立即开展调查分析，并如实向国家市场监督管理总局报告调查分析结果。

（3）召回技术机构负责组织对生产者报送的调查分析结果进行评估，并将评估结果报告国家市场监督管理总局。

（4）存在下列情形之一的，国家市场监督管理总局应当组织开展缺陷调查：

① 生产者未按照通知要求开展调查分析的；

② 经评估生产者的调查分析结果不能证明汽车产品不存在缺陷的；

③ 汽车产品可能存在造成严重后果的缺陷的；

④ 经实验检测，同一批次、型号或者类别的汽车产品可能存在不符合保障人身、财产安全的国家标准、行业标准情形的；

⑤ 其他需要组织开展缺陷调查的情形。

（5）国家市场监督管理总局、受委托的省级质检部门开展缺陷调查，可以行使以下职权：

① 进入生产者、经营者、零部件生产者的生产经营场所进行现场调查；

② 查阅、复制相关资料和记录，收集相关证据；

③ 向有关单位和个人了解汽车产品可能存在缺陷的情况；

④ 其他依法可以采取的措施。

（6）与汽车产品缺陷有关的零部件生产者应当配合缺陷调查，提供调查需要的有关资料。

（7）国家市场监督管理总局、受委托的省级质检部门开展缺陷调查，应当对缺陷调查获得的相关信息、资料、实物、实验检测结果和相关证据等进行分析，形成缺陷调查报告。

省级质检部门应当及时将缺陷调查报告报送国家市场监督管理总局。

（8）国家市场监督管理总局可以组织对汽车产品进行风险评估，必要时向社会发布风险预警信息。

（9）国家市场监督管理总局根据缺陷调查报告认为汽车产品存在缺陷的，应当向生产者发出缺陷汽车产品召回通知书，通知生产者实施召回。

生产者认为其汽车产品不存在缺陷的，可以自收到缺陷汽车产品召回通知书之日起 15 个工作日内向国家市场监督管理总局提出书面异议，并提交相关证明材料。

生产者在 15 个工作日内提出异议的，国家市场监督管理总局应当组织与生产者无利害关系的专家对生产者提交的证明材料进行论证；必要时国家市场监督管理总局可以组织对汽车产品进行技术检测或者鉴定；生产者申请听证的或者国家市场监督管理总局根据工作需要认为有必要组织听证的，可以组织听证。

（10）生产者既不按照缺陷汽车产品召回通知书要求实施召回，又不在 15 个工作日内向国家市场监督管理总局提出异议的，或者经组织论证、技术检测、鉴定，确认汽车产品存在缺陷的，国家市场监督管理总局应当责令生产者召回缺陷汽车产品。

2. 召回实施与管理

（1）生产者实施召回，应当按照国家市场监督管理总局的规定制定召回计划，并自确认汽车产品存在缺陷之日起 5 个工作日内或者被责令召回之日起 5 个工作日内向国家市场监督管理总局备案；同时以有效方式通报经营者。生产者制定召回计划，应当内容全面，客观准确，并对其内容的真实性、准确性及召回措施的有效性负责。生产者应当按照已备案的召回计划实施召回；生产者修改已备案的召回计划，应当重新向国家市场监督管理总局备案，并提交说明材料。

（2）经营者获知汽车产品存在缺陷的，应当立即停止销售、租赁、使用缺陷汽车产品，并协助生产者实施召回。

（3）生产者应当自召回计划备案之日起 5 个工作日内，通过报刊、网站、广播、电视等便于公众知晓的方式发布缺陷汽车产品信息和实施召回的相关信息，30 个工作日内以挂号信等有效方式，告知车主汽车产品存在的缺陷、避免损害发生的应急处置方法和生产者消除缺陷的措施等事项。

生产者应当通过热线电话、网络平台等方式接受公众咨询。

（4）车主应当积极配合生产者实施召回，消除缺陷。

（5）国家市场监督管理总局应当向社会公布已经确认的缺陷汽车产品信息、生产者召回计划以及生产者实施召回的其他相关信息。

（6）生产者应当保存已实施召回的汽车产品召回记录，保存期不得少于10年。

（7）生产者应当自召回实施之日起每3个月向国家市场监督管理总局提交一次召回阶段性报告。国家市场监督管理总局有特殊要求的，生产者应当按要求提交。

生产者应当在完成召回计划后15个工作日内，向国家市场监督管理总局提交召回总结报告。

（8）生产者被责令召回的，应当立即停止生产、销售、进口缺陷汽车产品，并按照本办法的规定实施召回。

（9）生产者完成召回计划后，仍有未召回的缺陷汽车产品的，应当继续实施召回。

（10）对未消除缺陷的汽车产品，生产者和经营者不得销售或者交付使用。

（11）国家市场监督管理总局对生产者召回实施情况进行监督或者委托省级质检部门进行监督，组织与生产者无利害关系的专家对消除缺陷的效果进行评估。

受委托对召回实施情况进行监督的省级质检部门，应当及时将有关情况报告国家市场监督管理总局。

国家市场监督管理总局通过召回实施情况监督和评估发现生产者的召回范围不准确、召回措施无法有效消除缺陷或者未能取得预期效果的，应当要求生产者再次实施召回或者采取其他相应补救措施。

4.6.4 对汽车召回问题的处理

站在汽车经销商的角度上讲，一旦产品实施召回，无疑正式承认了产品的质量问题，势必引起用户不满。虽然新政明确了召回责任主体，但用户往往会将心中的不满发泄给经销商，对经销商正常的经营造成影响。而经销商在汽车召回过程中要起到承接生产企业与用户的桥梁作用，目前有些经销商针对普遍性存在的车辆问题都会通过一些别的理由将车辆带到维修站，在用户不知情的情况下把问题排除。这种做法虽然有迫不得已的理由，但是从长远看是不可取的。经销商应该考虑的是：如何利用“召回”，尽可能地降低其负面影响，甚至可以利用其做足自身的宣传，提升经销商形象。

对汽车召回问题的处理应按照下列程序进行：

4.6.4.1 通知客户

（1）通知召回时，注意与客户沟通时的态度。

在客户的眼里，经销商是厂家的直接代表，因此当车辆出现问题时，不满情绪会直接发泄到经销商身上。这时经销商对客户的态度应该是：承认产品的不完美，积极解决产品问题，主动补偿给客户带来的不便。应避免：逃避面对产品缺陷、被动地等待厂家执行方案、对抗客户的抱怨。

（2）掌握与客户通话技巧，使客户感知诚意。

通话流程主要包括四个部分：开场问候、车辆问题确认、处理办法的说明与客户预约。

开场问候：依据厂家的规范进行客户问候。

车辆问题确认：客户对品牌已经有了负面的印象，需要通话人员在通话中用诚意去扭转这种负面印象。

处理办法的说明：处理办法要尽量说明解决的时间、地点、方式、负责人等，并将其作为召回处理期间店内的一项重要工作内容做看板管理。

客户预约：权衡店内的人力、物力，避免出现大量客户涌现在同一时间，从而引发对服务不满的额外问题。

（3）面对客户抱怨，尽量安抚客户情绪。

当客户问道："现在才召回，我之前维修花的钱怎么办？"通话人员可以这样解释："我能理解您，厂家也觉得非常对不住您，所以愿意免费为您更换问题配件。对于您之前因为这样的问题而多花的维修费，我会为您申请后续保养等服务的优惠，算作给您的一点补偿。"让客户觉得经销商真正为他考虑，并正在积极地解决问题。

4.6.4.2 记录客户与车辆信息

1. 登记目的

为了确认处理进度、及时追踪是否有车辆没有召回。对那些有过召回经历的客户，需要经销商长久的关怀和维护，消除"疤痕记忆"，转为"美好的记忆"。

2. 登记重点

分四种情况记录用户对品牌以及经销商的印象：

（1）抱怨得到及时解决；

（2）抱怨由总经理出面获得解决；

（3）解决召回过程中产生的其他问题；

（4）客户投诉到当地媒体或消协或厂家。

上面四种情况负面印象由浅及深，越是后者越需要长期关怀和维护。因为一个客户的负面口碑，将至少影响他身边十个人。这不仅是十部车那么简单，还包括十部车维修保养的丰厚利润。

4.6.4.3 问题配置的处理

（1）问题配置的处理规范厂家会有非常完善的流程与规范交由经销商执行，在此不再赘述。

（2）受影响的其他非召回配置损害的处理。汽车的任何一个配置出现运行的障碍都会影响到其他配置。如果只召回那些出现直接运行障碍的配置，不召回其他被影响的配置应该怎么办？

问题：后悬挂出现问题，导致颠簸严重，使后胎的使用寿命缩短一半。但厂家在召回中并不负责轮胎更换的损失。客户对此不满，认为由于后悬挂的问题，导致轮胎更换频繁，要求经销商给予补偿。使经销商陷入承受经济损失和面临负面口碑的两难选择。

解决办法：与营销活动联系在一起。比如：购买一张保养年卡免费赠送两个后胎。经销商一定要向客户说明：“厂家的召回中没有对轮胎的补偿，但经销商为了表达对客户的歉意和诚意，把保养年卡优惠活动的力度加大，赠送两个后胎。”这样，经销商不但表达了诚意，也解决了客户的问题，降低了补偿损失，同时树立了经销商的正面形象，一举数得。

（3）与召回配置无关的其他配置损害的处理。

问题：当客户要求更换行车记录仪——这和后悬挂基本没有关系的配置时，你该怎么办？

解决办法：面对这样的客户，首先要找出问题的原因。如果是客户使用不当，那么他也许只是趁着召回想在经销商这里“占点便宜”。经销商可以进行这样的说明：“由于您的问题在我们店反映很少，加上厂家对这个问题并没有召回的说明，但我们还是会对您做出一定补偿，您在购买保养年卡的同时，我们将额外提供给您一次工时费全免的优惠。”

这样客户占便宜的心理得到了满足，但还需要教给客户行车记录仪正确的使用方法，避免再次出现这种问题。

4.6.4.4　逾期未召回车辆解决办法

1. 无法与召回车辆的车主联系

当无法联系到车主时，要与总部确认这些车主是否在其他 4S 店进行了召回。如果某些车主确实无法联系，需要特别记录这些车主的信息和车辆信息，以备在召回期过后，车主寻求问题的解决。

2. 车主要求延长召回处理时间

车主由于自身原因在召回期间无法进行车辆召回，或是召回期过后车主要求解决问题。

首先要将态度放在解决车辆的问题上，而不是追究车主责任。要向客户说明召回期间 4S 店做了哪些工作，出示未召回车辆的联络记录、以及厂家对未召回车辆的处理办法。当然，4S 店最终仍要为客户解决问题，可以选择上面的营销活动来说服客户，把“赠送备胎”改为“免费进行召回补救”。

3. 车主在召回前自己花钱解决了召回配置问题

问题：客户会觉得车辆出现缺陷时厂商没有及时召回，并且觉得自己比接受召回的车主花了更多冤枉钱，需要补偿。

解决办法：首先，4S 店可以这样向客户说明：“当时您的问题出现时，在我们店里只是个别现象，因此我们只是进行了维修，从我们的服务跟踪来看维修之后应该没有什么问题吧!”要让客户认同维修是完全可以解决召回问题的。

其次，需要 4S 店依然沿用上面的营销例子，对这类客户提供补偿“别人的保养年卡只能享受一年优惠，但您的保养年卡可以享受两年的优惠价。”这样第二年你依然牢牢抓住了这个客户保养的利润，何乐而不为？总之，“召回”对于经销商来讲是一件高难度的项目执行，需要重视与客户沟通时的每一个细微环节。同时它也是一个特殊的服务营销机会，把握好这个机会就可以变劣势为优势，在危机事件中赢得客户的口碑。

4. 经销商处理汽车召回时需做的工作

（1）解决客户问题

当汽车召回事件出现时，经销商应通过网络第一时间通知车主，尽快让车主前来解决、处理车辆隐患。如果是车主收到主机厂的通知之后主动找到经销商询问的，经销商应诚恳对待，为车主安排维修，解决车主的问题，并尽最大的努力减少车主的损失。

（2）安抚客户情绪

对于一些反应激烈的车主，经销商要努力进行安抚工作，可以通过送保养、送维修等力所能及的让利服务给予车主一定的补偿，平息车主的不满，做好车主的思想工作，将事态稳定在可控范围内，避免事态向着不和谐的方向扩散。

（3）与主机厂沟通

完善与主机厂的沟通渠道，让与汽车召回的信息和车主所反映的有关汽车质量的问题能够全面、准确地传递到主机厂，引起主机厂的重视。

汽车是一个极其复杂的产品，少量汽车上出现一点安全缺陷是难以避免的，一般与汽车制造水平、产品质量的高低没有必然的联系。只要厂家在发现缺陷后采取得当的措施积极地进行召回，就能很好地消除缺陷，维护车主的安全。

召回在汽车行业里是正常的事情，几乎所有汽车厂家每年都会发布一些召回公告，其中不乏国际知名品牌。发现产品缺陷就立即进行积极的召回，是制造商对产品负责，对消费者负责的表现，是制造商信誉和实力的体现。

知识链接

问题1：车辆在包修期内坏了，修车免费吗？

当然不是。只有车辆出现产品质量问题时，才能持“三包”凭证由修理者免费修理（包括工时费和材料费）。人为造成的损伤及无法被认定为质量问题的无法保修。

问题2：包修期内更换易损件是免费的吗？

当然不是。需要注意的是，蓄电池、雨刮器等多类易损配件的保修期比包修期短很多。各个企业规定的易损耗零部件不同，还查看“三包”凭证上的附录进行了解。

问题3：什么是严重安全性能故障？

故障突发性：故障发生前，驾驶员或用户无法预见将要发生的故障；危险不可控性：故障发生时，驾驶员或用户难以采取措施，防止事故发生；后果严重性：故障的后果将危及人身、财产安全。

问题4：“三包”是如何界定产品质量问题的？

车辆“三包”中的质量问题是指影响或无法正常使用的，或相关产品未达到国家规定标准的。但像汽车油耗偏高、烧机油、汽车异响等常见问题很可能不被认定为质量问题。

问题5：“三包”能否保证消费者索赔？

目前车辆“三包”规定的条文主要集中在汽车的修、退、换上，对于汽车故障对消费者造成的其他损失的赔偿，建议依据《消费者权益保护法》追偿。

问题6：如何依据“三包”处理争议问题？

各省市已成立车辆“三包”专家库，在各地进行争议处理。当消费者和经营者出现争议后，如果双方均同意需要专家进行鉴定，可选取奇数位专家进行判别。

问题7：包修期内因质量问题修车可获交通费补偿吗？

在家用汽车产品包修期内，因产品质量问题每次修理时间（包括等待修理备用件时间）超过5日的，经营者应当为消费者提供备用车，或者给予合理的交通费用补偿。

问题8：需注意的不受“三包”保护的情形有哪些？

私自改装车辆、私家车作营运用途、因气候等非抗力因素导致的问题、发生产品质量问题消费者自行处置不当而造成损坏的无法获得“三包”保护。另建议车主务必保留好各类票据。

问题9：消费者的汽车自购买后，汽车的变速器出现故障，消费者选择非4S修理店对变速器进行了拆卸、维修，但维修后故障未排除。此后，消费者到4S店申请索赔。此种情况依据车辆“三包”规定，4S店是否可以免责？

如果消费者索赔的变速器故障问题与其在非4S店拆解、维修没有关系，且汽车厂家或4S店能够确认是汽车变速器的质量问题，汽车厂家和4S店应当进行赔偿；如果因非4S店拆解导致了变速机故障问题，或者因其拆解导致故障问题无法判断，汽车厂家和4S店可以不予索赔。

问题10：消费者已交购车首付及保险等费用，但没有办理提车手续（未上牌），发现汽车生产日期离目前已有3个月，行驶历程达到了66千米（一般不超过20千米），且汽车车身泛黄，消费者是否可要求换车？

这种情况应当视为尚未成交，除非双方事先有相关约定，否则消费者有权利选择另外一辆汽车。如有相关约定，且在该约定不违反国家法律法规的情况下，应当遵从约定。

问题11：消费者购买的二手车原来不属于家用汽车（如出租车租赁车等），购买后（或变更车辆信息）转户为家用汽车，是否可以享受车辆“三包”？

如果单位车辆或营运车辆过户给个人，也不属于车辆“三包”规定所涵盖的家用汽车范围，汽车厂家可以不按车辆“三包”规定执行；但无论是什么性质的汽车，汽车厂家都应当按照销售合同、《中华人民共和国产品质量法》等提供质量担保。

问题12：车辆“三包”规定是否适用于出租车及公务用车？

车辆“三包”规定仅适用于家用汽车，即个人为家庭生活消费需要而购买和使用的汽车，出租车和公务车不在适用范围内。但汽车厂家也应当对出租车和公务车提供质保，质保条款应当明示在随车质保手册中。另外，这些汽车也受到《中华人民共和国产品质量法》《侵权责任法》《合同法》《汽车召回条例》等法律法规的保护。

问题 13：汽车产品是否涉及质量问题的才适用车辆“三包”规定？汽车本身没有质量问题，但出现合同违约问题，是否涉及车辆“三包”责任？

汽车产品只有出现质量问题才涉及车辆“三包”规定，对于非质量问题，汽车厂家可以不提供“三包”服务。对于非质量问题的合同违约，消费者可以依据《合同法》和《消费者权益保护法》等民事法规维护自己的合法权益。

问题 14：备件市场开放，将对车辆“三包”有什么影响？

无论配件来自哪里，始终不会改变销售者是“三包”责任主体。销售者在承担“三包”责任后可以再向生产者追偿。但如果因为非 4S 店的配件问题导致故障或损坏，对于这部分问题销售者可以免责。如果因为 4S 店自己采购的配件问题或者维修不当而导致的损坏，4S 店应当承担责任。如果问题是因配件引起的，4S 店可以向配件供应商追责。原厂配件供应商应当对自己的配件质量负责，如果因为其配件引起了车辆故障或损坏，供应商应当对相关的故障或损坏承担责任，但汽车厂家不能以此为理由来免除自己对整车或其他质量问题应当承担的“三包”责任。

问题 15：“同一产品质量问题累计修理超过 5 次”怎么理解？

“同一产品质量问题”指的是同一个零部件出现质量问题，如果因为不同的零部件质量问题导致了异响，维修者对这 5 次异响分别进行了修理，不能算作同一产品质量问题累计修理 5 次。

问题 16：不到 4S 店保养就不能享受“三包”吗？

不到 4S 店保养就不能享受“三包”违反了车辆“三包”规定。随车保养手册中规定的保养时间和里程是汽车厂家经过试验验证后向消费者提出的保养要求，车辆只要按照这个规定的周期进行保养，车主就已经尽到正确保养的责任，如果车辆出现质量问题，4S 店应当按照车辆“三包”规定和汽车厂家的质保承诺进行质保。

问题 17：去 4S 店超过 8 次，依然没有解决防侧滑灯和胎压监测灯亮的问题，这种情况可以要求经销商换车吗？

在家用汽车产品“三包”有效期内，如果同一产品质量问题累计维修 5 次，该问题依然没有解决的话，消费者可以选择换车。“防侧滑灯和胎压监测灯亮”只是一种故障提示，有多种故障都可以引起这种情况，一定要查清每次灯亮的真正原因是什么，才能确定该如何处理。比如：如果是由同一个零部件的质量问题引起的，维修站反复修理了 8 次都没有解决，那么可以要求经销商做换车处理。建议与经销商协商解决，如果与经销商沟通过程中存在问题，车主可以向生产厂家进行投诉，或向国家市场监督管理总局、中国汽车召回网等投诉。

问题 18：汽车行驶约 18 000 千米时发现三元催化器破裂，4S 店认为是加劣质汽油而导致的，不给维修。这种情况该怎么做？

劣质汽油或发动机燃烧不良等故障可能会导致三元催化器早期损坏，另外，外部磕碰也有可能导致其损坏，但早期损坏也有可能是质量问题造成的。4S 店应当在充分检查后做出公正判断，如果是劣质燃油造成的，应当有充足的证据。如果没有充足的证据，应当按照质保手册中的质保条款进行质保维修。在我国车辆“三包”标准中，三元催化器不是易损件，其质保期应不低于整车包修期。建议消费者与 4S 店协商解决问题，如果协商无法解决，可以向当地消协或质监部门投诉或申诉，进行调解。

问题 19：请问刹车盘属于易损耗件吗？

刹车盘不属于易损耗件，其包修期与整车包修期一样。如果出现质量问题，4S 店应当按照车辆“三包”规定和厂家的质保承诺进行解决。

问题 20：“交车时间”和“完工时间”有无区别？修理记录中还须明确什么内容？

车辆“三包”规定第十九条规定“修理时间自消费者与修理者确定修理之时起，至完成修理之时止。一次修理占用时间不足24 小时的，以 1 日计”。这里的完成修理之时是指“交车时间”，不是“完工时间”。完工时间有多种理解，但主要是指修理工的“完工”，通常，修理工完工之后，在交付消费者之前，修理厂还应当有质检验证、洗车和交付等环节。法规中对于修理记录未作要求的项目，修理者可以根据自己的管理需求确定是否添加，法规不做强制要求。

问题 21：“三包”退换车再次销售，质保问题如何约定？

车辆“三包”规定第四十四条规定：“按照本规定更换、退货的家用汽车产品再次销售的，应当经检验合格并明示该车是‘三包换退车’以及更换、退货的原因”。“三包换退车”的三包责任按合同约定执行。因此，“三包退换车”再次销售时，销售者可以不按照车辆“三包”规定承担“三包”责任，但应当明示该车为“三包退换车”以及退换原因，并通过协议方式明确该车的“三包”责任。

问题 22：外出救援的修理时间是否应计入因质量问题导致的累积修理时间，应以什么作为凭证？

根据车辆“三包”规定第二十一条的规定：“外出救援的路途时间不计入“三包”维修时间，但对于因质量问题而在外面进行的修理时间应当计入”。维修者应当按一次修理来处理，即应向消费者提供修理记录单。

问题 23：车辆“三包”期内的维修时间如何确认？

消费者因车辆故障到维修站维修时，无论是否为质量问题引起的，维修者都应当先开具维修单或工单等。如果检查发现该问题是产品质量问题引起的，应当在维修单或工单中记录送修时间、检查维修项目、维修或更换的零部件情况、工时、交车时间等信息（详见车辆“三包”规定相关要求）。检查时间也应当计算在质保维修时间范围内。如果检查确认不是质量问题，或者问题一时无法查清，则该维修单或工单与“三包”维修无关，那么本次检查时间就可以不计算到质保维修时间内。

问题 24：自动挡汽车从 D 挡换 N 挡，及 R 挡换 N 挡都有明显的抖动，厂家说是正常现象，但我个人认为存在质量问题，出现这种争议该怎样解决？

从 D 挡和 R 挡换到 N 挡时，如果车辆有明显抖动，不一定是正常情况，需要检查抖动的可能原因。例如，如果是发动机怠速不稳或怠速低导致的抖动，则可能发动机存在异常。如果是变速器引起的抖动，则需查看变速器换挡情况是否正常，是否存在换挡离合器或制动器分离不彻底的情况等。建议您先到维修站进行检查并协商解决问题，如果协商不成，可以向当地消协或质监部门申诉，请他们进行调解。在调解过程中，他们可以依据车辆“三包”

争议解决程序请专家提供咨询（而不一定要去第三方进行鉴定），最终解决方案可以参照专家的咨询意见。

问题 25：请问美规车无质保吗？出现质量问题能维权吗？

如果车辆是在 2013 年 10 月 1 日之后购买的家用汽车，即使是平行进口的非中规车，也同样受到《家用汽车产品修理、更换、退货责任规定》（即车辆“三包”规定）的保护，您可以依据车辆“三包”规定要求销售商提供“三包”服务，根据故障情况先进行修理，如果因多次修理无法解决问题而达到了退换车条件，也可以要求退车或换车。

问题 26：仪表盘显示变速箱性能低，4S 店升级变速箱后 1 周仍出现该问题，目前该车型已更换新款变速箱，车辆能否更新为新款的变速箱？

如果车辆是在 2013 年 10 月 1 日之后购买的私家车，应当受到《家用汽车产品修理、更换、退货责任规定》（即车辆“三包”规定）的保护。依据车辆“三包”规定：“对于汽车的一般质量问题，如“变速箱性能低”故障，首先应当以修理方式解决，修理手段可能是升级软件，也可能是更换或调整配件，甚至可能是更换变速器总成”。但大多数情况下不建议轻易更换总成，因为涉及总成拆卸和装配，影响面较大。从技术上来讲更换新款变速器通常是不可行的，因为涉及动力匹配、车辆认证等多种问题。如果车辆在“三包”有效期内（购车后 2 年或者 5 万千米之内）某个故障反复修不好，达到一定的条件，比如车辆因为质量问题累计维修时间达到 35 日，您有权利要求厂家更换新车。总之，希望您到维修站去对具体的故障进行检修，在查清故障根源后通过质保维修彻底修复。

问题 27：“三包”期内离合器更换维修 2 次是否可以要求换车？另外，《家用汽车产品修理、更换、退货责任规定》中的第二十条（二）条中的“发动机、变速器与其主要零件更换次数不重复计算”如何理解？

离合器不是车辆“三包”规定和车辆“三包”标准中的“主要零部件”，所以即使更换了 2 次也未达到换车条件，对于非主要零部件，同一零部件因质量问题累计维修 5 次后问题依然没有解决的，消费者才有权利要求换车。

《家用汽车产品修理、更换、退货责任规定》中的第二十条（二）条中的“发动机、变速器与其主要零件更换次数不重复计算”的意思是：更换 1 次发动机或变速器总成，不能视为其中的所有主要零部件都更换了 1 次，也就是说将来如果再单独更换 1 次发动机或变速器的某个主要零部件，不能将此次更换与总成更换次数进行累加而算作更换了 2 次主要零部件。

问题 28：购买的新车 7 天内出现 2 次发动机故障灯亮，检测显示电磁线圈 B 信号问题，厂家承诺更换变速器总成，可以要求退车或换车吗？

如果汽车是私人购置的家用汽车，应当可以依据《家用汽车产品修理、更换、退货责任规定》（即车辆“三包”规定）进行处理。根据车辆“三包”规定及“三包”标准，变速器的电磁阀不属于汽车的主要零部件，对于这类非主要零部件，同一零件因质量问题累计修理 5 次后问题依然没有解决的，消费者可以要求换车。根据描述的故障现象看，厂家承诺更换新变速器总成是符合车辆“三包”规定的。另外提醒：在“三包”维修过程中，如果 1 次维修时间超过 5 日，可以要求 4S 店提供备用车或交通费用补偿。当然，车辆“三包”规定是对企业的最低要求，鼓励企业为消费者提供更好的服务。

思考与练习

1. 车辆“三包”是怎样定义的？
2. 车辆“三包”原则是什么？
3. 车辆“三包”条件有哪些？
4. 车辆“三包”索赔流程。
5. 如何看待汽车召回？
6. 简述美国惩罚性赔偿对我国的借鉴意义。
7. 经销商处理汽车召回需要做哪些工作？

项目 5 返修车辆服务接待

学习目标

1. 了解处理返修车辆的基本流程。
2. 熟悉返修车辆出现的原因。
3. 掌握处理返修车辆的方法。

项目内容

汽车通常是由 2 万多个零件构成，这些零件组成各组件，进而组装成各部件、系统，又单独组成了汽车中的发动机、底盘、电子电气设备、车身及附件，最后组装成汽车这一结构非常复杂的产品。汽车运行也是非常复杂的，作为修理工，我们在车辆维修过程中可能对其中的一些故障问题无法做到完美的修复，这就是我们在汽车修理过程中提到的一次性修复率。汽车的大型维修要做到 100%的完美修复率，在目前的汽车修理行业中还不能完全做到，于是我们在实际的修理过程中就可能需要对车辆进行二次修复，三次修复乃至多次修复，这就是我们所说的返修。

返修车辆指的是进行维修作业项目检验出厂后，在保质期内出现质量问题提出返修或投诉的车辆；对于排故车辆，经检查或排故作业，检验出厂后在公司的质量保证期内故障仍未排除的，也视为返修车辆（因客户原因排故不彻底的除外）。

5.1 返修车辆操作基本流程

5.1.1 返修车辆的分类

对于返修车辆我们通常将其分为车辆内部返修和外部返修两大类。

内部返修是指质检员或服务顾问对车辆质检时，发现没有达到《质量检验标准》和相关规定，立即让服务小组成员进行车辆返工处理，直到检验合格。

外部返修是指在车辆经维修交付给客户之后，客户返厂抱怨由于车辆维修或车辆保养没有处理好，由维修部人员对车辆再次进行维修处理，直到检验合格。

我们也可以按照发生时间将返修车辆进行分类：即交车前返修和交车后返修。

5.1.2　返修车辆出现的状况和原因

1. 返修车辆出现的状况

（1）原来良好的零件被损坏（隐瞒不报）。

（2）定期保养车辆出现维修质量（隐瞒不报）。

（3）原有的故障再次发生。

（4）因本次维修而引起新的故障。

（5）在完检时，发现有故障未排除或未进行彻底排除。

2. 返修车辆出现的内部原因

（1）修理工工作马虎大意，操作不规范。

（2）故障判断错误。

（3）维修时故障不明显，未被发现和排除。

（4）属技术难题，经技术人员会诊仍未找出确切原因。

（5）班组完工后未认真检查。

3. 返修车辆出现的外部原因

（1）销售时遗留的问题

包含销售员的承诺未履行，寻求心理平衡，销售员对购买产品的权利义务向客户交待不清楚等。

（2）服务态度

包含服务人员不够热情，说明解释工作不清楚，服务人员缺乏耐心等。

（3）维修质量

包含首次修复中的同一问题多次出现，问题长时间没有解决，未对客户车辆进行防护，出厂时车辆有故障遗留等。

（4）服务承诺没有履行

包含未按约定时间交车，结算金额超出预期，未使用纯正配件，未按客户要求作业，日积月累的不满意等。

（5）来自客户自身的原因

包含客户不正确的理解，服务产品的说明不清晰，客户对产品操作不当，对产品的性能不了解，未按操作规范使用，客户的期望值过高，希望产品不出问题，对维修时间要求较高，节省费用等。

5.1.3　返修车辆的操作流程

1. 车辆外部返修操作流程

（1）当客户来售后服务部抱怨车辆维修和车辆保养上次没有维修好时，首先接待的服务顾问应先了解清楚上次负责维修接待的服务小组，在条件允许的情况下，让此服务小组来接待客户。

（2）此服务小组的服务顾问在对该车辆故障进行初步检测后，如果确定是上次维修不到位，应立即对客户的车辆进行返修作业并向客户致歉，同时填写返修记录表（见表 5-1），并将此表立即传达到下一责任人——机电组长。如果是其他新的故障，服务顾问应按正常维修流程及有关制度进行操作，并做好客户相应的解释工作。

表 5-1　车辆返修记录表

编号：		□内返		□外返			年　月　日
车牌号		车型		原维修日期		年　月　日	
原操作者		原班组长		原维修接待		本次接待	
检修项目							
返修原因	□配件品质不良 □工作方法不正确 □操作者疏忽 □交修不清 □车辆制造品质不良 □管理不良 □其他 注明：						
采取对策	重复操作者		返修费用				
	返修操作内容						

（3）机电组长在接到返修车辆的任务委托书后，应立即认真高效地对返修故障进行排除操作，并严格把好自检关，待返修完毕将此车返修记录表送达到下一责任人——质检员/技术经理。

（4）质检员/技术经理在收到此返修车辆的任务委托书及返修记录表后，应及时对返修车辆的故障处理情况进行仔细的检查，如果问题仍未解决，按内部返修规定处理。如果问题已解决，将此车返修记录表送达下一责任人——服务经理/服务总监。

（5）服务经理和服务总监签署处理意见后将此车的返修记录表复印并保存，同时递交给原服务顾问，服务顾问在处理完此返修车后，将此车的返修记录表和维修任务委托书一并交给客服部保存归档。

2. 车辆内部返修操作流程

维修质检员或服务顾问对维修后的车辆进行质检时，发现没有达到《质量检验标准》和相关规定，必须立即让服务小组成员进行车辆返工处理，直到检验合格。对于同一辆车同一故障内部返修三次仍不合格的情况，质检员或服务顾问需填写返修记录表，按以上外部返修程序操作。

5.2　返修车辆的处理方法及考核

5.2.1　返修车辆客户处理

在日常工作中，售后服务部门需要维修的车辆少则几十台，多则几百台，在此其中难免会遇到各种各样的车辆返修问题，如果是内部返修还好解决，只需维修部内部协调多花点工时再次维修以达到出厂标准。如果遇到了外部返修呢？将面临的不仅仅是车辆的返修，还需要处理客户情绪方面的问题，以及处理客户的赔偿，权衡公司的成本等等。下面介绍客户车辆返修时的服务接待。

客户车辆通过公司修理后，客户使用中又发现了问题，大多数客户的第一反应是非常的不开心的，他们会质疑公司的维修水平，因心存不满会要求公司给予赔偿，或者四处宣扬于维修公司不利的信息。更有甚者，客户发现问题后，不和公司联系，而自行去取证以确定是否是公司维修导致的问题，接着就会诉诸法律或联系媒体以解决此问题，这样造成的公司损失将数倍于之前的维修利润，所以售后服务部门需要对此非常之重视，为了规避此类问题，对于客户车辆可能出现的返修需要提前给予预防说明，可参考以下话术：

服务顾问："××先生/女士，您好，您的爱车已经修理完毕，如果您在接下来的使用过程中发现了任何车辆问题，请您一定要第一时间联系我们，我们将竭诚为您解决一切问题，以保证您用车愉快，我公司的24小时售后服务电话是××，请您惠存。"

这里需要强调的一点是，我们在实际工作中一定不要存在侥幸心理，必须对每一个维修客户都传递到我们为他服务的心情和愿望。如果真的出现了客户车辆返修的问题，我们首先要做的就是客户的情绪处理，安抚好客户的心情。

1. 客户通过电话联系公司寻求返修处理

客户如果是先通过电话联系公司寻求返修处理，我们要做到：

（1）第一人负责制，不回避，第一时间处理。即谁接到客户返修电话，谁先处理问题，不要去推脱责任，要首先让客户不要过于着急，以保证通话能顺利进行。

（2）简单询问客户车辆问题，确定是否能电话指导客户解决问题，如果不能，那么我们就需要询问客户的车辆信息，通常只需要询问车牌号码即可，并询问客户是否需要公司提供拖车业务，记录当前驾驶人员的联系方式。

（3）找出问题原因，界定可控范围。通过公司的售后系统查询客户车辆的维修记录，比对目前客户反映车辆问题是否是以前的维修项目，以大致确定是否属于车辆返修。

（4）取得授权，有必要时让上级领导参与。将客户问题记录在表5-2车辆返修及客户投诉处理记录表中，并报相关部门负责人。

表5-2　车辆返修及客户投诉处理记录表

年　　月　　日　　星期

客户名称			
联系人		联系电话	
车牌号		维修时间	
车辆返修及客户投诉事项			
处理意见			
负责人签　名	年　月　日		

2. 客户直接到公司寻求返修处理

客户如果是直接到公司寻求返修处理，那么我们在处理客户返修问题时要遵循的顺序原则是：

（1）先处理感情，再处理事情。先将客户带到远离其他客户的休息洽谈室，表示慰问，让客户先将问题阐述清楚，详细记录客户描述的问题及所提处理意见，并在恰当时间征询客户的确认，态度一定要保持礼貌，让客户畅所欲言，表示如果是我自己遇到此类问题也会是这样的心情，与客户保持同理心，耐心倾听以缓解平复客户的心情，最后再提出处理车辆返修的中肯建议。

（2）寻求双方认可的服务范围，不做过度承诺。客户和公司在处理问题立场上是有共通点的，那就是将车修好，但也存在差异，那么我们首先强调解决的问题是修好车，再来谈补偿问题，并在客户和公司之间做好平衡，不要做出有损公司利益及不可能做到的事情的承诺。

（3）交换条件，力争双赢。告知客户，出现问题大家都不愿看到，有问题则解决，公司会做出让步，但完全满足客户的所有条件也不太现实，所以需要彼此交换条件，让大家都觉得此次车辆返修问题完美解决。

教学引例

一汽丰田的客户返修处理案例

2010 年 10 月 20 日，成都某一汽丰田 4S 店接待了一名乐山丰田卡罗拉客户，客户到店后首先找到了公司的维修接待反映车辆前部出现了滴油状况，维修接待询问后得知客户车辆于 18 日在本店进行了车辆前桥的维修，返回乐山后，于 19 日发现车辆前部仍有滴油情况，认为是公司车辆维修问题。维修接待首先陪同客户将车辆上了举升机以观察问题点，同时第一时间联系了公司的售后主管，让售后主管一起来确认问题，在售后主管来到举升机看到车辆时，客户就表示这是公司的维修问题，需要公司给出解决方案，希望能得到赔偿。此时维修主管并没有去反驳客户提出补偿的不合理，反而先去认真查验了车辆前桥，发现是更换的前减振器密封出现问题从而造成滴油发生，首先告诉客户我们先不谈补偿问题，车出现问题，我们双方首先都是要先将车修好，告知客户修车换新减振器需要一个多小时的时间，为了不耽误客户宝贵的时间征求客户同意先换减振器，再去谈补偿问题。客户表示同意后，售后立马开始减振器的更换，维修主管和维修接待邀请客户来到了客户休息室。到达休息室后，客户情绪依然激动，维修主管给客户泡好茶后，再次仔细聆听了客户的补偿要求，维修主管表示公司目前能给出的解决方案是免费更换新减振器，并赠送客户一次免费保养，客户表示不同意，认为往返乐山到成都耽误了自己的时间并花了不少的费用，让公司赠送五次免费保养。此时维修主管表示我目前的权限就只有一次，其他的真的很为难，请客户让步，最后在请示维修经理后同意多赠送客户一次保养。同时在和客户闲聊过程中得知客户想在车上加装车载导航仪，立马表示可以给客户以 9 折安装，客户要求 7 折，维修主管在和精品部经理沟通后同意以 8 折给客户，客户表示同意后，精品部调集人员到举升机上去安装车载导航仪，这样保证了客户车辆在 1 h 内即完成减振器的更换和车载导航仪的安装。最后客户满意地离开，公司虽然给出了两次保养的赠送，但也完成车载导航仪的销售，真正地达到了客户与公司的双赢。

5.2.2 挑战客户的应对

服务顾问在解决客户返修处理的过程当中会发现，并不是所有的返修客户都是碰到问题就会投诉，大部分客户都是属于理智地要求解决问题，但实际上也有个别客户属于恶客型，喜欢找事，希望从中获得更多的赔偿，甚至有可能是客户恶意搞破坏，通常将此类客户定义为挑战客户，挑战客户的特征包括了极挑剔、高要求、维权意识强、什么都不懂或什么都懂、言谈举止较难令人接受等。

1. 挑战客户基本心态

自视过高、不信任、消费心态不平衡、无恶意只是坏习惯。

2. 挑战客户的应对方法

认真对待、当作提高的机会、礼貌致歉、积极倾听、换位思考、引导控制谈话。

3. 挑战客户的心理分析

挑战客户心理包括希望被重视，希望得到认真地对待，希望有人聆听，希望有反应，有行动，希望得到补偿，希望被认同、被尊重。

4. 挑战客户的表现特征

无论是什么样的客户在抱怨时均会有些表现特征，例如：抱怨，语言激烈，肢体语言丰富，情绪不稳等。

5. 接待人员的心态调节及应对方法

镇静、理解，明确目标，积极侦听，礼貌致歉，引导控制谈话，认真对待，换位思考，当作自我提高的机会。

6. 常用挑战客户投诉时的应对方法

（1）敏感问题转移法。

（2）不做正面的答复，以反问的方式提醒客户明白双方的责任。

（3）利用承诺延时法，争取时间。

（4）预防法：在预估事情可能将要发生变化时善于引导控制。

（5）“W”提问法：争取更多信息，引导谈话进程。

（6）利用周围人员统一战线法。

（7）多用“我/我们”，称谓转移法。

（8）服务补救法：提供免费洗车、提供代步车、提供折价或优惠折扣工时费、提供赠品、免费保养等服务进行补救。

5.2.3 返修车辆的售后处理

5.2.3.1 对返修车辆的技术处理

对于汽车消费者而言，最头疼的事情莫过于车辆维修过程中出现问题后的后续处理过程，客户在遇到车辆维修出现质量问题时总是感到十分的不满，但与此对应的车辆返修一旦出现，车辆售后服务部门也会觉得压力巨大，那么售后服务部门对于返修车辆可按以下方法作处理：

（1）首先保证返修车辆修复的优先性，接到返修任务的工组必须第一时间进行修理，不得无故拖延，保证返修车辆修复时间尽可能地短。

（2）为返修车辆免费更换新零件，修理故障部位，并在再次修理至故障排除后，不能向用户再次收取费用。

（3）为用户再次检修，必要时向厂家求助，寻求质保索赔的可能，最大限度地降低公司的返修成本。

（4）返修车辆出现后，先由公司质检员开具内部返修单，班组按返修单指示重新修理完好。

（5）返修车辆处理完毕后需要将此次处理内容详细通报售后服务部门，并在内部组织学习以避免相似问题的再次发生。

5.2.3.2　对返修车辆的售后服务处理

售后服务部门在解决返修纠纷时，首先要明确机动车维修的质量责任。目前维修行业规定机动车维修后在质量保证期内，因维修质量原因造成机动车无法正常使用，且承修方 3 日内不能或无法提供确系非维修原因而造成机动车无法正常使用的相关证据的，机动车维修经营者应当及时无偿返修，不得故意拖延或无理拒绝。质量保证期内机动车因同一故障或维修项目经 2 次修理仍不能正常使用的，机动车维修经营者应当负责联系其他机动车维修经营者，并承担相应的修理费用。第一托修方应该与承修方签订书面维修合同，事先明确约定修理项目、修理费用、质量要求、竣工时间、验收标准以及其他责任事项，以合同的形式确定双方的义务和权利，合同是一种重要的诉讼证据，这样一旦发生了返修纠纷处理就有了依据。

车辆返修在实际工作中很可能引发返修纠纷，如果遇到返修纠纷可采用协商、调解、鉴定、诉讼四种方式解决。

1. 协商——首选的处理方法

协商是首选的返修纠纷处理方法，因其可以节省时间和维权成本。消费者可直接向修理厂提出汽车维修存在的问题，并明确提出返修、换件或赔偿损失的要求，协商时可将依据或证据告知或出示修理厂，但原件和重要物证一定要自己保存好。首先与承修方协商，要求对方承担补修、返工或者赔偿损失。如果双方能够达成一致意见，既省时又省钱，还可以避免双方的矛盾激化。如果双方无法协商一致，则可以申请有关机构鉴定。

鉴定是由消费者和修理厂共同要求当地道路运输管理机构进行汽车维修质量责任认定。如果责任认定需要进行技术分析和鉴定、承修方和托修方共同要求道路运输管理机构出面协调的，道路运输管理机构应组织有关专家或委托有资质的检测机构进行技术分析和鉴定，费用由责任方承担。汽车维修质量鉴定的受理机关是各级道路运管机构，这一机构隶属各级交通局。该机构会做出实事求是的、具有权威性的技术分析和事故鉴定报告。

2. 调节——处理纠纷的一种手段

根据《机动车维修管理规定》，汽车维修承托双方因维修质量和履行合同发生纠纷时，如果承修方不愿协商或协商不成，可以向道路运管机构申请组织技术鉴定和调解。调解是消费者申请当地道路运输管理机构进行调解，此时汽车维修质量纠纷双方都有保护当事车辆原始状态的义务，必要时可拆检车辆有关部位，但双方当事人应同时在场、共同认可。在调解过程中，申请方应当注意以下几个方面：

（1）保持车辆的原始状态。

（2）提出书面申请，内容包括：当事人姓名或单位名称、法定代表人姓名，地址、电话，纠纷的详细过程，申请调解理由及要求。

（3）提供相关证据，包括汽车维修合同或维修委托书、车辆竣工出厂合格证、汽车维修费用结算清单、其他与申请调解事项相关的资料。参加调解的纠纷双方当事人均有举证责任，并对举证事实负责，因此，托修方在送修汽车及结算时，一定要向承修方索取并妥善保管的有关资料，一旦发生纠纷，才能提交投诉或调解所需的证据。

3. 鉴定——纠纷调解的必要条件

汽车维修质量纠纷如果需要通过技术分析或鉴定进行责任认定的，技术分析和鉴定由汽车维修行政主管部门委托有质量检测或技术鉴定资质的单位进行，拆检车辆有关部位时，当事双方必须同时在场，一致证实拆检情况，质量纠纷调解过程中拆检、技术分析和鉴定的费用在责任认定后由责任方按责任比例承担。

认定汽车维修质量责任的原则是：

（1）承修方不按技术标准、有关技术规范和工艺规程修理汽车、选用配件、油料所引起的质量责任由承修方负责。

（2）承修方应托修方要求未按有关技术规范和工艺规程所确定的维修范围进行汽车维修作业，而承、托修双方无质量协议或其他约定所引起的质量责任由承修方负责。

（3）承修方在进行车辆维护和修理作业时，对所拆装的配件未进行鉴定或发现相关配件不符合技术要求但未与托修方签订质量责任协议，在质量保证期内因该部件引起的质量事故由承修方负责。

（4）因托修方违反驾驶操作规程和违反车辆使用、维护规定而引起的质量责任，由托修方负责。

（5）双方签订的汽车维修合同中另有约定的，按合同规定的责任确定。

根据交通运输部《机动车维修管理规定》，汽车维修的质量保证期是：整车修理或总成修理质量保证期为车辆行驶 2 万千米或修竣出厂之日起 100 天；二级维护的质量保证期为车辆行驶 5 000 千米或 30 天；一级维护、小修或专项修理的质量保证期为车辆行驶 2 000 千米或 10 天。质量保证期中的行驶里程和日期指标以先到达者为准。

汽车维修质量纠纷和维修合同纠纷的调解根据有关技术标准和资料，技术分析和鉴定意见书，当事方的陈述、质证、辩论，分析事故原因，确定纠纷双方应负的责任，调解各方应承担的经济损失。如经调解不能达成协议或调解达成协议后，一方不履行协议，有关当事方可依法提请仲裁机构仲裁或向人民法院提起民事诉讼。

4. 诉讼——质量纠纷的终结程序

诉讼是车主直接向法院起诉，可以不经鉴定程序、在调解失败后直接起诉。如果用户对鉴定结果不服，可以向人民法院提起民事诉讼，用户也可以不经过鉴定程序，调解失败后直接向人民法院起诉。车主可以请求法庭使用“举证倒置责任”，即由承修方承担主要举证责任，承修方应向法庭提供证据，证明自己按照正确的技术和工艺进行修理而且修理质量完全符合国家标准。如果提供不出这种证明，则可以推定维修质量不合格。车主应向法庭提供损坏实物、损失清单、发票等证据。

5.2.4 返修车辆处理的考核及方法

返修车辆的考核主要是由返修台次和返修率构成。

返修率的计算方法：返修率=当月返修的台次（含内部返修）/当月修理台次 × 100%

一般来讲现在车辆维修企业的车辆返修率都要严格控制在 2%以下。

汽车修理厂为减少返修，提高修理质量，提高信誉，凡经修理的汽车，在保修期内回厂返修或是对方来人来电函，请人去当地处理出现的问题，并且经确定是因修理所造成的原因，无论问题大小，均须做一次返修处理。

（1）对于返修的车辆，车主单位将车送回厂里处理时，应一律由厂有关人员查明原因，故障和现象，并做详细记录，填写返修报告表，再一并转班组处理。对一般性问题由班组自行解决，并组织分析，确定结论，填清返修表，交厂有关部门审查存档。对于较重大的质量问题，由厂有关部门组织召开分析会，确定结论，填写返修报告表（附后）做好存档工作，返修材料费由厂领导审核决定处理方案。

（2）对返修车辆得出结论后，由厂有关人员根据结论和规定将处理意见决定书面通知定额考勤人员，考勤人员应无条件执行。

（3）返修竣工的车辆，经有关人员检查认为质量合格再向客户交车。客户接车后，该承修班组的返修工时一律不计入工时总额，如返工由别人代做则将责任人的工时转给相应操作人。

（4）凡因在修理返修车时，因服务态度问题对厂声誉有恶劣影响，根据情况，由厂部酌情给予处分。

（5）凡是属于返修的车辆，如果不经有关人员处理，班组直接私了，或不认真填写返修报告时，则一律按返修工时加倍扣罚。

（6）如因配件、材料问题，或是其他业务部门的问题造成的返修则不减扣工时。

（7）对于未出厂，试车阶段进行的返修除考核工期外，所发生的返修材料费损失按责任情节酌情扣赔。

5.3 车辆返修的管理规定

5.3.1 车辆返修管理几个基础概念

1. 厂内返修定义

维修班组确认完工但未交付顾客前的,对维修部位故障进行的第二次或更多次施工处理。

2. 厂内返修的判定

厂内返修由质检判定。

3. 厂内返修的界定

根据公司实际情况，分为 A、B 两类。

A 类：属非技术难度，因工作责任心不强、服务意识不足，应开厂内返修单。

B 类：属工作责任心不足、服务意识不强，导致维修质量差、维修时间长、维修费用过高而引起客户抱怨，导致 CS 分值下降。

4. 返修通报

内/外返修由总质检及时通报。内部返修当日通报，外部返修在返修完工后通报。

5. 返修汇总分析

由质检员和车间主任会同技术经理根据每月返修记录档案进行返修原因分析，并且有针对性地提出改进措施和实施改进措施，保证维修质量持续和稳步提高。

A 类：

（1）车辆维修时未安装五件套（服务顾问未使用的由服务顾问负责）。

（2）修理时，需移开车主物品的，完工后未作还原。

（3）班组未自检，维修工单未按规定签名。

（4）油水液面未按规定加注。

（5）电气线路连接松动，清洁不干净。

（6）保养后或更换四门锁后，四门铰链及门锁润滑不良。

（7）非修理音响、空调的，在施工中使用音响、空调。

（8）修理后，内饰、座位、方向盘、变速杆、钥匙、各类油尺拉手、门拉手等部位有油污未作有效处理。

（9）保养或更换油水后，有油迹水渍沾污车辆部件上未进行清理。

（10）保养后，车内功能开关不良，而未在任务委托书上提醒。

（11）更换破碎的玻璃后，碎玻璃未清除干净。

（12）抛光打蜡后，未作有效清洁，蜡粉飞溅到其他部位。

（13）打蜡后，雨刮及大灯喷水嘴不导通。

（14）油漆作业时，油漆飞溅到其他未作业部位，且未作有效清理。

（15）油漆施工后，抛光不全，部分位置效果明显不良。

B类：

（1）少报、少做维修项目和漏装零部件；漏报、误报维修项目或零件；

（2）保养后，有故障灯亮（未在工单上注明的），保养灯或提示未归零。

（3）保养后，灯光不全或接触不良（可用手拍亮的），更换大灯后光照位置偏差过大。

（4）保养后，轮胎气压不符合厂家规定。

（5）保养后，雨刮工作不良（刮不干净、不喷水、异响、失效）。

（6）做二级保养以上时，各风管、水管卡安装不到位。

（7）更换电池后，时钟未调整。

（8）由于施工时，造成音响锁码而未帮助解锁。

（9）空调维修后，气嘴盖未安装或缺少（未在工单上注明的）。

（10）机油盖、诊断座盖未装复到位。

（11）少装漏装螺丝、专用垫片，主要部位螺丝未按规定力矩紧固。

（12）大修或较大工作钣金翻新、线路修理、拆装仪表台、二保等项目时，电线未包扎、真空管脱落、线插头脱落。

（13）换件或修复位置校正不准（偏差超标）。

（14）砂板焊缝不平、漏焊、脱焊、虚焊。

（15）安装部件，缝隙不对称、超标。

（16）换挡风玻璃后，A柱或C柱处有玻璃胶外现。

（17）换四门玻璃后升降异响，门皮安装不良有手印。

（18）修理或更换后尾灯、后挡板、尾箱盖、后叶子板后，引起尾箱漏水。

（19）油漆作业后，色差过大、表面流泪、皱皮、麻点、起泡。

（20）油漆覆盖面积不够，有漏喷现象。

（21）油漆表面凹凸不平。

（22）在维修过程中发现的问题未在任务委托书上注明的。

6. 厂外返修的定义

维修车辆经质量终检员确认完工检验合格签字出厂后，对维修部位故障进行的返厂维修施工处理。

知识链接

某奥迪4S店返修作业管理规定

目的：提高故障诊断准确率，保证车间生产能正确实施维修工作，提高一次性修复率，确保交给客户车辆的良好品质。

范围：售后服务部。

参考文件：《一汽奥迪售后返修管理标准》

主要涉及：服务顾问，车辆中的轮胎螺丝、刹车分泵螺丝、刹车分泵支架螺丝、刹车皮销卡簧及弹片、方向机固定螺丝、方向机主轴固定螺丝、横拉杆球头锁紧螺丝、前后摆臂螺丝、上下球头螺丝、前后减振器螺丝、半轴或传动轴螺丝、油底壳放油螺丝、变速箱放油螺丝及检查液位螺丝、前后主减速器放油螺丝、机油格漏油（以滴油为准）、汽油格漏油等安全件的检查维护。

主要内容：

1. 返修原因

（1）根据委托单内容，主修人未完全排除或无法解决且没有详细解释说明。

（2）在车辆维修过程中，主修人发现车辆损坏的部位或配件（含隐性故障边缘）未报修。

（3）车辆故障已解决，但主修人判断故障过程中，出现项目误判或多报修。

（4）维修完工后由质量检验员检查到有漏项或委托项目全部完成但未达到技术标准、故障没有排除的。

（5）委托单所有项目内容没有主修人注明“检验合格”，且无签名确认及注明时间（日/时/分）的。

（6）工具或配件遗放在车上或漏装的。

2. 外返界定标准

（1）车辆维修交车当天到保质期（三个月）内车辆再次出现相同故障（配件因素及中间第三者维修除外）或使用性能不能达到要求。

（2）车辆维修后出现其他故障，出现的故障与上次维修之间存在因果关系（含隐性故障边缘）。

（3）车辆维修后由于在故障项目范围内检查不到位，在质保期（三个月）内车辆再次出现故障或故障的延伸。

（4）因配件质量问题，造成一次以上返工且没有上报技术经理，车辆出厂后再次出现同样的故障。

（5）维修故障未能彻底排除，又没有上报，造成车辆出现故障的。

（6）属于疑难杂症的车辆故障，经技术小组（含钣喷）负责人研讨确认后可认为不属于返工。

（7）技术经理或钣喷主管确定是否为厂外返修，由服务顾问统一开具返修委托单。

（8）服务顾问检查到漏项或不符合标准的。

3. 内返检验操作流程

（1）汽车维修过程检验

主修人在维修过程中对已经作业或正在作业的维修项目进行检查、确认及符合性评价。对过程检验不合格的项目重新作业，直到合格。质检员、技术经理对大修或疑难车辆进行过程检验。

（2）汽车维修完工检验

主修人维修完成后，主修人本人对报修项目进行检验。检验不合格，对不合格项进行组返修，直到合格。检验合格，在工单上注明“检验合格”，并签名确认及注明时间（日/时/分）。再由组长、副组长（不在的前提下由非学徒以上的组员）进行互检（快修组可不限定互检人员级别），如不合格，直接进行组维修，直到合格并签名确认。如果主修工是组长本人，必须由副组长或组员进行检验并签名确认。然后，通知质检员进行检验。

（3）汽车维修最终检验

① 质检员对维修完工后的车辆进行全面检验。

② 检验内容包括：维修项目、更换过的零件、全车油水（液面）、主修工维修（检查）过的项目、重要（安全）螺丝及轮胎螺丝（检查工卡上是否有签执行人）、随车工具、维修单据等。

③ 对检验不合格的车辆，责令维修班组进行返修，直到合格。当质检人员确认车辆为返修时，及时把车辆交给该班组，由质检人员登记在维修检验登记表，包括车辆相关信息、维修组别、内返故障等，通知主修人，如有争议由技术经理核实鉴定该返修是否合格。质检人员每月5号前统计厂内返修汇总表，包括内返数量、故障等上报技术经理、服务总监。

④ 预防措施：对于质检人员每月上交的厂内返修汇总表，由技术经理或钣喷主管负责查找原因进行统计分析并制定预防措施，以防类似事件的再次发生，并作为案例组织维修人员学习研讨，不断提高维修质量。

⑤ 对检验合格的车辆，质检人员在工单后盖上"检验合格"章，签名确认并注明时间（日/时/分），并记录于维修检验登记表中。

（4）技术经理或钣喷主管根据内返数量考核班组。

（5）技术经理或钣喷主管审核分析结果和改善措施，组织班组开会研讨，以防止问题再次或重复发生。

3. 返修接待流程

（1）当维修接待服务顾问接到客户车辆进厂或电话反馈该车辆维修后仍存在故障需再次进厂维修时，服务顾问登记再次报修客户维修车辆反馈表。

（2）服务顾问仔细聆听并记录客户的车辆故障陈述，根据客户的陈述和判断向客户及时作出回应（同时查询之前的维修项目）。

（3）服务顾问根据客户陈述及返修标准，初步判断是否属于返修，并填写再次报修客户维修车辆反馈表，交技术经理或钣喷主管，查询车辆详细故障情况。技术经理或钣喷主管应及时核实并出处理方案，反馈给服务顾问以及时与客户沟通，技术经理或钣喷主管将填写好的再次报修客户维修车辆反馈表在质检前随工单订在一起随车反馈至服务顾问处。

（4）服务顾问与技术经理或钣喷主管确认返修后，服务顾问改开带返修标志的返修委托单，交给对应班组（原修）按正常时间施工并与服务顾问沟通答复交车时间。

（5）维修组长对剖检报告书的内容进行审核，包括维修方案的技术可行性、维修报件、维修时间是否合理，防止出现漏报、误报、多报、少报，审核通过后报技术经理或钣喷主管审批。

① 诊断错误，由主修人员重新诊断，必要时技术经理可参与一同诊断。

② 项目漏报、误报、多报、少报，则交维修组长重新填报。

（6）维修车辆竣工后，质检人员确认所返修的项目完成排除，同时让技术经理或钣喷主管在委托书上签名确认合格，技术经理或钣喷主管复印再次报修客户维修车辆反馈表进行汇总、存档。

（7）服务顾问审核委托单已完工，同时打印结算清单给用户签名确认，向客户解释返修内容。

（8）服务顾问交完车后，把再次报修客户维修车辆反馈表随同工单交由服务经理或主管填写“处理结果”结案，并由服务经理或主管上交档案管理员存档。

4. 内外返修处罚标准

（1）外返处罚标准

① 外部返修涉及安全部件的扣500元，车胎螺丝、方向摆臂球头螺丝、传动轴螺丝等特殊重大事件罚1 000元起，造成严重后果，则对主修人或直接责任人留厂教育或降级处理。

② 外部返修不涉及安全部件的视返修情况扣100～200元。

③ 外部返修（含操作不当）造成的材料费，当事人赔偿成本30%。

④ 所有进厂的故障车辆，当车间技术经理或钣喷主管确定外返，服务顾问未开具委托单，被检查到则处罚100元每次。

⑤ 由于质检员对一些目视可检查到的项目却未检查导致外返的处罚100元。

⑥ 外部返修处罚分配：主修人支付罚款的50%，互检人支付罚款的30%。如果没有互检则主修人支付罚款80%，质检支付罚款的20%。

（2）内部返修处罚标准

① 所有委托单没有质检员签名确认就交车的，尤其涉及安全性的处理未签名确认，处罚服务顾问300元，其他问题200元。

② 内部返修处罚标准：主修人支付罚款50元/项，互检人支付罚款30元/项。

③ 内返涉及安全件的项目，每项主修人处罚300元/项，互检人罚150元/项。

④ 如果外加工件不合格，其原因属维修工的操作不当以及加工要求不当，由维修工负全部责任；属外加工本身加工技术质量不合格的由技术部协助配件部负责损失的追讨。

（3）奖励标准

① 内返处罚所得款项处理方法：罚款所得款项奖给内返少于当月班组平均项数的无内返组员。公司额外奖励均以现金奖励，奖金交由班组长分配给组员。

② 内返罚金以开单3日内上交，超过3日按双倍上交罚款；外返罚金由当月工资扣罚。奖励给无外返班组人员。

③ 奖罚统计和执行由质检组长负责。

5.3.2 车辆返修制度及扣款制度

制定返修制度不仅是为了规范返修的流程，惩罚因缺乏责任心造成返修的人员，更重要的是对返修案例的分析总结，以达到教育培训员工的目的。

1. 车辆返修制度

（1）维修服务顾问接到顾客对修理质量的投诉时，首先要认真倾听顾客诉说，做好安抚工作。同时要准备维修资料。维修服务顾问先进行判定，如鉴定不了，请质量鉴定员进行鉴定。

（2）质量鉴定由车间主管及技术主管判定。接待人员接到客户投诉后有权请上述任何人员进行鉴定。上述人员接到投诉时，要第一时间展开鉴定工作，明确为返修后请维修顾问填写返修车辆工作卡。

（3）返修车辆工作卡用加盖有返修字样的红色印章加以识别。

（4）车间接到返修车辆时，要在第一时间组织相关人员进行返修工作，车间主管对返修车辆的维修和进度负责，各部门人员要主动配合。

（5）返修结束后，由技术经理收集资料填写返修工作记录卡，分析造成返修的原因，责任的划分，并交维修部经理审核。

（6）由维修部经理根据返修的责任划分和返修发生的费用，确定处理方案，并将处理的结果告知主修人员、上报财务部。

（7）返修分析出的原因，由技术经理负责在 10 日内形成案例，进行培训。

（8）返修车辆出厂 2 天内由维修服务顾问负责回访。

2. 车辆返修扣款制度

（1）配件质量造成的返修由配件商负责相应项目的配件费和工时费。

（2）装配造成的返修，属技术原因，按返修项目收费的 30%扣款。

（3）装配造成的返修，属责任心原因，按返修项目收费的 100%扣款。

（4）漏修项目造成的返修，按该项目收费的 20%扣款。

（5）对车辆检查不仔细或漏检造成的返修，按所涉及项目收费的 40%扣款。

（6）外包项目的返修由外包人负责，并按投诉的轻、中、重三级分别加扣相应项目收费的 20%、60%和 100%。

（7）由质量检验员漏检、错检和方法不正确造成的返修按项目收费的 20%扣款。

（8）钣喷的返修以每项收费的 20%扣款（材料 + 工费）。

（9）返修为公司对客户承诺的质保期以内出现的维修质量。即大修 20 000 千米或 100 日；一级维护，小修及专项修理 2 000 千米或 10 日；二级维护 5 000 千米或 30 日。

（10）由于维修顾问与客户沟通不畅，维修指令不明确造成的客户投诉经核实每次扣 50 元。

（11）每季度无返修的班组奖励 400 元。

5.4 汽车 4S 店维修接待服务顾问工作流程

5.4.1 预约管理

预约最重要的是要让客户享受到预约的待遇，要与直接入厂维修客户严格区分开。这是决定此客户下次是否再次预约及友好合作的关键因素。

预约客户的方法如下：

（1）让客户知道预约服务的各种好处，例如，工时费享受折扣。

（2）在客户接待区和客户休息室放置告示牌，给予预约客户提示与尊荣感。

（3）在对客户回访跟踪时，宣传预约业务，让更多的客户了解预约的好处。

（4）由服务顾问经常向未经预约直接入厂的客户宣传预约的好处，增加预约维修量。

5.4.2 接待服务

1. 接待准备

（1）服务顾问按规范要求检查仪容、仪表。

（2）准备好必要的表单、工具、材料。

（3）环境维护及清洁。

2. 迎接顾客

（1）主动迎接，并引导顾客停车。

（2）使用标准问候语言。

（3）恰当称呼顾客。

（4）注意接待顺序。

3. 环车检查

（1）要当着客户的面铺设四件套，即使客户客气说不用了等话语，也要坚持这样做。

（2）基本信息登录与核实。

（3）环车检查，漆面划痕、损坏必须当面给客户指出。

（4）向客户提出中肯建议，务必提醒客户取走车内的贵重物品。

（5）详细、准确填写环车检查问诊单，并请客户确认签字。

4. 现场问诊

了解顾客关心的问题，并询问顾客的来意，仔细倾听顾客的要求及对车辆故障的描述。

5. 故障确认

（1）可以立即确定故障的，根据质量担保规定，向顾客说明车辆的维修项目和顾客的需求是否属于质量担保范围内。

如果当时很难确定是否属于质量担保范围，应向顾客说明原因，待进一步进行诊断后作出结论。如仍无法断定，将情况上报售后服务部门待批示后作出结论。

（2）不能立即确定故障的，向顾客解释须经全面仔细检查后才能确定。

6. 获取核实客户车辆信息

（1）向客户取得行驶证及车辆保养手册，获取核实客户车辆基本信息。

（2）引导客户到接待区，请客户稍作休息。

7. 确认备品供应情况

查询备品库存，确定是否有所需备品充足齐全。

8. 估算备品/工时费用

（1）查看 DMS 系统内客户服务档案，以判断车辆是否还有其他可推荐的维修项目。

（2）尽量准确地对维修费用进行估算，并将维修费用按工时费和备品费进行细化。

（3）将所有项日及所需备品录人 DIS 系统。

（4）如不能确定故障的，告知客户待检查结果出来后，再给出详细费用明细。

9. 预估完工时间

根据对维修项目所需工时的估计及店内实际情况预估出完工时间。

10. 制作任务委托书

（1）询问并向顾客说明公司可接受的付费方式。

（2）说明交车程序，询问客户旧件处理意见。

（3）询问客户是否接受免费洗车服务。

（4）将以上信息录入 DMIS 系统。

（5）告诉顾客在维修过程中如果发现新的维修项目会及时与其联系，在顾客同意并授权后才会进行维修。

（6）印制任务委托书，就任务委托书向顾客解释，并请顾客签字确认。

（7）将环车检查问诊单、任务委托书客户联交顾客。

11. 安排顾客休息候车

引导客户到客户休闲区等候接车。

5.4.3 作业管理

1. 服务顾问与车间主管交接

（1）服务顾问将车辆开至待修区，将车辆钥匙、任务委托书、环车检查问诊单交给车间主管。

（2）依任务委托书及环车检查问诊单与车间主管进行车辆交接。

（3）向车间主管交代作业内容。

（4）向车间主管说明交车时间要求及其他须注意的事项。

2. 车间主管向班组长派工

（1）车间主管确定派工优先度。

（2）车间主管根据各班组的技术能力及工作状况，向班组派工。

3. 实施维修作业

（1）班组接到任务后，根据环车检查问诊单对车辆进行验收。

（2）确认故障现象，必要时试车。

（3）根据任务委托书上的工作内容，进行维修或诊断。

（4）维修技师凭任务委托书领料，并在出库单上签字。

（5）非工作需要不得进入车内并且不能开动客户车上的电器设备。

（6）对于客户留在车内的物品，维修技师应小心地加以保护，非工作需要严禁触动，因工作需要触动时要通知服务顾问以征得客户的同意。

4. 作业过程中存在问题

（1）作业进度发生变化时，维修技师必须及时报告车间主管及服务顾问，以便服务顾问及时与客户联系，取得客户同意或认可。

（2）作业项目发生变化时，作增项处理。

5. **自检及班组长检验**

（1）维修技师作业完成后，先进行自检。

（2）自检完成后，交班组长检验。

（3）检查合格后，班组长在任务委托书写下车辆维修建议、注意事项等，并签名。

（4）交质检员或技术总监作质量检验。

6. **总　检**

质检员或技术总监进行全面总检。

7. **车辆清洗**

（1）总检合格后，若客户同意接受免费洗车服务，将车辆开至洗车工位，同时通知车间主管及服务顾问车已开始清洗。

（2）清洗车辆外观，必须确保不出现漆面划伤、外力压陷等情况。

（3）彻底清洗驾驶室、后备箱、发动机舱等部位。烟灰缸、地毯、仪表等部位的灰尘都要清理干净，注意保护车内物品。

（4）清洁后将车辆停放到竣工停车区，车辆摆放整齐，车头朝向出口方向。

5.4.4　交车服务

1. **通知服务顾问准备交车**

（1）将车钥匙、任务委托书、环车检查问诊单等物品移交车间主管，并通知服务顾问车辆已维修完毕。

（2）通知服务顾问停车位置。

2. **服务顾问内部交车**

（1）检查任务委托书，以确保顾客委托的所有维修保养项目的书面记录都已完成，并有质检员签字。

（2）实车核对任务委托书，以确保客户委托的所有维修保养项目在车辆上都已完成。

（3）确认故障已消除，必要时试车。

（4）确认从车辆上更换下来的旧件。

（5）确认车辆内外清洁度（包括无灰尘、油污、油脂）。

（6）其他检查:除车辆外观外，不遗留抹布、工具、螺母、螺栓等。

3. **通知客户约定交车**

（1）检查完成后，立即与客户取得联系，告知车已修好。

（2）与客户约定交车时间。

（3）大修车、事故车等不要在工作高峰时间交车。

4. **陪同客户验车**

（1）服务顾问陪同客户查看车辆的维修保养情况，依据任务委托书及环车检查问诊单，实车向客户说明。

（2）向客户展示更换下来的旧件。

（3）说明车辆维修建议及车辆使用注意事项。

（4）提醒客户下次保养的时间和里程。

（5）说明备胎、随车工具已检查及说明检查结果。

（6）向客户说明、展示车辆内外已清洁干净。

（7）告知客户 3 日内，客户服务部将对客户进行服务质量跟踪电话回访，询问客户方便接听电话的时间。

（8）当客户的面取下四件套，放于回收装置中。

5. 制作结算单

（1）引导客户到服务接待区，请客户坐下稍作等待。

（2）打印出车辆维修结算单及出门放行通知条。

6. 向客户说明有关注意事项

根据任务委托书上的建议维修项目向客户说明这些工作是被推荐的，并记录在车辆维修结算单上。特别是有关安全的建议维修项目，要向客户说明必须维修的原因及不修复可能带来的隐患，若客户不同意修复，要请客户注明并签字。

5.5 返修车辆案例处理及分析

5.5.1 案例分析一

1. 情景回放

2018 年 9 月 5 日，某客户到维修站进行车辆常规保养及空调异响检修，当晚发现空调仍有异响，于 7 日再次到维修站进行检查。维修站检查后告知鼓风机损坏，维修费用约 200 元，但在更换前发现服务顾问报错了零件，实际价格应是 1 000 多元。由于两者差额较大，致使客户产生抱怨，认为由于维修站第一次检修不彻底导致，应由维修站承担责任。

2. 案例分析

本案例中客户在维修站保养检修完成后认为仍有问题时，尚处于抱怨萌发期。而对应服务核心过程，由以下情况导致客户投诉：

① 维修人员对报修项目检查分析判断不彻底，导致故障隐患没有排除。

② 车辆交车前的质量检验工作不到位。

③ 报错零件价格导致报价反复，使客户抱怨升级并引发投诉。

3. 解决方案和建议

（1）关于客户投诉的处理

分析本案例客户投诉动机，其投诉表象是维修质量，而隐含需求则是对再次维修的价格表示不满。因此，维修站应采取的处理方式和态度是：

① 服务顾问与客户沟通致歉。

② 提供零件材料实际价格的收费标准。

③ 对鼓风机损坏与保养及检查是否存在必然联系作出合理的技术解释。

④ 在维修收费上适当给予优惠。

⑤ 内部通告处理方式，教育员工，同时针对此投诉所反映出的问题制定相应管理、服务等改进措施。

（2）内部改进措施

①加强维修技工业务能力的培训。

②加强维修工作质量的检验把关规范。

③对服务接待人员加强业务知识培训和服务责任心教育。

5.5.2 案例分析二

1. 情景回放

某客户接到维修站短信通知，上汽大众开展车辆检测服务活动，于是致电咨询是否还有手电筒礼品赠送，得到维修站肯定答复后即驾车前往。在车辆检测保养结束后，客户询问礼品事宜，维修站告知上汽大众提供的礼品已赠完，只能提供维修站自行准备的礼品。但客户坚持要求赠其手电筒礼品，并在和业务接待人员交涉过程中产生不满，遂向客户服务中心投诉业务接待人员服务态度有问题。

2. 案例分析

从本案中客户抱怨的实质看，引发客户投诉的主要原因并不是没有拿到礼品，而在于：

① 预约管理问题：客户提前致电询问已明确礼品需求，但维修站没有充分做好信息登记及内部沟通和协调，导致礼品发放部门未做准备以致无法提供用户所需礼品。

② 服务态度问题：由于业务接待人员在与客户的沟通态度和方式上没有采取积极弥补过失的处理方式，加剧了客户的抱怨。

3. 正确做法

① 做好预约客户车辆信息登记管理，保留礼品。

② 做好礼品发放数量信息明示。

③ 做好沟通解释与补救工作。

4. 解决方案和建议

（1）关于客户投诉的处理

本案例中，客户抱怨主要体现了潜在的心理尊重需求，因此，维修站应采取的处理方式和态度是：

① 服务经理与客户电话（或上门）沟通致歉。

② 当事人与客户沟通致歉。

③ 寻求补救解决措施。

④ 告知内部处理方式，向客户诚恳表达接受监督的意愿。

（2）内部改进措施

针对此次投诉处理暴露出来的问题，维修站需要从以下几个方面进行改进和完善：

① 加强相关员工服务意识、沟通技巧的培养与提升。

② 完善预约登记管理流程，认真记录客户的需求与意见。

5.5.3 案例分析三

1. 情景回放

某上汽大众客户车辆发生事故后，在维修站更换了主、副安全气囊。使用一段时间后发现安全气囊灯报警。维修站接客户电话反映后赶到当地，检测后发现是由于之前更换副气囊时，发生器连接线接线方式错误。维修站工作人员将副气囊连接线按正确方式连接后，安全气囊灯报警现象未再出现。工作人员要求客户支付抢修费用，但客户认为发生安全气囊灯报警与维修站没有为其正确连接线有关，因此拒绝支付抢修费用，并向上汽大众投诉。

2. 案例分析

造成本次客户投诉的主要原因：

① 维修质量保证问题：由于维修站采取非规范的维修操作方式，造成车辆存在故障隐患，是客户对维修质量质疑抱怨的第一因素。

② 客户反映车辆问题后，维修站没有首先核实自身问题而向客户收取费用，导致客户抱怨升级并引发投诉。

3. 解决方案和建议

（1）关于客户投诉的处理

本案例中，客户投诉的主要心理需求是认为收费不合理，因此，维修站在调查情况、分析原因后，应采取的处理方式和态度是：

① 就维修技术及质量问题与客户沟通、致歉。

② 采取补救措施解决用户车辆故障问题（必要时可上门服务）。

③ 减免本次维修费用。

④ 对维修当事人内部教育处理。

（2）内部改进措施

针对此次投诉所暴露出来的问题，需要改进和提高：

① 加强当事人维修技能专业培训。

② 加强员工维修、服务规范的培训。

5.5.4 案例分析四

1. 情景回放

某驾校桑塔纳车辆购买日期为 2017 年 7 月，2018 年 10 月因电瓶损坏到维修站要求保修。维修站告知教练车为营运车辆享受 1 年或 10 万千米的质量担保，要求客户自费更换了零件。

客户通过咨询后得知，教练车应按非营运车辆享受质量担保期，故投诉维修站并要求退还维修费用。维修站接到上汽大众投诉处理通知后，要求客户将旧电瓶带回并退还费用，但因客户无法找回旧电瓶而一直没有退还费用。直到 2019 年 1 月 17 日客户仍在投诉维修站没有解决问题。

2. 案例分析

造成本次客户投诉的主要原因是：

① 业务人员不熟悉索赔政策，以至没有及时履行上汽大众质量担保承诺而误收费用。

② 针对客户投诉的处理，维修站没有意识到是自身原因造成旧电瓶无法回收，仍以没有旧件为由不退还费用，导致客户继续投诉。

3. 解决方案和建议

（1）关于客户投诉的处理

本案例中，客户的主要不满在于维修站的不合理收费，因此产生对维修站的不信任。因此，维修站应采取的处理方式和态度是：

① 及时退还维修费用。

② 采取额外补偿措施（例如，赠送保养、免费四轮定位、礼品等）挽回用户对维修站的不良印象。

③ 服务经理与客户电话（或上门）沟通致歉。

④ 对当事人内部教育（或处罚）处理。

（2）内部改进措施

针对此次投诉所暴露出来的问题，积极改进并提高：

① 加强当事人专业知识及责任意识的培训。

② 改进投诉处理方式，弥补技巧上存在的不足。

5.5.5 案例分析五

1. 情景回放

2016 年 11 月 27 日，一客户车辆外出到某地县级市发生球笼损坏而抛锚，于是联系原地区甲维修站要求施救，甲维修站在询问了客户车辆抛锚地点及故障情况后，判断车辆无法行驶，故请其就近联系抛锚地的县级乙维修站。客户在联系乙维修站后被告知，请其自行想办法将车辆拖至维修站再作处理。客户在没有办法的情况下只好找了一个路边修理铺进行了维修。客户回去后向甲维修站提出要求质量担保，但甲维修站由于客户已更换了非原厂配件故拒绝索赔。之后，客户多次致电客服热线，投诉维修站因不愿出车而导致其不能享受质量担保。

2. 案例分析

造成本次客户投诉的主要原因是：

① 乙维修站对于就近客户施救要求没有主动解决，导致客户只能选择其他解决方式，以致不符合质量担保而造成客户的损失。

② 甲维修站第一时间接到老客户反映问题时，虽然向客户提出了处理建议，但没有主动关心、跟踪客户问题的解决情况，导致客户产生抱怨。

3. 正确做法

① 甲维修站在第一时间接到老客户救援需求时应主动联系就近维修站实施救援。

② 若其他维修站无法解决，则应主动联络客户服务中心统一协调。

③ 乙维修站作为最近维修站必须实施紧急救援，若因无 24 小时服务或无法出车原因应主动与客户及甲维修站说明。

4. 解决方案和建议

（1）关于客户投诉的处理

本案例中，客户的主要不满在于对两家维修站服务方式及因此而产生的费用。因此，维修站应采取的处理方式和态度是：

作为负主要责任及主要被投诉的乙维修站应该采取：

① 与客户沟通致歉。

② 承担客户自行维修所产生的费用。

③ 承担客户更换原厂零件的费用。

④ 对当事人内部教育（或处罚）处理，并告知客户。

作为对老客户服务不够主动的甲维修站应该采取：

① 对客户车辆外部维修情况进行免费检查及免去更换原厂零件的工时费用。

② 与客户沟通致歉，挽回客户对维修站的不良印象。

（2）内部改进措施

针对此次投诉所暴露出来的问题，积极改进并提高：

① 强化 24 h 紧急救援服务规范与流程。

② 加强 24 h 值班人员的客户意识的培训。

5.5.6 案例分析六

1. 情景回放

某客户到维修站进行车辆保养，询问保养所需的大概时间，维修站告知约 1 h。后客户等待了 2 h 仍未被安排进行保养，遂向客户服务中心投诉要求尽快解决。

2. 案例分析

造成本次客户不满而投诉的主要原因是：

① 结合服务核心流程，主要是维修站在服务准备工作过程中，由于安排不合理导致客户等待时间过长。

② 没有兑现对客户的承诺，造成客户信任度降低。

3. 正确做法

① 对于保养的客户，服务顾问应正确预估时间，并事先向客户解释说明。

② 对于时间等待上有需求的客户，应合理安排，尽量缩短客户等待时间。

4. **解决方案和建议**

（1）关于客户投诉的处理

本案例中，客户投诉的主要心理需求是尽快进行车辆维修保养。因此，维修站应采取的处理方式和态度是：

① 服务顾问主动与客户沟通致歉，就可能存在的维修车辆多或安排不合理向客户解释说明。

② 适当减免保养工时费用安抚客户抱怨的情绪。

③ 告知客户立即安排技术优秀的维修技工为客户进行车辆保养。

④ 把该客户作为VIP客户，邀请其以后进行电话预约。

（2）内部改进措施

针对此次投诉所暴露出来的问题，需要改进和提高：

① 加强服务接待人员服务责任心教育和培训。

② 改进服务接待与维修车间工作衔接上的规范，完善流程，加强前后台信息交流。

5.5.7 案例分析七

1. **情景回放**

某客户来4S店做常规保养，后在交车时客户发现左前门处有明显划伤，客户认为是4S店将其划伤的，要求免费处理。但4S店服务人员说是客户进店前就有的，伤痕是老的伤痕，客户可自费处理。客户十分不满认为是4S店不负责任，后投诉至厂家。

2. **案例分析**

本案例中，客户在4S店保养后发现车身划伤，由于以下原因导致客户投诉：

① 接待人员在接待时未和客户一起进行环车检查，并未和客户确认车身外观情况。

② 维修车间对车子的外观检查不到位。

3. **解决方案和建议**

（1）关于客户投诉的处理

分析案例客户的投诉动机，其投诉表象是车身划痕，而隐含的则是对服务表示不满。因此，4S店应采取的处理方式和态度是：

① 服务经理与客户沟通道歉。

② 在维修收费上适当给予优惠。

③ 内部通告处理并教育员工，同时针对此投诉所反映的问题制定相应管理、服务等改进措施。

（2）内部改进措施

① 加强接待人员的业务能力的培训。

② 加强维修工作质量的把关规范。

③ 对服务接待人员加强业务知识培训和服务责任心教育。

思考与练习

1. 返修车辆可分为哪两类？
2. 返修车辆出现的状况有哪些？
3. 处理返修车辆客户方法主要包括哪些？
4. 返修车辆出现的内部原因主要包括哪些？
5. 处理返修车辆时维修厂内部的方法主要包括哪些？
6. 车辆返修率如何计算？
7. 返修车辆挑战客户投诉时的应对方法有哪些？

项目 6　客户满意度和忠诚度管理

学习目标

1. 了解客户满意度、客户忠诚度的含义和衡量指标。
2. 掌握客户投诉的原因、处理原则和步骤。
3. 知晓客户关怀的意义和常用操作方法。
4. 能够进行满意度调研、处理一般性客户投诉，客户关怀日常化。

客户满意是指客户的一种心理感受，具体说就是客户的需求被满足后形成的一种感觉或状态。此处的“满意”不仅仅是客户对服务质量、服务态度、产品质量和产品价格等方面直观的满意，更深层的含义是企业所提供的产品或服务与客户期望的吻合程度如何。客户满意度指客户满意程度的高低，为客户体验与客户期望之差。用公式表示为：

客户满意度＝客户体验－客户期望值

当客户体验与期望一致，上述差值为零时，客户是基本满意的。当客户体验超出客户期望，上述差值为正数时，客户就感到“物超所值”，就会很高兴，甚至赞叹，这个正数数值越大，则表示客户满意度越高。例如，旅客奔波一天回到房间，惊喜地发现饭店送的生日蛋糕和鲜花，出乎他的预料，旅客的高兴程度和满意度是不言而喻的。相反，当差值为负数时，即客户体验低于客户期望，客户是不满意的，这个负数数值越大，客户满意度越低。

客户满意决定因素如图 6-1 所示。

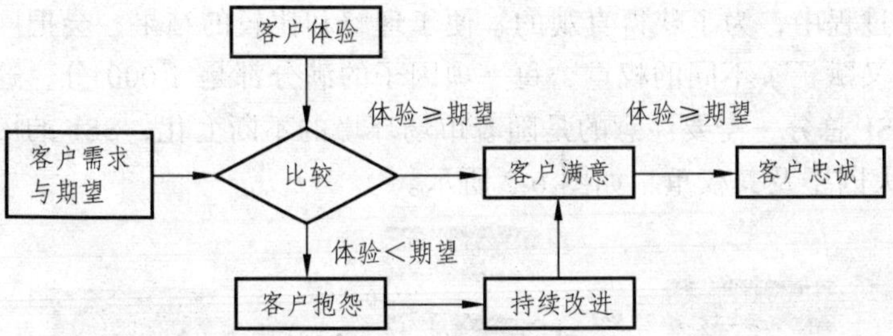

图 6-1　客户满意的决定因素

6.1　汽车行业销售满意度

客户满意度调查近年来在国内外得到了普遍重视，特别是服务行业的客户满意度调查已经成为企业发现问题、改进服务的重要手段之一。

国内的客户满意度调查是在最近几年才发展起来的，但已经引起越来越多企业的重视。尤其是客户群庞大的金融业、电信业、汽车业，实现一对一的服务几乎是不可能的，所以通过客户满意度调查了解客户的需求、企业存在的问题以及与竞争对手之间的差异，从而有针对性地改进服务工作，显得尤为重要。

6.1.1 汽车行业客户满意度的调查

汽车行业客户满意度可以分为内部满意度和外部满意度。内部满意度是由经销商的客户服务部门通过质量跟踪进行数学加权平均得出的，可以及时得出当期的满意度，具有很强的时效性，针对调查发现的问题可以立即进行改善。客户满意关注的是客户体验，调查项目分布在服务客户的各个环节之中，经销商的客户服务人员作为非专业的调查人员，其调查结果会存在一定的误差。

外部满意度是由专业的调查公司通过计算机辅助电话的方式调查完成的，通过对调查数据的统计分析，确定各调查项目的权重，从而计算出客户对经销商的满意度结果。外部满意度调查具有准确可靠的优点，但是时效性差，经销商得到的结果已经是几个月前服务的评价结果。

目前，在汽车行业各个品牌所聘请的调研公司不尽相同，其所应用的调研方法略有不同。J.D.Power 公司的客户满意度调研被全世界汽车行业公认为是最具权威性的相关调研机构之一，汽车销售满意度调研方法如下：

中国汽车销售满意度研究以消费者评价为导向、以中国新车车主在购车后 2 ~ 6 个月内的评价为基础，衡量总体销售满意度指标。

销售满意度调研（ Sales Satisfaction Index，SSI），每半年发布一次，涵盖国内大部分汽车品牌，SSI 提供了销售和交车流程的完整信息，分析了客户在售前、销售和交车过程的经历。

SSI 重点检验了对今天的新车客户来说什么是重要的，调查有关流程、交易，客户与销售顾问的互动，交车过程，以及探求什么对客户满意度的贡献最大。

6.1.2 销售满意度因子和要素

SSI 在调研过程中，为了获得直观的、便于理解和比较的结果，会把问卷内容按因子转化，每一项因子又赋予了不同的权重，每一项因子的满分都是 1 000 分，这样所有因子的得分相加即得到 SSI 总分，需要注意的是随着市场环境的不断变化，SSI 的因子和权重也在不断变化。SSI 七大因子及其权重，如图 6-2 所示。

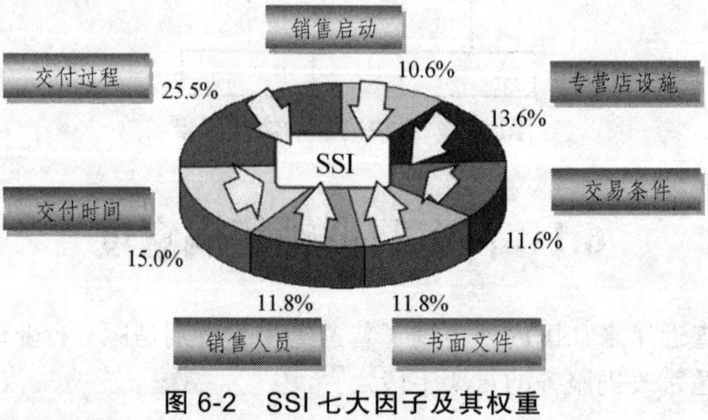

图 6-2 SSI 七大因子及其权重

知识链接

J.D. Power（君迪）2018中国汽车销售满意度研究（SSI）的消费者整体满意度指数由购车客户指数和战败客户指数构成。从购车客户角度而言，六项衡量指标按照权重顺序依次为交车过程（21%）、销售人员（19%）、经销商设施（18%）、开始购车经历（17%）、交易过程（16%）和在线体验（10%）。从战败客户角度而言，五项衡量指标按照权重顺序依次为销售人员（26%）、可选车型多样性（24%）、经销商设施（21%）、议价经历（15%）和价格透明度（14%）。销售满意度的计算采用1 000分制。

2018中国汽车销售满意度研究（SSI）基于2017年5月至2018年3月期间购买新车的24 625名车主的反馈。数据采集工作于2017年11月至2018年5月间在71个城市进行。

2018年7月3日在上海发布的J.D. Power2018中国汽车销售满意度研究SM（SSI）发现，几乎所有中国购车者只会购买其预算范围内的车辆，因此从一开始就知晓购车者预算并推荐其预算范围内性能最好的车辆，对汽车厂商来说至关重要。

研究发现，绝大多数（92%）购车者在计划购车时就已设定好预算，且最终成交价格几乎都处于其预算之内。但遗憾的是，部分厂家和经销商并未能准确了解其消费者的购车预算，也未能向其消费者提供合理透明的价格信息和购车价格指导，从而影响了消费者的购车体验和满意度。

例如，仅有66%受访者表示销售人员曾在购车过程中询问过自己的购车预算；此外，在购车过程中以“价格指南”为参考依据的购车者满意度（663分）最低，比参考“专业汽车网址和论坛”的消费者满意度低13分；在消费者放弃购买某品牌、车型的原因中，有三个原因与价格有关，分别是“经销店的价格太高”（24%）、“这个品牌、车型太贵了”（20%）以及“价格不透明，未给出最优惠价格”（14%）。

“当代中国购车者是有史以来最年轻的购车者，今年的研究显示，超过一半（57%）购车者出生于1985年及以后。这些消费者的购车观念非常理性和成熟，他们不一味追求低价，也不崇尚炫耀式消费，而是希望在预算范围内买到性能和配置最出众的车”。J.D. Power副总裁兼亚太区总经理乔杰（Jacob George）表示，“了解购车者的预算和了解他们对车辆产品的需求同等重要。在客户预算范围内展示出车辆的配置、功能和价值是经销商销售人员的首要任务。”

以下是该研究的其他重要发现：

（1）行业整体满意度（651分）比去年提高11分。但自主品牌（629分）进步小于行业整体，仅比2017年提高2分。

（2）中国消费者反感不专业、不诚实、不专注的经销商。前六大导致消费者“肯定不会”购买某些品牌的原因中，有四个原因都和销售人员与客户的互动有关，分别为：不专业、不完全诚实、太忙、没有充分地关注客户和粗鲁、不礼貌。这一发现再次表明，具有良好个人技能且训练有素的销售人员是经销商最有价值的资源之一。

（3）绝大部分购车客户对汽车金融不甚了解。关于金融贷款促销方案的知识，大多数买家或者只是“知道”（38%），或者是“不怎么了解”（33%），仅有9%购车者表示他们对经销商的金融贷款促销方案有具体了解。

2018 中国汽车销售满意度排名：奥迪以 703 分连续第六年位居豪华车细分市场销售满意度榜首，保时捷以 694 分排名第二，长安福特（687 分）首次摘得主流车细分市场第一名，北京现代（682 分）排名第二。

6.2 汽车行业服务满意度

客户服务满意度是测评服务质量的指标，是衡量客户对于服务体验的有效工具。客户满意度是以客户的体验来衡量经销商服务水准的。汽车行业客户满意度指客户对车辆质量、驾乘舒适性等方面的评价值，以及对汽车经销商的售后服务质量、服务态度、服务品牌等方面的认可程度。

目前，在汽车行业的售后服务满意度调研中，各个品牌所聘请的调研公司不尽相同，其所应用的调研方法略有不同，下面仍以汽车行业内应用得比较广泛的 J.D. Power 公司服务满意度调研为例，简单介绍一下汽车服务满意度调研方法：

6.2.1 服务满意度调研

2017 年的 J.D. Power 中国售后服务满意度指数调研（Customer Satisfaction Index，CSI）在经过重新设计后，评测内容包括服务质量、服务后交车、服务启动、服务顾问和服务设施等 5 个方面，以衡量车主在购车的 12 ~ 24 个月内，对国内厂家授权经销商提供的保养和维修服务满意度的评价。CSI 的总分也是 1000 分。

6.2.2 服务满意度因子和要素

CSI 在调研过程中，为了获得直观的、便于理解和比较的结果，会把问卷内容按因子转化，每一项因子又赋予了不同的权重，每一项因子的满分都是 1 000 分，这样所有因子的得分相加即得到 CSI 总分，需要注意的是随着市场环境的不断变化，CSI 的因子在不断变化。

常用 CSI 考核中的五大因子及权重：

（1）经销商设施（15%）；

（2）服务启动（15%）；

（3）服务顾问（15%）；

（4）服务质量（35%）；

（5）服务后交车（20%）。

要素是指构成每一项因子的更小因素，一般来讲要素都可以转化成相关的问题，这样在调研过程中，客户回答的都是和要素相关的客观性问题，结果就比较容易统计与分析。由此可见，要素在整个 CSI 中的地位是非常关键的。同因子一样，要素也是随着市场环境的变化而不断变化。

常用 CSI 考核中的要素如下：

（1）经销商设施要素 4 项：

① 容易驶进、驶出经销商处、服务站处；

② 经销商所处位置便利：

③ 经销商处干净整洁；

④ 客户休息区舒适（包括座椅、娱乐设施、饮料点心）。

（2）服务启动要素 3 项：

① 预约简单方便；

② 灵活地配合客户的预约时间；

③ 接车过程迅速。

（3）服务顾问要素 3 项：

① 服务顾问礼貌友善；

② 服务顾问有求必应；

③ 对维修保养的内容解释详细。

（4）服务质量要素 3 项：

① 完成整个维修保养所花的时间；

② 维修保养完成得很彻底；

③ 维修保养后的车干净并且车况良好（无损坏、车内设施无变化）。

（5）服务后交车要素 3 项：

① 提车过程迅速；

② 收费合理；

③ 有人协助客户提车。

6.2.3　提升客户满意度案例

奇瑞汽车曾推出“纵横中国”的服务战略来提升客户满意度，这个服务战略的出发点是想加强自身服务系统的能力，从整体规划、技术、硬件、管理等方面保证客户满意度的稳定提升。“纵横中国”服务战略下的技术服务中心定位于两条主线：一是着力于直接 CRM，直接服务客户，使客户能够享受更高标准的服务；二是着眼于间接客户服务，通过对同区域的服务网络技术支持，拉升区域整体服务能力，从而提高全区域的客户满意度。

直接 CRM 主线具备三大功能，即区域救援中心、区域客户管理示范中心、区域快乐体验示范中心；区域技术支持管理主线具备五大功能，即区域检测鉴定中心、区域技术资讯中心、区域培训中心、区域新技术管理中心、区域配件中心。这种设计更利于区域客户享受快捷高效的厂商联动服务。

另外，为了提升客户满意度，奇瑞还推出了以下三大举措：

第一，延长整车免费服务周期和降低客户单次服务支出费用。具体包括：整车提供 A1 级别的 4 年 12 万千米质保期限，这给消费者带来了很大实惠；8 608 种配件价格全线下调 30.1%，降低了客户客观的维修费用；另外，还提供了全部原厂配件、先进技术与设备、全球知名供应商等更多的配件服务保障。

第二，便捷方面，奇瑞着手于网点布局、救援保障、配件储备；近 600 家服务网点大大缩小了服务半径；耗资 1.14 亿元向全国服务站投放了 1 000 辆带有 GPS 全球卫星定位系统和车载电话功能的服务救援车，实现24小时全天候救援；“1+15”全国配件库分布，将配件配送距离半径缩短至500千米范围内。

第三，在提升客户满意度方面，奇瑞从服务标准提高、技术支持、服务站升级3个方面着手，发布了八步服务流程和99项保养标准，使服务的每个环节都有法可依。

知识链接

2018年9月26日，中国质量协会在北京发布2018年中国汽车行业用户满意度指数（CACSI）测评结果。2018年中国汽车行业用户满意度指数（CACSI）为79分（满分100分），同比提高1分。消费者可以通过这个测评调研的内容，了解国内汽车市场的现状和走势，丰富的调研信息也能成为消费者购车的参考。

1. 关于CACSI

中国汽车行业用户满意度（CACSI）测评是由中国质量协会进行调研，采用国际通用的结构方程模型测量方法，针对中国国情和汽车行业特点而建立的具有我国特色的汽车质量测评方法。测评方法是根据用户在购买和使用产品过程中的经历、体验与感受，将用户对产品质量的印象、预期以及感知质量、感知价值等诸多因素进行相关分析而建立的一种新的质量评价方法。测评指标体系按5个维度构建，包括：总体满意度评价，性能设计评价，质量可靠性评价，售后服务评价和销售服务评价。

自2002年开始，中国质量协会、全国用户委员会连续17年组织开展中国汽车行业用户满意度测评，并每年定期向社会发布测评结果。2012年，我国汽车行业满意度指数达到历史最高水平80分，此后，连续四年振荡下行，最近两年稳步提高。这表明，当前我国汽车工业在满足用户追求美好产品和服务方面取得了可喜成绩，汽车行业也正稳步迈入高质量发展阶段。

2. 今年自主品牌贡献大

今年的测评结果显示：品牌形象为80.3分，比去年提高1.3分；感知质量79.4分，同比提高1.1分；感知价值74.3分，同比提高1.1分。产品质量方面：可靠性满意度78.6分，同比提高1.3分。百辆新车故障发生次数为83次，同比下降10%。汽车性能、设计满意度77.4分，同比提高1.1分。服务质量方面：售后满意度77分，同比提高1分。销售满意度80分，同比提高2分。

其中，自主品牌满意度78分，同比提高2分；合资品牌80分，同比提高1分。自主品牌根据用户需求不断进行技术研发与管理创新，持续赢得用户满意，尤其在应用汽车电子化、网联技术，制造互联网汽车等方面取得积极进展。

合资品牌中，德系车满意度81分，同比提高1分；日系车满意度80分，同比提高1分；美系车满意度80分，同比提高2分；韩系车满意度78分，同比提高1分；法系车77分，与去年持平。韩系车和法系车品牌在赢得用户满意和市场份额方面遭受到自主品牌的强力挑战。

乘用车类别中，轿车满意度为79分，同比提高1分；SUV为79分，同比提高1分；MPV为79分，同比提高2分；微客为76分，同比提高1分。轿车、SUV、MPV在满足用户需求方面几乎没有差异。

3. 质量和售后影响忠诚度

数据表明，过去五年，用户选车看重的六大因素是：“质量可靠性高”“安全性高”“汽车性能好”“品牌知名度”“舒适性高”“车型好看”。从用户最终购买新车的决定性作用来看，用户最为看重的是“质量可靠性高”“汽车性能好”“车型好看”等因素。用户购车最为看重的品牌特征是“实用”，提及率达到 49.9%。用户对“年轻”“运动”“有品位”等品牌特征的提及率逐年升高，而对“实用”“经济”“家庭”的提及率则呈下降趋势。

质量可靠性方面的问题仍集中在关键系统（部位）故障。2018 年易发故障部位和去年一致，是“发动机系统”“行驶、转向和制动”“车身外观”和“内饰”。最近四年，可靠性方面用户提及较多的故障有：内饰异味重、风噪声大、发动机噪声大、发动机有杂音、手动挡挡位不准、挂挡困难、行驶中轮胎噪声大，燃油消耗过高、加速反应迟缓、无力、刹车有异响。其中，内饰异味重已连续四年成为用户最关注的质量问题。

售后服务应提高服务效率。国内用户希望经销商能改善服务方式，提高服务效率与水平。尤其是维修或保养过程中所花费的时间要合理；能做到在约定的时间内完成维修/保养工作。调研结果显示，2018 年我国 4S 店售后服务流失客户占 6.5%，犹豫客户占 21.6%，忠诚客户占 71.9%，其中豪华品牌忠诚客户最多，占比 83.6%。客户流失的最主要原因是 4S 店工时费高、配件价格高、服务态度不好。

上述这些都影响品牌满意度和用户忠诚度。从 2013 年开始，对于消费者来说，品牌满意度的影响力凸显，质量与价格的影响力持续变弱。此外，自主品牌忠诚度与合资品牌仍有较大差距，主要原因是自主品牌的品牌形象不强。部分满意自主品牌的用户没有转变成忠诚用户。

6.3　汽车行业客户忠诚度

6.3.1　客户忠诚度介绍

客户忠诚（Customer Loyal，CL）营销理论是在流行于 20 世纪 70 年代的企业形象设计理论（Corporate Identity，CD 和 20 世纪 80 年代的客户满意理论（Customer Satisfaction，CS）的基础上发展而来的。其主要内容可表述为：企业应以满足客户的需求和期望为目标，有效地消除和预防客户的抱怨和投诉、不断提高客户满意度，促使客户的忠诚度，在企业与客户之间建立起一种相互信任、相互依赖的“质量价值链”。

客户忠诚是客户对企业的产品或服务的依恋或爱慕的感情，它主要通过客户的情感忠诚、行为忠诚和意识忠诚表现出来。其中情感忠诚表现为客户对企业的理念、行为和视觉形象的高度认同和满意；行为忠诚表现为客户再次消费时对企业的产品和服务的重复购买行为；意识忠诚则表现为客户做出的对企业的产品和服务的未来消费意向。这样，由情感、行为和意识三个方面组成的客户忠诚营销理论着重于对客户行为趋向的评价，通过这种评价活动的开展，反映了企业在未来经营活动中的竞争优势。

1. 客户忠诚度的具体表现

客户忠诚度的具体表现有以下几点：

（1）客户忠诚是指消费者在进行购买决策时，多次表现出来的对某个企业产品和品牌有偏向性购买行为。

（2）忠诚的客户是企业最有价值的客户。

（3）客户忠诚的小幅度增加会导致利润的大幅度增加。

（4）客户忠诚营销理论的关键点是利润。建立客户忠诚是实现持续的利润增长的最有效方法。

企业必须把做交易的观念转化为与消费者建立关系的观念，从仅仅集中于对消费者的争取和征服转为集中于消费者的忠诚与持久。

客户忠诚度是指客户因为接受了产品或服务，满足了自己的需求，而对品牌或供应商（服务商）产生的心理上的依赖及行为上的追捧。客户忠诚度是客户忠诚营销活动中的中心结构，是消费者对产品感情的量度，反映出一个消费者转向另一品牌的可能程度，尤其是当该产品在价格上或在产品特性上有变动时，随着对企业产品忠诚程度的增加，基础消费者受到竞争行为的影响程度降低了。所以客户忠诚度是反映消费者的忠诚行为与未来利润相联系的产品财富组合的指示器，因为对企业产品的忠诚能直接转变成未来的销售。

2. 忠诚客户的价值

忠诚的客户想买一种他曾经使用过的商品或是将来可能需要的商品时，他首先想到的是原来提供产品或服务的企业。忠诚的客户是企业巨大的财富，忠诚客户的价值体现在以下几个方面：

（1）增加收入。

忠诚的客户会经常性地重复购买产品并产生关联消费，并且对价格的敏感度较低。重复购买的客户趋于与企业制定长期规划，使得企业可以设计和建立满足客户需要的低成本的工作方式。

（2）降低成本。

企业可节约开发新客户的营销成本和服务成本。赢得一个新客户不仅需要付出广告投入，时间和精力等成本，而且这些成本会在一个很长时期内超出客户的基本贡献。比如在消费信用业务中，得到一个新的信用卡客户，需要长达两年的时间收回所需的费用。老客户不断重复购买产品并将产品推荐给他人，给企业带来不断增长的收入，使保留老客户的成本（维系服务和沟通的成本）呈不断下降趋势，客户的终生价值随着时间的推移而增长。

（3）良好的形象效应和口碑效应。

客户满意会提升企业在消费者心目中的形象，忠诚的客户同时是企业免费的广告资源，他会积极向他人推荐，使企业获得更多的利润。客户最相信客户的话。忠诚客户对企业的好话持续不断地传播，可以使企业的知名度和美誉度迅速提高。

（4）集中精力。

稳定的客户基础使企业不再只是简单应付客户不断变化的需求，它使企业能够集中精力去发展那些能增加价值的客户，而不只是补充失去的客户；集中精力提高产品质量和完善服务体系，还可以避免市场的混乱，使企业能够根据自己的发展战略不断成长。

（5）有助于公司推出其他新产品。

忠诚的客户在面对企业推出的新产品时，很容易受“爱屋及乌”心理效应的影响，很自然地对新产品进行重复购买，从而为企业带来更大的利润。而且，客户对新产品进行重复购买，从而为企业带来更大的利润。而且，客户对新产品的购买，扩大了客户购买的范围，企业有望获得客户更大程度上的忠诚。

6.3.2　客户忠诚驱动因子

提高客户的忠诚度，首先，企业要完整地认知整个客户的生命周期，提供与客户沟通的统一平台，提高员工与客户接触的效率和客户反馈率，建立多样化的沟通渠道和灵活高效的激励机制，形成一个完整的反馈流，从而为消费者提供完全一致的高品质服务，使消费者在意想不到的时刻感受来自产品提供商点对点、面对面的关怀，同时还可以实时掌握市场动态，迅速开发出新的市场。

其次，增加客户忠诚度的重要手段是提供个性化的产品和服务。企业只有以客户为中心，为客户提供最合适的服务，或根据客户的不同需求而提供不同内容的产品，客户再次光顾的可能性才会大大增加。除了在产品本身上下功夫外，还可以采用卓有成效的消费累计奖励方案，让消费者在购买产品之后免费成为注册客户，以后每次购买商品将实时赢得累积奖励，长期下来将为消费者带来较大节省，留住高价值客户并会吸引新的客户。

影响客户忠诚的因素有主观和客观两方面，具体又可分解为以下6个方面：

1. **客户满意**

根据美国消费者事务办公室的调查，90%～98%的不满意消费者从不抱怨，他们仅仅是转到另外一家。不满意肯定就会转向别家，而满意却不一定保证就忠诚。那么客户忠诚度与满意度有多大关联性呢？研究表明，客户忠诚度的获得必须有一个最低的客户满意水平。在这个满意度水平线以下，忠诚度将明显下降，在该满意度水平线以上的一定范围内，忠诚度不受影响，但是满意度达到某一高度，忠诚度是会大幅度增长。客户满意是促使重复购买最重要的因素，如图6-3所示。

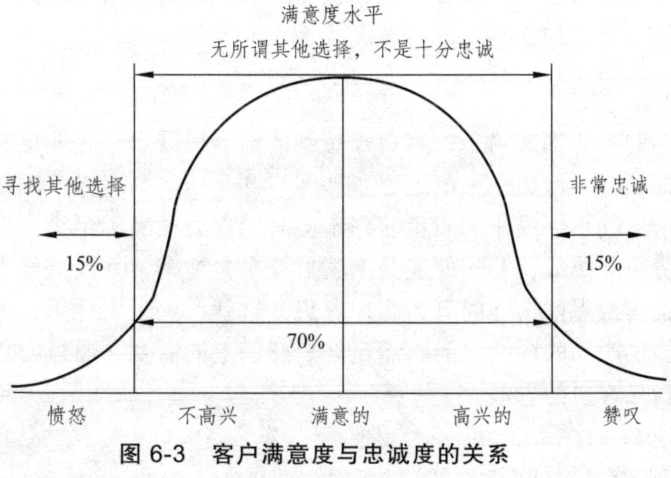

图6-3　客户满意度与忠诚度的关系

2. **客户价值**

客户在购买产品或服务时，总希望以较小的成本获取更多的实际利益，以使自己获得最大限度的满足。客户从选择的产品或服务中，能够获得优异的质量，优惠的价格，优质的服务，尤其是客户期望之外的东西会给客户留下深刻的印象，产生积极的效果。客户忠诚的根本动力是客户价值。

3. 客户信任

信任是忠诚的直接基础，要成功地建立高水平的长期客户忠诚必须把焦点放在客户信任而不仅是客户满意上。有的行业实行的是先消费后付款。由于这个特点，有意拖欠费用的现象较严重。为了尽可能减少欠费，有的企业采取了预交费的办法，一旦超过预交费，账务系统就自动中断对客户的服务。这种办法有效地减少了欠费，但同时也产生了一些问题。最突出的问题就是一些老客户，从来就没想到要有意欠费，现在突然被中断服务，十分反感，觉得这是对客户的不尊重，不信任。这些客户在一定的外因促使下会离开企业另寻合作。

4. 购买成本

客户的购买成本一般包括货币、时间、精神和体力等。客户在选购产品时，往往从价值和成本两个方面进行比较分析，从中选择价值最高、成本最低的产品作为优先选购的对象。当所有提供的物品非常类似，价格也没有多少差别或根本没有差别时，客户常常很难有兴趣花费时间进行选择。很多日常用品的销售就是这样，客户基本是按惯性保持着忠诚度。

5. 转移成本

老客户通常会发现，如果更换品牌或卖方，会受到转移成本和延迟利益的限制。如跑更远的路，冒尝试新产品或服务质量的风险，就会失去因良好合作关系而得到的奖励等。在现代的软件行业中，许多企业开始免费提供软件，帮助客户学习正确地使用软件，因为他们相信，客户学习所花的时间将会成为一种转移成本，使客户在别的选择不能体现明显的优越性时，自愿重复使用。航空公司对办理会员卡的客户有相当大的累计优惠，对于频繁旅行的客户来讲，一旦选择了这家公司，并有一定积累的话，如果放弃这家公司，就会失去应有的奖励，不可避免地付出一定的代价。这样，频繁旅行的客户就加强了对这家航空公司的忠诚。一般来讲，企业建构转移壁垒，使客户在更换品牌时感到转移成本过高，原来获得的利益会因转移而流失，这样可以加强客户的忠诚。

6. 客户关怀

如果客户想到的企业都能给予，客户没想到的但客户需要的企业也能提供，这必然使客户时刻感到企业的关心，产生一种亲近感。如客户开车外出，突然车辆抛锚，一般情况下，客户只能埋怨自己运气不好或车的质量差，不会对销售公司表示不满。但此时此刻，如果客户仅通过拨打销售服务热线，公司便能马上就近派车去拖车，并提供优惠服务，客户一定会感到公司的服务确实做得好，能时刻为客户着想，这就产生了关怀感，亲近感。亲和友善的客户关系在企业提供产品的同时，能够满足客户感情上的需要，通过心理作用，提升产品价值和企业形象，增强客户的忠诚。

6.3.3 客户忠诚驱动计划

随着社会经济的发展，产品日益丰富，市场格局也发生了变化，由卖方市场过渡到买方市场，市场竞争逐步升级，这就推动了营销观念和营销方式的变革。企业必须对市场的变化迅速做出反应，而市场的变化又源于客户行为的变化，所以，企业必须把注意力集中于客户的需求，客户被作为一种宝贵的资源纳入企业的经营发展中。面对诸如哪些产品最受欢迎、原因是什么、目前有多少回头客、都是哪些类型的客户、客户购买产品时最关心什么、产品的售后服务有哪些问题、广告播出后的反响如何等问题，大部分企业还只能凭经验推测，没有确切的数据来证实，这就使企业的市场营销活动缺乏针对性和准确性。

企业的经营应该逐步从“以产品为中心”的模式向“以客户为中心”的模式转移。为了实现这种转移，克服传统市场营销中的弊端，现代市场营销理论的核心已经由原来的 4P①发展演变为 4C②，实现了真正意义上的以客户为中心。

一切从客户的利益出发，目的就是为了维持客户的忠诚。因为只有长期忠诚的客户才是企业创造利润的源泉，所以企业关注的焦点应从内部运作转移到客户关系上来。

对于建立客户忠诚，目前可行的途径主要有以下 6 种：

1. 有效满足需求并提高客户满意度

有效满足所需，提高客户满意度是成功构建客户忠诚的共同手段之一。建立客户忠诚的基础是客户满意。如果企业不能首先让客户满意，建立客户忠诚就成了“空中楼阁”。如果客户对企业的产品不满意，客户的基本期望值都得不到满足，建立客户忠诚就没有基础。因此，建立客户忠诚的前提是要让客户满意。只有不断提高产品和服务质量，正确处理客户抱怨，满足客户需要，才能有效保持现有客户，开拓新客户。

2. 细分市场

越来越多的企业感到，提高客户满意度，建立客户忠诚往往要付出昂贵的代价。盲目地为建立客户忠诚而开展的工作，可能导致企业最终不能承受其负担而放弃对客户提供的某种服务。有报道说一家汽车维修公司为使客户满意，承诺凡距该公司一定里程以内的客户，一律为其免费派车接送。一段时间以后，公司十分尴尬，若坚持下去，成本太高；若取消服务，公司的信用会下降，使自己处于两难的境地。

要通过细分市场，有选择地建立客户忠诚，这是企业保证这项工作坚持不懈地开展下去的重要因素。

（1）客户管理

客户管理便于企业对不同的客户群采取不同的营销策略。有的企业根据客户所带来的利润把客户分成高利润、中利润、低利润及无利润 4 组。有的企业也根据客户所带来的交易量把客户分成大客户、中客户和小客户。高利润和大客户组应是企业关注的重点。针对不同客户群的特点，企业可制定一对一营销策略，争取客户忠诚。

对于大客户，较普通的做法是为大客户提供“优惠”服务。这种方式虽然使客户感到了经销商的关心，但一些大客户并不看重优惠，他们需要的是表明其地位和身份的“特别关心”，这是他们的真正需要。按照这个思路，需要推出一些个性化服务，如提供代步车、专门的贵宾休息室等。

（2）差异化营销

忠诚客户是企业最有价值的客户，他们的忠诚表明企业现有的产品和服务是有价值的，

① 4P：产品（Product）、价格（Price）、分销（Place）、促销（Promotion）。

② 4C：消费者需求（Consumption）、消费者愿意支付的成本（Cost）、消费者的便利性（Convenience）、消费者沟通（Communication）。

企业一定要重视来自他们的反馈信息，以便保持企业的服务永远充满吸引力。

潜在忠诚客户有较高的情感忠诚度，只是由于一些客观的原因而妨碍了他们频繁购买，企业的重点是清除妨碍他们频繁购买的客观原因，帮助他们成为忠诚客户；虚假忠诚客户大多受购买便利性、优惠性及环境条件的影响，也可能是因为缺乏替代品。虚假忠诚客户的情感忠诚度很低，企业在提供服务时要设法吸引他们的购买力，让这类客户在利益的驱动下保持忠诚。

对于长期与企业几乎没有业务关系的客户，不排除产生忠诚的可能，企业可以采用物质和服务双管齐下的策略，在他们之间发现可能的忠诚客户。

3. 超期望价值

建立客户忠诚是通过提供超出客户期望的价值来实现的。

（1）管理客户期望

客户期望对客户感知企业产品和服务的满意水平具有决定性的影响。如果企业承诺过度，客户的期望就会提升。尽管从客观的角度来看，客户体验到的内在价值可能很高，但由于他们的期望更高，两者就形成差距，因此降低了客户体验的满意水平。管理好客户期望，企业可根据具体情况来超越客户期望，使客户产生惊喜感，这对于提高客户忠诚可以起到事半功倍的作用。

（2）超越客户期望

日本东京一家贸易公司的一位小姐专门负责为客商购买车票的事务，其中包括为德国一家大公司商务经理购买来往于东京与大阪的火车票。不久，这位德国经理发现：每次去大阪的火车票，座位总在左窗口。经理问小姐，小姐笑答“车去大阪时，富士山在您右边，返回东京时富士山又在您左边。我想，外国都喜欢日本富士山的壮丽景色，所以我替您买了不同座位的车票。”由于这位小姐的超期望服务，德国经理大受感动，决定将与这家日本公司的贸易额由 400 万马克提高到 1 200 万马克。

4. 加强与客户间的交流

建立超出与客户间单纯交易关系之上的情感。在关系营销中，俱乐部营销是一种非常成功的培养客户忠诚的方式。俱乐部营销指的是将客户组织成会员团体或是俱乐部，通过加强内部的联系，使会员产生参与感和归属感，发展成忠诚客户。在这种方法中，物质利益的吸引是基础，而情感的建立才是关键。竞争者可以通过提供类似的物质利益来争夺客户，但却难控制在这种情感交流环境中建立的客户对企业的忠诚。

5. 运用新科技

科技的运用对构建客户忠诚起着不容忽视的作用。在更多更新的科技支持下，现代化的新型服务方式不断涌现，具有典型意义的是电话呼叫支持中心（Call Center），在实务操作中不断完善的 Call Center 如今越来越有效。

6. 创造以客户为中心的企业环境

企业创造出真正以客户为中心的企业文化和环境，通过员工使企业成功地保有客户，构建客户忠诚。

① 企业高层明确观念，确定策略，树立典范。

② 培训所有员工树立以客户为中心的理念，通过对企业整体工作流程的分析，使每一位员工认识到他们的工作如何影响客户和其他部门的人员，从而又最终影响到企业的生存和客户的忠诚。

③ 提倡企业全员参与，给予一线员工充分授权和灵活性，可以激发员工的创造性思维，解决流程、生产、服务等各环节的问题；激发员工有所创造，超越客户期望，赢得客户忠诚。

④ 发现和嘉奖业绩突出员工。有效的激励将促进员工的工作激情，挖掘员工的工作潜力。

目前，在各行业都注重客户忠诚度的背景下，汽车行业也不甘落后，各大汽车品牌都推出了适合自己的客户忠诚度计划。

6.3.4 客户忠诚度计划的优秀案例

汽车行业的特点是少量的客户便涉及很大的价值，对于汽车企业来说，每位客户都有很大的利润潜力，而不仅仅是销售一辆车的价格。与其他行业相比，汽车行业的特点是仅仅少数客户就会与大笔的货币价值相联系，利润潜力巨大。每位客户的价值远远不止是一辆汽车售价，提供配件等售后活动，有着很大的利润潜力。因此，对客户忠诚的管理，是汽车售后服务行业至关重要的一项工作。

对于各家汽车企业来说，在客户忠诚计划的设计阶段，构成计划的各种要素都是一样的，但对计划的利用却不相同。其中，最重要的工具之一是含有宝贵客户信息的数据库。目前，在客户忠诚计划的执行方面，企业通常有两种做法：负责客户忠诚计划的机构纳入另一部门管理，或者由单独的部门管理。至于评估，则只以客户的再次购买行为来衡量客户忠诚度。

汽车行业以前的特点是生产导向，如今将关注重点放在建立长期性客户关系上。然而，在一个大批量生产的行业，形成长期关系是一个困难的过程。购买一辆车，不是到便利店购物，而是需要一大笔钱，客户在买车时如何选择，往往需要一番考量，这是一个影响到客户以后多年生活的决策，如果汽车企业失去一个客户，让其投向竞争者一边，这不仅意味着这段时期里企业失去这位客户，而且意味着未来多年里失去与这位客户相关的业务。因此，有效的 CRM，促使客户能长期忠诚消费，是汽车行业中的一项至关重要的活动。国外的汽车企业往往很重视维护客户关系，突出强调客户忠诚。以下是丰田、雷克萨斯、萨博品牌汽车公司的客户忠诚计划，以此了解汽车行业内的优秀案例。

1. 丰田公司的客户忠诚度计划

丰田将那些如今拥有一辆丰田车，下次买车仍想买丰田的客户定义为忠诚客户。丰田认为其客户忠诚度是波动的，但总的来说其客户忠诚度还是很高。与其他汽车品牌相比，丰田以 70%的忠诚度位居前列。

很长时间以来，丰田就把其现有客户视为最重要的目标群体。1999 年，丰田开始采用其客户忠诚计划 Toyota Loyalty，它只聚焦于私人客户。该计划的主要目的是增加现有客户的购买频率但奖励忠诚客户的活动以及收集客户信息被认为同样重要。根据丰田公司的说法，客户忠诚计划只是其让客户满意的工作中的小小部分。最重要的是，汽车使用正常和客户与丰田经销商接触时受到很好的对待。

在财力的分配方面，丰田将更多的资源放在获得新客户的过程之中。这是由于该公司需要做出更大的努力来吸引潜在客户。不过丰田公司认为，通过大众媒体与有希望成为客户的人沟通，也会在增强品牌力量方面影响现有客户。

除了针对私人客户的 Toyota Loyalty，丰田公司在商务场中还没有正式的客户忠诚计划。不过，丰田也把很多资源放在商务客户的识别过程当中，以便能确立进一步的人际关系。例如，在一些国家，丰田尽量向商务客户寄送客户杂志、圣诞卡和发出夏日问候。客户杂志一般每年向客户发送 3 次，附赠若干资料，但不提供公司的直接客服电话，而是让客户与经销商联系。丰田没有正式的客户俱乐部，但丰田的客户也可购买中赚积分，而且丰田也提供类似于俱乐部的活动。例如，在一些国家的做法是，当客户第一次购买一辆丰田车，就赚到了 1 000 分，第二次购买积 2 000 分，以后每次买车积 1 500 分，客户还可以按在丰田经销商处的服务次数获得积分，积累积分的最长中断期为 9 个月。每年一月份，丰田的客户会收到一封由 Toyota Loyalty 发来的信，概述客户累计积分和与积分有关的奖励和提供的东西。

丰田的客户数据库经常更新，收集每位客户的购买历史信息，包括客户以往所购和现有丰田车的车型，家庭中拥有的丰田车数据，以及车辆接受服务的情况。除了客户的购买历史，丰田客户数据库原则上不储存更多信息。不过，其数据库的编排方式，使公司能收集到有关客户兴趣的信息。

在有的国家，丰田还与银行联系，向所有客户免费发行一种汽车卡，使客户有可能从丰田经销商处贷款购买。使用这张卡，客户可以申请得到一定数额的贷款，但这张卡不能用作普通的信用卡，只能在丰田经销商业务范围内使用。

在丰田向客户提供的活动当中，首先是所有新客户都会收到一封欢迎信。这封信的目的是增强客户选择购买丰田车的意愿。丰田还发给客户另外一封信，提醒客户应适时进行保养。客户在首次保养时通过经销商给予一定的优惠，同时还能得到需要注意的问题的提示信息。在利用互联网方面，丰田没有针对单个客户定制的网页，不过，在特定的广告宣传活动中可对客户的新车进行宣传展示。客户有时候还能收到丰田提供的个人密码，使用这个密码可以浏览丰田公司网页上尚未发布的新车。而且，客户可以通过电子邮件与公司联系，解决一些常规问题。在公司网页上，也有与丰田经销商的链接。

丰田公司没有独立的部门从事客户忠诚计划工作，而是由市场营销部门管理。不过，丰田很早以前就已经很重视客户忠诚。像其大多数其他市场营销活动一样，丰田的客户忠诚计划主要是通过其经销商来实行的。为了了解经销商针对客户的工作，丰田利用客户满意度指数作为一种控制方法。这种指数由专业机构确定，丰田用它来对客户满意度进行持续的衡量和调查，并将调查结果与经销商沟通。丰田为此确定了客户满意度最低标准，经销商必须达到这个标准。

一般来说，丰田通过电子邮件或电话接受客户的投诉，然后由服务部门处理，如果投诉涉及某种特定车型，丰田的技术支持部门会直接处理问题。丰田还规定，投诉和咨询必须在一定时间内处理完毕。

丰田也对其客户忠诚度进行测量，但并不从单个的业务活动中得出结果，因此，丰田公司并不知道每种业务活动的客户忠诚情况。对客户忠诚的评估，是基于其重复购买的行为。丰田原则上不按忠诚度对客户进行细分，也没有持久使用的客户细分，而是在每次广告宣传活动之前对客户进行划分。例如，根据购买的车型来识别不同的买主，并相应调整信息和营销活动。如果公司刊登有关发布新车的广告，它会考虑可能要针对某一特定车型感兴趣的客户群。根据客户车型的不同和购买方式，丰田致初次购车客户的欢迎信有20个版本。为了收集有关客户对丰田品牌的态度信息，公司也会进行一些访谈和焦点小组活动。丰田还测量客户生命期价值（ Customers' Lifetime Value ）。

以丰田车在瑞典的使用情况为例，据估算，18岁购买丰田车的人直到去世，会给丰田带来300万瑞典克朗的价值。丰田使用的另种衡量指标是专业机构使用的客户满意度指数，这种方法通过调查客户对提供的服务以及价格和供货是否满意来评估客户的满意度。

根据客户在一年之中的行为，客户的积分可能使其成“银客户”或“金客户”，并得到相应的奖励。向“银客户”提供的最大回报是，客户在自己车辆检修期间可以免费租用丰田服务中心提供的汽车。“金客户”也拥有这项权利，而且可以在服务期间免费洗车，在寒冷地带免费更换冬季轮胎。两类客户租车时都会得到折扣。另外，每年所有经销商都在周末假期开展一两次，专门向这些客户提供服务。经销商可能还会提供额外的奖励，如发放高尔夫球活动的奖券。客户和潜在客户还会受邀试驾不同的丰田车型。在售后服务方面，丰田经销商还会适时提醒客户，向客户提供杂志，并根据客户的车型提供不同的东西。在寄送杂志时，丰田将客户细分为三类，以送给适当的材料，但丰田并不根据沟通的支出大小调整与客户的沟通方式，因此，不会用开支较小的方式来对待不太忠诚的客户。

2. 雷克萨斯的客户忠诚计划

丰田公司在成立雷克萨斯分部时决定，为了实现自己的营销目标，必须针对它在美国的经销商网络进行重大改革。新的分公司的目标不仅要尽量提升销售额和利润，而且要在客户满意度和忠诚度方面取得突破性的进展。

策划成立新的雷克萨斯公司的经理们认识到，他们必须改变传统的汽车制造业的价值观念。首先，他们意识到产品本身在设计、质量和价值等方面必须是真正的出类拔萃。同时，他们明白产品本身优质还不够，他们的目标是要比任何人更好地理解自己的目标客户的价值方程式，因此他们研究了公司及其经销商可能与客户发生的各种交互作用。

但是，如果要衡量丰田公司这家新开分部在提供优异价值方面的成功程度，最为重要的数据还是客户对服务和新车的重复购买率。雷克萨斯美国公司第一位总经理戴维·伊林华斯曾说，“在这个行业里，唯一有意义的满意度衡量标准是再次购买所表现出来的忠诚。”正是怀有这样的抱负，渴望打破凯迪拉克在全盛时期创下的客户忠诚度记录，雷克萨斯汽车为自己制定了似乎难以达到的新目标：力争客户重复购买率达到75%。

（1）选择客户

在开始设计自己的第一辆车 LS00 时，雷克萨斯公司面临一个十分困难的抉择：面向什么样的客户群体？符合逻辑的选择是追逐新潮、喜欢动力强劲的年轻一族。因为年轻，这些车主对其宝马、美洲虎品牌必然不会那么忠诚，因此，雷克萨斯只要够酷，把他们争取过来应该不成问题。另外，由于年轻，争取过来之后可能购买更多车辆的时间也比别的客户群体长得多。可问题是，年轻一族往往变化多端，若有另外一种火爆车型设计出来，他们将会义无反顾地掉头而去。另一方面是，现有凯迪拉克和梅赛德斯车主们却更沉得住气，已然显示出优越的产品忠诚度，要把他们争取过来虽然更为困难，但一旦争取过来，他们就会成为忠诚的雷克萨斯客户。另外，雷克萨斯也相信，梅赛德斯和凯迪拉克并未把忠诚客户带来的收益重新投入，给客户创造更大的价值，这无疑打开了听任客户流失的门户。

于是，雷克萨斯下定决心设计了 LS400 型车，结果是，雷克萨斯在 1993 年和 1994 年生产的两款车型，重复购买率平均高达 63%，在客户忠诚方面创立了同行新高。

（2）持续盈利的服务

雷克萨斯公司服务体制的关键环节之一，便是基于卫星传输的通信网络，它的总部位于加利福尼亚，连接着全美国所有的雷克萨斯经销商。其他的关键环节还有客户满意度调查、故障诊断、培训以及针对具体问题的专家帮助。有了卫星通信系统，雷克萨斯汽车的服务部门就有了好几个独特的优势，比如可对每辆车的维修保养记录进行在线追踪，美国国内的每一个经销商都能立即获得有关每辆车的以往服务记录。这对提供优质的客户服务、找出那些在磨合期内未能得到检修的车辆并且初步判断一下原因何在等都是一份宝贵资料。这套卫星网络系统还与一个现代化的零配件仓库联网，既可节省经销商的费用，还能避免等待零配件送货花费时间的种种不便之处。雷克萨斯公司不仅提供了优异的信息服务系统，而且开发了最先进的故障诊断设备，因而它的服务部门可以提高效率和生产率。

雷克萨斯汽车公司想要自己的经销商赚取车辆保修期满之后的服务收入的 80%，而同行只给他们的经销商留下 30%～40%。该公司还为每一件服务工作制定了详细的流程示意图，并为经销商的维修人员提供更为有效的培训和资质发证工作。

即使服务质量和价值出类拔萃，依旧需要破除某些客户“只有傻瓜才会到经销商那里去保养汽车”的偏见。因此，雷克萨斯汽车公司要求自己的经销商为跑够 100 英里（1 英里≈1.6 千米）和 7 500 英里的车辆进行两次免费检修，再由公司给予费用报销。这么做可以促使车主前来体验它们的优质服务，而这样的优质服务对于赢得车主们保修期满后的维修业务来说是至关重要的。考虑到一些经销商未能说服相当比例的客户前来接受免费的检修服务，雷克萨斯公司设计了一批专做提醒用的明信片，由自己的 AS400 型计算机打印、安排邮寄。包括告诉经理人员何时邮寄，以便保证开车来的客户能够按部就班地进入维修站接受检修服务，这就提高了客户的满意度（因为车主不用排队等候了），也提高了经销商的经营效益（因为检修区域安排有序，从而可以增加利润）。

雷克萨斯公司还派出服务小组，访问服务工作盈利差、客户上门少的经销商，提出针对性的改善建议。由于展销的网点较少，为弥补这种不便，雷克萨斯公司要求经销商提供免费的代用车，免费上门取车、送车，再由公司承担一部分相关费用。雷克萨斯汽车公司认为，作为重复购买忠诚度的一个驱动器，服务体验要比买车体验更为重要。比如一位客户要隔 4 年才买一次车，但是在再次买车之前，他需要的检修服务多达 6～12 次。

（3）测量忠诚度

在世界上的汽车企业中，只有雷克萨斯公司能够随时利用计算机实时计算出每一个经销商的服务保持率。初始投资中，经销商就要购买一台 AS400 计算机和一台卫星接收天线，用来将经销商与雷克萨斯公司在加利福尼亚的总部联网。雷克萨斯的计算机系统工程部可以跟踪任何分销商为每一辆车所做的全部服务工作，还可以计算出每家经销商总共有多少位客户在跑够 1 000 英里和 7 500 英里之后回到经销商那里进行两次免费检修以及其他售后服务。

雷克萨斯的经销商使用同一套系统，既可以看到自己的工作业绩，也可以看到本市、本地区、全国各地的其他经销商的工作情况，并进行比较。每个经销商每月都会收到一份报告，上面概括了自己的服务记录以及最佳年度的差距，记载内容既包括免费检修，也包括客户付费的其他维修保养服务。这份报告附有每个经销商与其他同行的业绩比较数据，同时提出了诊断意见，以帮助经销商及其雇员进行失败分析，寻找机会找回尚未前来接受服务的车主。

有效的学习既需要相应的工具，也需要相应的员工的主观能动性。雷克萨斯公司从两方面提供了这种鼓励主动的动力。一是把每个经销商的业绩摆出来，并与公司考核指标和绩优经销商比较，唤起他们的荣誉感。二是向大家证明忠诚管理的经济效益，允许经销商自己确定如何奖励雇员，从收入上形成了一定的吸引力。公司独特的信息系统提供了所有必需的工具和测量数据。同时，雷克萨斯公司还在不断地完善它的测量体系，以便做得更为准确。比如该公司目前采用客户调查表来确定重复购买率，但是正在开发一种更为严密的系统，以便按照经销商来计算同一速率。他们还在开发一些别的系统，用于教会经销商及其雇员如何进行失败分析。

正是由于在忠诚管理方面的努力，雷克萨斯汽车自从推向市场以来，其经销商在盈利方面一直处于同行业的最佳之列。将近84%的客户每隔半年前往一家雷克萨斯经销商店，接受客户付费的车辆检修服务，这个比例在汽车行业里是最高的。

3. 萨博（SAAB）公司的客户忠诚度计划

萨博公司认为，“忠诚客户”是以往拥有一辆萨博汽车和如今又购买萨博汽车的人士来衡量的。在按月计算销售额的时候，发现以往拥有过萨博新车的人，平均75%在购买新车时仍购买萨博，说明萨博的客户忠诚度高达75%。萨博公司在将这些数字与宝马、奥迪、沃尔沃和奔驰作对比的时候，发现萨博的客户忠诚度总的来说是很高的。

萨博的客户忠诚计划是2000年前后开始制订并实行的。实行这些计划的目的和主要原因是增加车辆在现有客户中的销量并培育公司与他们之间的关系。

萨博的客户忠诚计划分为商务市场和私人市场两个方面。在商务市场方面的客户忠诚计划包含了客户俱乐部——萨博车友会。私人市场方面的客户忠诚计划由与商务市场同样的一些想法和目的构成，不过在私人市场中没有正式的俱乐部。萨博车友会的成员是免费的，车友会向成员提供一套材料以及一个联系电话，会员通过这个电话，可以立即得到天气和路况等信息，还有一些旅行服务。这电话是免费的，它还向车友提供与所购车辆经销商的直接联系方式，回答与车辆有关的问题。通过萨博车友会的网页，商务客户还可以获得信息和公司提供的东西。

萨博向其私人市场客户提供一张“萨博卡”。萨博卡是萨博公司与瑞典斯安银行（SEB）合作发行的。客户每次在经销商那里购买东西，都可以在萨博卡上获得积分。萨博卡每年收费150瑞典克朗，客户获得的积分可以用于维修服务和购买配件时的折和，也可以用作购买新车时付款的一部分。每次购买价值100瑞典克朗以上的东西时，花1克朗将被计算一分，客户可以在萨博经销商那里获得5%的折扣。它还包括在萨博合作伙伴如DTE Travel、Avis，Prem等加油站、商店、餐馆和酒店那里获得0.5%的折扣。

萨博客户数据库在其制定客户忠诚计划之前就已经建立了。在客户数据库中，客户多方面的情况，如姓名、年龄、地址、电话号码和电子邮箱等均有储存。有关客户车辆的信息，如车型、零配件和设备等，在购买车辆及形成客户关系的时期就已经储存了起来。客户购买汽车的时候，经销商用人工将信息存入数据库中。

萨博公司还有一项为所有客户（包括商务客户和私人客户）提供的服务 Saab Direct，它提供接受投诉和咨询的方式。Saab Direct 不仅将客户连接或联系到几项其他方面的服务上，而且将客户连接到与萨博有合作关系的伙伴那里。互联网是这一过程中不可缺少的一部分，客户可以通过电子邮件发出投诉和进行咨询。互联网还为客户提供了拥有萨博车应当了解的一般信息。为客户定制的网页，可以让萨博卡拥有者了解到自己的相关收支、累计积分和最近交易情况。

萨博为其私人客户和商务客户提供不同的活动。根据萨博对私人客户重要性所做出的判断，它为私人客户提供多种不同的东西，而所有的商务客户都可获得同样的东西。完善的数据库，使萨博能够对客户进行很好的区分，以准确地进行销售和沟通。所有忠诚客户，还可以收到萨博每年三期的《萨博杂志》。

从客户忠诚计划的实施方面看，萨博强调客户忠诚工作的重要性，设有专门的部门从事客户关系工作，有全职雇员 8 人，其中包括一位 CRM 经理、两位客户忠诚经理（一位负责商务客户，另一位负责私人客户）。雇员当中，一位负责分析，一位负责数据库，一位负责与潜在客户的对话，还有两位负责客户服务。在客服方面，还外包了 12 名合同工。该部门有固定预算，独立开展工作，这意味着它可以自己做出决策，不必就每项活动与公司其他部门协商。为了传播该部门的专门知识，它还有一部分工作是进行公司内部的沟通。对于客户投诉在公司内部的传输，负责 Saab Direct 的人员将处理所有一般性的问题。如果问题比较复杂，就在客户与相应负责部门之间建立联系，以解决问题。例如，如果是与产品相关的问题，将把客户连接到产品经理；如果是营销方面的问题，则由市场营销经理来处理。

萨博经销商的客户关系工作是与公司分开做的，这使各经销商对客户的照料很不相同。经销商对应该做什么模糊不清，有些在客户生日时送上鲜花和礼物，有些则没有进行太多此类活动。不过，萨博制定有经销商要了如指掌如交付服务方面的标准，以正确地为客户服务。

从客户忠诚度和客户忠诚计划的评估方面看，萨博按月评估其客户忠诚度，所使用的指标有两项，一是先后两次购买萨博新车的客户的数字，二是如今已拥有一辆萨博车（不管属于何种车型），但又想再买一辆新萨博车的人数。根据萨博公司的说法，忠诚客户的基本条件是客户现在应拥有一辆萨博车。

在客户方面，有趣的是，开 Sab9-3 或 Sab9-5 的客户比开 Sab900 或 Sab9000 客户更忠诚。虽然评估其客户忠诚计划，但萨博并不测量每个人的活动对客户忠诚的影响。

为了评估客户的态度，萨博通过 9 个焦点小组持续地收集重要信息。这些小组每组 10 人，与一位协调员一起讨论相关问题。根据讨论的问题，挑选出不同的人，例如，如果讨论涉及萨博卡，那么被挑选出来的人通常是萨博卡的活跃客户。如果公司对萨博卡低利用率这个问题感兴趣，那么挑选出来的就是消极的客户。由于萨博并不想影响这些讨论的结果，因此其负责客户忠诚的人员是在讨论者看不见的情况下收集和观察小组的意见和反应。此外，电话调查也是收集和了解客户意见的一种方法。

萨博的私人客户被细分成了 9 类，以分出最忠诚的客户，这种细分的依据是多方面的，如车型、生产年份、以往拥有萨博车的情况、年龄、地理位置和性别。客户永远是细分的，但客户所属的类型可能会变化。萨博会不断地与每位私人客户沟通，不管其忠诚度如何。但是，对不同类别的客户或细分客户群，它会采取 6 种不同的沟通方式并提供不同的东西。对价值高、重要的客户的奖励，会高于平均水平，例如，给予折扣券和邀请其参加特定的活动。

对于不太忠诚的客户，则不太会采用花费很大的沟通方式，而是采用电子邮件等比较节省成本的方式。

让潜在的客户获得信息，着眼点在于增强萨博的品牌。向这些人赠送礼品，是积极推动购买行为的手法。对于已经熟悉萨博的客户、萨博公司会赠送其他类型的信息材料。在萨博，送给忠诚私人客户的礼品与送给忠诚商务客户的礼品是相同的，这些礼品包括参加汽车发布会的请柬和体育赛事的入场券等。

6.4　提升汽车企业顾客满意度

我国当前汽车市场的竞争越来越激烈，不仅有本土的汽车品牌在竞争，而且许多国外的大品牌也纷纷进入中国汽车市场。对于汽车企业来说，忠诚客户十分重要，忠诚客户能够为汽车企业带来稳定的客源，而且会帮助企业进行宣传，培养忠诚客户需要不断地提升客户的满意度。客户满意度、忠诚度、终身价值三者之间的直接联系已得到广泛宣传，然而企业在倾听客户所需并且反馈这些方面做的却是那样的少。

企业在考虑包括客户满意度在内的客户关系管理的评估方法时，总是采用调查，或者电话来了解客户对上次沟通经历的感想。大多数企业的调查都采用这两种方法。通常他们会简单记录下反馈的大致信息，但往往不能据此采取实际行动。

事实上，对大多数服务性机构而言，能有一种更好的方法来培养客户满意度。客户将会告诉你长久以来他们一直期望的，而你要做的只是去收集、分析、理解，最后付诸实施。

6.4.1　影响顾客满意度的主要因素

（1）汽车企业的售后服务缺乏服务的主动性。

当前我国的汽车企业采取的是 4S 店或者是特约维修站进行汽车售后服务的方式，这种情况下，4S 店对于售后服务的重视度不足，许多 4S 店只注重销售的数量，对于售后服务的重要性认识不够。我国的汽车品牌企业缺乏建立一支标准化与专业化的售后服务队伍，导致顾客反映在汽车维修的过程中存在售后服务人员的态度恶劣、维修的技术差、配件存在假冒、收费不规范等情况。

汽车企业的维修人员缺乏服务的主动性，在服务的过程中往往是针对汽车问题进行维修，而对于顾客汽车使用缺乏情感上的交流，汽车维修人员对于汽车的日常维修、保养方面的知识较少与顾客进行交流，导致顾客对于维修人员的印象并不佳。

（2）汽车维修从业人员的素质低下，导致顾客对维修质量不满意。

我国的汽车维修上存在质量低下的现象，许多维修站、4S 店为了追求利润，采取偷工减料的方式，而维修人员也存在工作态度不认真，技术比较差的情况。汽车修理接触的工作环境比较脏，许多年轻人不愿意从事汽车修理工作，我国的许多汽车修理人员是一些初中或者中专毕业的人员，他们对于汽车的了解程度并未达到熟练的程度。在我国的汽车修理行业中，真正有技术、懂技术的人员比较少，许多技术人员是一知半解，导致汽车在维修上存在质量不过关的现象。

（3）汽车企业对于渠道经销商的控制力弱，影响品牌在消费者心中的形象。

我国的汽车销售面临着激烈的市场竞争，当前我国的汽车市场处于买方市场，消费者拥有较高的话语权，对于汽车企业来说，其为了扩大市场的份额，对渠道经销商的控制力比较弱，许多汽车的经销商拥有较大的话语权，而且在管理上，汽车企业难以控制经销商的行为。许多经销商只顾销售，不注重汽车企业厂商要求的一条龙服务。如我国的海马汽车采取的销售模式是多种模式混合，有品牌专卖店模式，还有特许连锁模式以及海马汽车交易市场模式，海马汽车的这种销售模式导致渠道的成员对于海马汽车的忠诚度不高。

6.4.2 提高汽车企业顾客满意度措施

1. 积极主动地为顾客提供服务

汽车企业在销售的过程中要加强服务，特别是要树立“顾客第一”的理念，汽车作为高技术含量的产品，对于普通的家庭来说，购买汽车的行为依然属于大件消费品支出，在购买汽车时许多消费者不仅考虑性价比，更多的是注重汽车品牌的售后服务，因此，我国的汽车企业要建立一条龙的服务策略，要积极主动地为顾客提供服务，汽车企业要建立一支规范、标准的服务团队，要对顾客反映的售后服务问题及时地进行回访查实，积极地为顾客解决问题。

汽车的维修人员要积极主动地为客户提供服务，如在修理汽车的过程中，询问顾客的汽车使用与日常的保养情况，而且对于一些汽车零部件的保养可以为顾客提供一些专业性的建议。在为顾客提供服务的过程中，要建立服务的流程标准，对于顾客存在的问题及时的解答，提升客户的满意度。

2. 提高维修人员的职业素养

为提升汽车维修人员的职业素养，汽车企业可采取校企合作办学的方式，如我国的一些本土品牌的汽车企业，奇瑞、海马等汽车品牌可以采取与高等职业院校合作办学的方式，通过校企合作，学生毕业后直接进入汽车企业工作，从而不断提升汽车企业的维修人员的职业素养。

3. 汽车企业加强对渠道成员的行为控制

汽车厂商的汽车产品销售需求依靠经销商等渠道成员的推广，而且汽车品牌的形象更多地需要经销商等渠道成员予以维护，顾客满意度的提升更多的依赖经销商，经销商是直接与顾客接触的，而顾客在很大程度上需要经销商提供售前与售后服务。因此汽车企业要加强对渠道成员行为的控制，要加强对经销商的绩效考核，并将顾客服务作为重要的考核标准，不断地提升经销商的服务质量，提高顾客的满意度。

教学引例

以亚马逊公司为例，尽可能收集日常与客户间的联络信息，而很多企业只是关注投诉，亚马逊公司称之为接触分析。其目的在于了解客户关系中的哪个环节出了问题，找出问题的根源并系统地依据事实进行解决。

由 Limebridge 与 BUDD 联合开展的一项针对英国企业的调查发现：77%的企业并不认为自己提供给客户的服务是简洁而又迅速的。大部分问题出在收集并利用客户意见，以及商业协作环节上的不足。

下面是亚马逊公司一套提高客户满意度的封闭流程。它基于假设这些优秀公司都能持续的正确理解客户服务的基础。

（1）倾听客户的声音。不仅是在调查或者收到投诉的时候，而应是每时每刻—所有与客户间的日常接触。

（2）对客户反映的事实负责并且采取行动。当客户对账单存有疑问时，要将它作为一次客户关系恶化的情况来处理。

（3）集中关注并把资源放在那些对客户有影响的项目上，从而达到提供更简单，快捷和有价值的服务。要找出深层次的原因，而不是表面现象。

（4）利用一套共同的指标来量度不同的项目成效。这些指标必须从客户立场出发。假如一段时间内客户对账单的质询大量减少，说明你们之间的沟通取得了成效（客户满意度也同样如此）。

（5）协调部门之间的商业协助能帮助有关员工处理客户关系，要系统化地做出即时性的协作，而不是交换。

（6）追踪所发生的一切，找出你在客户工作中产生的作用。这需要依据趋势的判断来进行适当的调整，而不是单次记录下满意度调查得来的反馈内容。同样，还需要在整个流程，跨部门的协调。

（7）回到第一点，重新开始。确保倾听客户声音并付诸实施的行动是一个受激情与毅力共同推动的过程。

6.5　客户投诉的处理及预防

6.5.1　客户投诉

在现代商务中，客户关系管理（CRM）处于越来越重要的地位，相应地，投诉的处理工作也越来越被各个商家所重视。有调查数据表明，在对商家不满的顾客中，只有 1/15 的顾客选择了投诉，这也意味着 1 次投诉，背后往往有 15 次失误。另有调查数据表明，对商家满意的顾客，只有 6%会告诉自己的亲友，而对商家不满的顾客，则有 28%会告诉自己的亲友。正所谓“好事不出门，坏事传千里”。随着信息传播手段的日益先进，这种现象会越来越凸显。还有调查数据表明，如果顾客对投诉解决满意，80%会继续选择原来的商家，而如果不满意，则只有 5%还会选择原来的商家。

投诉的原因有很多种，例如，产品质量、服务态度和价格分歧等。归纳起来不过就是一条：顾客的所得与所想发生了差异。

通常，客户投诉可分类如下：

1. 按投诉原因分

（1）对价格的投诉。

（2）对服务环境的投诉。
（3）对服务态度的投诉。
（4）对服务（含产品）质量的投诉。

2. 按投诉的要求分

（1）要求道歉。
（2）要求折扣（或者补偿）
（3）要求退换（包括返工）。
（4）要求赔偿。

3. 按责任的划分分

（1）我方应负全责。
（2）我方应负主要责任，顾客应负次要责任。
（3）双方责任基本相当。
（4）我方应负次要责任，顾客应负主要责任。
（5）顾客应负全责。

4. 按投诉人的情绪和性格表现分

（1）和善型。
（2）计较型。
（3）纠缠型。
（4）取闹型。
（5）暴怒型。

5. 按可能造成后果的强烈程度分

（1）轻微：通常只要口头解释或者致歉即可。
（2）中等：通常除了口头致歉之外，需要给顾客进行折扣或者优惠。
（3）严重：需要退换、无偿返工，被迫大幅减免顾客的费用。
（4）很严重：除了上述处理之外，通常需要赔偿或者书面道歉，否则就会招致严重后果。严重后果通常包括：媒体曝光、行业主管部门处罚、整车制造企业处罚和法律纠纷等。通常来说，我方的责任越大，顾客的情绪越激动，可能导致的后果就越严重，越需要慎重处理。

6.5.2 客户投诉的处理

在应对顾客投诉的工作中，每个企业、每个职员都有自己的方法，也可借鉴“一个中心、三个基本原则、六个步骤”来处理客户投诉。

1. 一个中心

以解决问题为中心接待顾客投诉，是一项吃力不讨好的工作。但是，我们必须知道，顾客投诉，是来要求解决问题的，否则顾客就会直接选择向主管部门投诉、找车辆生产商投诉或者找媒体曝光甚至打官司。因此，中心思想就是把问题化解，决不能逃避、推诿、拖延。

任何消极手段，都只会导致问题越来越严重。

即使纠纷是由顾客的责任引起的，也要耐心、和气、不厌其烦、面对问题、解决问题。

2. 三个基本原则

（1）首问负责原则。首先，我们要遵从首问负责原则，接待投诉的职员一定要注意，既然接下这个烫手山芋，就得处理到底，切不可推三阻四。很多投诉，本来事情不大，但是在被推到多个部门轮番折腾之后，顾客就很容易被激怒。

（2）自我批评原则。其次，我们要遵从自我批评原则，不论客我双方谁负的责任大或小，绝不能上来就指责顾客。正确的方法是，首先要说："感谢您选择了我们的产品和服务，您在接受我们服务中遇到的麻烦，我和您一样感到难过，并向您致歉。"然后再问："您遇到的麻烦，可以详细告诉我吗？我会尽力帮您解决的。"俗语说，伸手不打笑脸人，谦虚谨慎，是解决投诉的说话方式。

（3）责任归人原则。在处理投诉中，我们经常遇到这样的情况：责任在我方，但是可能是产品的质量问题，也可能是职员的人为错误，那么我们应该怎样给顾客交待责任的归属呢？大多数缺乏经验的职员都会这样说："我做的事情没有问题，是配件质量不好造成的。"因为揽功推责，乃人之常情，尤其是责任可能归结到本人的时候更是这样。可是，顾客的信任首先来源于对产品的信任。如果操作出了瑕疵，可通过教育、培训、奖罚制度来提高员工的工作水平；如果产品质量不好，顾客就会彻底丧失信心了。所以，正确的方法应该是向顾客说，"我们的产品质量是过硬的，请您放心。出问题的原因是我们的职员经验不够，在操作上出了一点问题，我们会帮您解决，以后一定会注意，不断提高职员的水平。"也就是说，不管产品是否真的有质量问题，至少在口头上，让顾客保持对产品的信心。这样的说法，就能够给顾客留下产品质量过硬、员工勇于承担责任的良好印象。

3. 六个步骤

（1）隔离，是处理投诉的第一步。投诉者，在心理上总想引起别人的注意，引起商家的重视，也想获得其他顾客的认同，所以，很多投诉者都会选择在前台、柜台或者会客室等地当众大声诉求并责备商家。如果任其在公众场合发表对己方不利的观点，后果是非常可怕的，所以应该迅速把投诉者带离公众视线。正确的说法是："我们很抱歉给您带来了疑难，公司非常重视您的问题，请您随我到办公室商议一下好吗？"然后立即把投诉者带到单独的场合进行处理。对于情绪越是激动的顾客，越早带离公众视线越好。

（2）消气，是紧接着的第二步。把顾客带到单独的场所之后，应该立即请顾客坐下，让顾客的情绪平静下来，这是解决问题的前提。如果顾客情绪激动，吵着要见领导。这时我们应该说："您来得不巧，经理外出了，他委托我来帮助您解决问题。"缺乏经验的职员恰恰相反，他们可能会说："既然您不和我谈，我就去给您把领导找来吧。"这是最不好的做法。如果这时领导不出面，顾客的情绪往往是火上浇油；如果让领导直接出面，一来可能会耽误重要工作，二来就失去了解决问题的回旋余地。

在"消气"的过程当中，应该注意给顾客沏茶，至少要倒一杯温水。同时还要注意观察顾客是否吸烟。对于不吸烟的顾客，就说："我们注意到您不吸烟，所以特在这个非吸烟区接待您，希望有助于您的健康。"对于吸烟的顾客，带到吸烟区递上一支烟是最好的消气办法。

这一点和发达国家的接待规范是不同的，我们很多整车厂给 4S 站下发的规章制度就忽略了这个实际情况。

（3）摸底，是解决问题的开始。投诉既然已经发生，十有八九包含着比较复杂的情况。

当顾客已经消气坐下来以后，我们一定要仔细询问情况，并进行笔记。做笔记一是为了真实记录第一手材料，二是为了让顾客感觉我方的重视，三是有益于自己养成良好的工作习惯。

记录完顾客的陈述之后，应该请顾客坐着稍等（如果可能，可以找来一些报纸杂志等让顾客打发时间），自己立即找到当事人（销售员、服务顾问、回访员等）核实情况。如果当事人的核实结果与顾客陈述有较大出入，应该再次核实。但是如果几次核实之后，出入仍然较大，也大可不必刨根问底，以免激怒顾客。接下来应该是实际核查，也就是亲自陪同顾客，去检查车辆实际情况，如果有必要，请带上专业技术人员同去。

综上所述，摸底有三方面的内容：记录顾客陈述，找当事人核对，亲临现场实际考证。

（4）请示，是解决疑难投诉的重要步骤。当然，如果该次投诉解决难度不大，采取的措施又在自己的职权范围之内，不经请示能够直接处理，是最好不过的。反之，如果遇到疑难投诉，则应该请示相关领导。这样做有几个好处：第一，让领导知道这件事情的详情，询问处理办法的底线，以免两头不讨好；第二，如果领导能够当即拍板，则免去了很多麻烦；第三，如果问题过于棘手，也为在最后关头请领导出面埋下伏笔。

（5）小恩小惠，是解决投诉的辅助手段。虽说是辅助手段，但是往往很有效。在汽车销售公司、维修厂、配件店和 4S 服务站等处，常有赠送小礼品，小幅度减免顾客费用，免费进行保养维护、检测等。

我们在正面解决问题之外，如果能够对顾客施以一定的恩惠，往往可以大大缓解顾客的对立情绪，甚至收到立竿见影的效果。

（6）软硬兼施，是解决疑难投诉的“杀手锏”。如果我们的服务人员，能够熟练运用上述五个方法，相信一般的投诉都能妥善处理。但是也有个别情况很棘手，有的顾客得理不让人，会提出让我方接受不了的要求，例如要求退车、要求大幅度减免费用、要求高额赔偿等。这种情况的发生，往往发生在我方理亏的情况下，我们既不能拒绝处理，又不能完全满足顾客的要求，而且如果满足顾客要求，我方就要蒙受重大损失，请示领导也得不到或者不可能得到批准。这时，软硬兼施就成为必要手段了。

我们应该诚恳地表达我方处理问题的诚意和办法，然后要坚决地告诉客户，他的过分要求我方实在无法满足，而且，即便他采取媒体曝光、向上级投诉和起诉等办法，也得不到他想要的结果。如果顾客一定要采取过激措施，很可能两败俱伤，得不偿失。必要时，也可以请律师出面和对方周旋。在表达我方绝不让步的意思时，要注意两点，一是立场坚定，不要让对方再有非分之想；二是有理有据有节，语气和用词注意分寸，既要让对方知难而退，又要保全对方的面子。

6.5.3 投诉的预防

在足球界，有一句众所周知的名言——进攻是最好的防守。同样，处理投诉的最好办法是预防和减少投诉。预防投诉，有以下 3 个要点：

（1）加强敬业精神教育，使我们的每一个职员都要牢记：不管是产品质量还是服务质量，我们都要精益求精；不论做好一件事情有多难，总比解决投诉要容易得多。

（2）加强质量控制，对质量问题，建立可行的奖罚制度；优化公司的工作流程和管理制度，把不合格发生率降到最低。

（3）保证信息畅通，反应迅速，把投诉解决在萌芽状态甚至在“可能”状态。

教学引例

位于东京的××4S店一直生意很好。下午，临近休息时，一位金发碧眼的外国女士走了进来。

“您好，请问您要什么？”一天忙碌下来，装饰品部的服务员美惠子早已疲惫不堪，但她依然笑容满面，用流利的英语和这位外国女士打招呼。

“您好，我叫杰丝，我想买一台××汽车上配置的CD音响，送给我先生的父母，请问哪种牌子的最好？”这位妇女问。

“就买××牌的吧，音质好，失真度低，顾客一般都愿意购买。”美惠子热心地向她推荐。

“好吧，请给我拿一台”说着，她就准备掏钱：“多少钱？”

这时，皮包里的手机响了，她拿出电话，服务员听她说道：“是的，我是××，美国快递公司，请他们找我的父母好了，我有采访任务，我现在在东京……好的，就这么办吧。”说完，她挂了电话。

美惠子从柜台上取出一台还未开封的CD机，用双手递给杰丝，微笑着说：“谢谢，杰丝女士，一共3 000日元。”

杰丝从挎包里取出钱，递给美惠子，说道：“谢谢！”便抱着那台CD机出了门。

“您请走好！”美惠子俯身鞠躬，在背后甜甜地说道。

“××品牌的4S店的确名不虚传，果真如先生所说的那样，服务一流。”杰丝出了店，想起了自己丈夫说过的话。

回到自己在东京公寓，杰丝想打开欣赏一下CD机，当她打开包装，取出CD机，却发现根本无法使用，这台CD机竟是一个没有机芯的空壳子。这要是送到公婆家，岂不是太让人难堪了吗？

杰丝顿时火冒三丈，她决定第二天一早就赶到××4S店去交涉。

想到服务员当时的满面笑容、温柔细语，杰丝更感到自己受到了欺骗和愚弄。她气愤难平，立刻坐在桌前，写了一篇名为《笑脸背后的真面目，批评××4S店不负责任的行为》的新闻稿，准备第二天一早就送出发表。

第二天早晨，当杰丝正准备动身之际，忽然接到了一个电话，竟然是××4S店打来的，对方一再向她道歉，并请她留下地址，在公寓稍等，一会儿公司会来给她换一台合格的新CD机。

杰丝弄不清××4S店是如何知道自己的电话号码的，她正在胡乱猜疑之时，××4S店的人赶到了。

一起来的是4S店的副经理和提着皮箱的职员××，两人一进客厅便俯首鞠躬，表示特来请罪，除了更换一台合格的CD机外，他们还加送了著名歌唱家××的唱片一张、蛋糕一盒和毛巾一套。

杰丝的气消了，她请这两人坐下，谈话中，杰丝才知道，为了找到她，公司的几位负责人一夜未眠。

原来，昨天下午下班后，在清点商品时，美惠子才发现错将一个当作样品的空心机盒卖给了顾客，于是她立即报告了经理，要求公司处理。

此事非同小可，直接影响着公司的信誉，但顾客早已离去，茫茫人海，到何处去找？美惠子回忆起这位顾客曾打过电话，从谈话内容可以知道：这个顾客是一位美国记者，叫杰丝，好像和美国快递公司有关系，除此之外，没有别的线索可寻。

公司立即召集有关人员商议对策，并连夜开始了无异于大海捞针的寻人行动。

他们先是给东京各大宾馆打电话查询，没有；接着打电话给美国快递公司在纽约的总部，根据杰丝这个名字查到了她父母家的电话号码；又打电话给她的父母，终于得知她的手机号码……为找到她，公司合计共打了35次电话。

杰丝得知了事情的原委后，非常感动，送走了两人，她立即将那篇稿子扔掉，重新写了篇名为《35次电话》的新闻稿。

报道发表后，多家报纸进行了转载，××4S店的知名度大为提高，声誉也大增。由于自身失误而引发的危机，就这样巧妙地被公司化解了。

案例点评：

这个4S店，在处理问题的过程中，充分展现出上面提到的投诉预防的3个要点。

（1）对工作质量认真负责，下班以后在疲惫状态中还能一丝不苟检查自己的工作，实属难能可贵。

（2）我们没有看到该公司对犯错误职员的处罚制度如何，但是我们至少看到了他们以小礼品形式给顾客进行补偿的做法。

（3）我们看到的是职员和管理层的信息畅通和及时反应，而不是掩盖问题或者拖延解决。

最难能可贵的是，该公司敬业者不止一个员工。我们看到的是，为了解决这个问题、该公司上下想尽了所有的办法，也几乎调动了所有的能用到的资源。这样的企业，这样的员工，当然会赢得客户，赢得市场。

情景再现：投诉处理话术

汽车销售顾问要处理好客户的关系，一定要让客户满意，最终由投诉客户转变为最忠实的客户。

情景一：缓和客户态度

客户："怎么搞的嘛，十几万元的车才买了不到一年，发动机就漏油了。你们必须给我个说法，否则我就要请媒体来曝光。"

汽车销售顾问："实在对不起。如果是由于这个问题给您造成了不便，还请多多海涵。"

客户："抱歉有什么用，能解决这个问题吗？你们号称是世界知名品牌，别的车都不会发生这样的问题，就你们的车会有这样的情况。今天一定要给我一个说法！"

汽车销售顾问："我非常理解您的心情，虽然生产厂家给出的方案是更换密封垫，但我们还是会帮助您解决好这个问题的。"

客户："怎么解决？我不接受更换密封垫。"

汽车销售顾问："我们非常理解您，说实在的，如果这件事情发生在我们身上，同样也会像您这样会感到不舒服。"

客户："就是嘛！我花这么多钱买一辆车，就是希望买到一辆质量过硬的汽车，而不是这里有毛病，那里有问题。"

汽车销售顾问："可以理解。"

成交秘诀：只有让客户充分地发泄，才可能降低投诉处理的成本。

情景二：找出问题根源

客户："怎么搞的，发动机过热的问题已经修了不下3次了，但一直还是老样子。"

汽车销售顾问："很抱歉，这么一点问题没能一次性处理好，让您还得再来一趟。"

客户："既然找不到问题，那就把整个散热系统换一个不就成了，干嘛要这么折腾？"

汽车销售顾问："我理解您的要求。正像您所说的，在问题没有真正找到前，我们做任何的处理都是毫无任何意义的，相信您也会同意我的看法。"

客户："我还是要求把整个散热系统全部换掉。"

汽车销售顾问："我理解。为什么您一定要求换掉整个散热系统呢？"

客户："因为我不想三番五次地来处理这个问题，而且遇到的维修人员个个能力都很差，弄得我非常不愉快。我担心如果不换整个系统，过了保修期再加上你们的工作人员是这个样子，我哪里能够放得了心？"

汽车销售顾问："原来您不是担心汽车本身，而是觉得我们的维修人员专业能力太差是这样的吗？"

客户："当然两方面都有，更主要是维修人员不行。"

成交秘诀：找出隐藏在表象后的根源，一切问题就有了解决的办法。

情景三：提出解决方案

汽车销售顾问："原来您不是担心汽车本身，而是觉得我们的维修人员专业能力太差，是这样的吗？"

客户："当然两方面都有，更主要是维修人员不行。"

汽车销售顾问："我明白了。其实您多虑了，您可以透过落地玻璃看一下，现在我们重新调整了维修人员，他们个个都是能手。如果此时我们安排技术最好的维修人员给您做检查，同时又把您的问题解决了，您会同意我们作维修处理吗？"

客户："能保证吗？"

汽车销售顾问："肯定没有问题，这一点您尽管放心，车修好后我们会通知您。"

成交秘诀：把客户的关注与真实的要求转变成为对应的处理方案，那将是最有效、最经济的解决方案。

情景四：从客户投诉到客户忠诚

客户："你们的服务热线总是打了没人接，是不是没人值守。"

汽车销售顾问："没有啊！我们每天24小时都有工作人员值守，即使是下班后也有专人负责的。"

客户："怎么不会，我昨天下午连续打了3次，都是无人应答，这让我非常生气。"

汽车销售顾问："赵先生，实在对不起，不管是哪个环节出了问题，我都代表4S店非常感谢您给我们提出这么好的意见，我将会落实一下为什么我们制定了这么严格的制度还会有这样的情况发生。"

汽车销售顾问："您好，赵先生，再次向您表示歉意。经过我们的核查，发现电话系统出了点故障，让您多次打电话也没有联系上我们。虽然这是电话设备的故障，但我们保证今后会从制度上解决这样偶然情况的发生。再次谢谢您的宝贵意见，以后如果发现我们有做得不好的地方，请直接向我们反映，我们会第一时间处理的。非常感谢！”

客户：“不要客气，我的气话你们都那么认真，说明你们店是很负责的，今后我会介绍更多的朋友来买车和接受服务。”

汽车销售顾问：“那就太谢谢您了，赵先生，请常来我们店坐坐。”

客户：“好的，再见！”

成交秘诀：成功的企业都在鼓励客户投诉！因为会投诉的客户才是真正的好客户，只要他们的问题能够得到圆满的解决，那么他们将是可以依靠的编外销售精英。

6.6 客户关怀

客户关怀理念最早由克拉特巴克提出，他认为，顾客关怀是服务质量标准化的一种基本方式，它涵盖了公司经营的各个方面，从产品或服务设计到如何包装、交付和服务。

单一的价格战容易让市场陷入红海竞争，企业急需寻求另外一种更加平和的竞争方式，一些跨国性质的大公司率先开始抢夺客户资源，它们设立了单独的客户关怀部门，利用数据库存储所有客户及潜在客户信息，分析顾客偏好，在合适的时候推荐合适的产品，目的是在留住老客户的同时抢夺更多新客户。这明显缓解了价格战带来的恶性循环。

开发一个新客户的成本要远远大于维护一个老客户。经济发达国家企业客户关怀机制普遍比较完善，一些大公司耗费大量人力物力向客户提供无微不至的关怀。如前面介绍的本田、雷克萨斯和萨博等品牌。

在我国，客户关怀机制正处于发展阶段，大多数先进理念引自外资公司或合资公司，部分本土企业仍然在学习中。随着客户管理体系不断完善，客户关怀的门槛逐步放低，在互联网发达的今天，小公司、个体商户也开始花费较少的成本更细致地管理自己的客户，一系列店铺管理软件、会员管理软件直接推动了客户关怀的普及。

6.6.1 客户关怀的目的

1. 提高客户忠诚度

客户关怀能够有效提高顾客消费体验，具体表现体现在以下几方面：

（1）高度满意的顾客会更加、更久地忠实于企业。

（2）主动尝试企业更多的新产品并提高购买价值更高的产品。

（3）对企业及其产品说好话，形成良性口碑。

（4）忽视竞争品牌及其广告，并对价格变化反应平淡。

（5）由于更加熟悉与交易的程序化而降低服务成本。

2. 延长客户生命周期

客户生命周期指一个客户对企业而言是有类似生命一样的诞生、成长、成熟、衰老、死亡的过程。成长、成熟和衰老这三个阶段往往伴随消费，尤其是成熟期，是客户消费的黄金时期，有效延长客户生命周期将提高客户单价，从而提高总盈利。

3. 改进产品

忠实顾客是最好的产品设计师，通过使用他们会发现哪些不好用、不方便的地方，顾客关怀其实为企业建立了聆听建议的渠道，让企业发现改进空间，设计出更符合顾客要求、更有市场的产品。

4. 口碑传播

这也是口碑效应。当你的产品或服务超出了顾客的期望，他们将习惯性地向周围的朋友分享，很显然，熟人传递的产品信息更加可信，成交概率也更高。

6.6.2 客户关怀的方法

客户关怀管理真正体现了“以客户为中心”，“以营销为整体”的现代企业经营理念，是企业市场营销系统的重要组成部分，也是企业打造持续的市场竞争力、实现可持续发展的基本要求。如何开展客户关怀，从以下两方面入手：

1. 制订客户关怀的工作目标

（1）确定开展客户关怀目标，系统评估客户对公司的价值和贡献，评估客户关键人对公司的价值。

（2）确定客户关系，对关键人员进行定位。

（3）确定要跟踪的客户项目名称，并列表。

（4）根据公司资源和核心能力确定为客户提供的产品、技术和服务内容范围。

（5）根据竞争态势，明确要达到的市场排名和市场份额。

2. 选择客户关怀的工作任务

根据开展客户关怀的工作目标，让客户充分了解公司对客户的价值和贡献。根据不同活动内容和目的，拟定不同的人员组成、目标和分工。区分不同规模、贡献、层次、地区，采取不同的策略，从关怀频度、关怀内容、关怀手段、关怀形式上制订计划，落实关怀。

（1）筛选客户信息

客户关怀建立在数据库营销的基础之上，需要记录的数据包括顾客的姓名、手机号码、生日等重要纪念日、消费类别和金额记录、最后一次消费距今时间等。最快的方法就是将普通顾客变成会员，会员就如同储蓄罐中的钱币，是一个长期积累的过程，积累得越多，商家的财富就越多。

（2）生日关怀

在生日这样重要日子里，如果能够收到一条来自商家的祝福短信，无疑会加深客户对该商家的印象。特别的纪念日对每个人来说都是特殊的，如果商家能够抓住时机送上祝福，无疑会被划分到“亲朋好友”之列，客户自然更加忠诚。

（3）短信营销

与大企业相比，小商家人力财力有限，缺少广告支撑，难以开展类型丰富的营销活动，如果有几百个会员，开展短信关怀，情况会大不一样。策划一场足够吸引眼球的主题活动，用短信通知所有会员，通过短信发放电子代金券，甚至告诉会员邀请朋友同来还可以享受折扣。

（4）电子账单

目前在中国电子账单常用于信用卡消费提醒，就是刷卡消费后手机将收到一条提示短信，短信内容中包括本次消费的金额、卡内余额等信息。当会员管理与短信营销相结合，即使是个体快修美容店也可以向顾客发送电子账单，提供银联界别的消费体验，以更优质的服务提高客户忠诚度。

（5）积分管理

积分是商家评估客户价值的重要依据，根据积分对客户进行奖励，或让高额积分的顾客享受更优惠的价格，可以有效提升客户黏性，同时刺激客户消费积极性。

（6）流失顾客挽留

有些客户曾经在店里消费上千元，可是最近却一直没来消费。如果对客户消费记录进行分析，商家很快就能找出这些正在流失的客户，有的放矢地向他们发送挽留短信，针对他们开展与众不同的活动，打回访电话，倾听他们的建议并做出改进。这将让商户得到良性的发展。

（7）产品推荐

根据对客户分析得到的各类客户群体特征，针对不同的群体，宣传公司提供的最适合该类客户的各项服务产品。倾听客户的意见，随时关注客户的新需求，解决客户的难题，关注客户资源的动态变化，挖掘客户更多更深层的应用，为客户提供更多更新的应用，保持长久关系，争取实现经营客户和持续销售的目的。

（8）问题反馈

了解客户对公司的反馈意见，及时调整客户关怀体系，并对客户的反馈意见进行处理，防止与降低客户流失。

（9）个性化的服务措施

提供诸如服务热线、技术支持、客户需求研讨、客户需求评估等个性化的服务措施。

（10）优惠关怀

在一些有特殊意义的日子里，如母亲节、产品几周年庆典等有象征性意义的日子推出促销返利的优惠活动。同时借助关怀活动，提升用户使用的活跃度，增进客户关系，为业务的开展提供一个良好平台。

6.6.3 衍生服务

（1）舒适的休息区。客休室应针对季节变化作色彩灯光布置调整，根据季节变化，调整客休室绿色植物、座椅颜色等营造舒适环境，并设专门的商务区，配备有电话、传真机和复印机等，并友善提示客户可提供以上服务。该区域应再细分为影视区、无烟区、儿童区、上网区等，以及附件和精品展示区，配备合适的座椅、各种饮料以满足客户不同的需求。休息区应有专职的 DCRC（Dealer Customer Relation Center——经销商客户关系中心）人员负责照顾客户，及时了解并满足客户的需求。

（2）提供足够的信息，包括车辆使用注意事项、保险理赔及续保等供客户选择查询；在客户等待时，客户应能随时查询其车辆的维修状态和进展情况。

（3）提供新车型试乘试驾。

（4）如果客户选择离开，经销商应推荐合适的、可供选择的交通方案。

总之，让所有来访客户得到受尊重的感觉，愿意留下来了解更多的信息。对于所有来到本店的客户，无论其来访原因，经销商都应予以足够的关怀。为客户提供更多更新的关怀服务，保持长久关系，争取实现经营客户和持续销售的目的。

教学引例

中华轿车客户关怀中心总部设在上海，与其他多数客户服务中心相比，该中心最大的特点是提供多种服务，例如投诉回访、汽车保养提醒、用户专项调查等。这些服务使华晨金杯能够主动、及时地与客户进行沟通，了解消费者的最新需求，真正做到对中华轿车用户的“关怀”。该中心提供的其他服务还包括客户热线、专家咨询、产销问答、紧急求助等几大板块，向用户提供产品服务投诉、技术指导、产销信息、紧急订货、救护报警处理、快速救援小组等数十项服务。以快速救援为例，一旦用户的中华轿车出现问题，可拨打服务电话，中心在确认用户位置后立即与距该车最近的服务站直接联系，使用户可以在最短时间内得到救助。这一服务已覆盖全国 30 个省、自治区、直辖市的 60 多个城市，并且还将继续增加。该中心采用了 Nortel CTI 平台，是国内目前设备最先进的呼叫中心之一。从规模上来讲，该中心属于国内汽车行业中规模最大的客户关怀中心，全天 24 小时为客户提供服务，设计能力可以同时满足 50 万中华车主的服务需求。中心将突破传统的服务模式，把网络、电话、现场以及分销商等多种服务整合到统一的客户平台，使客户在任何时间、任何地点、以任何方式都能感受到厂商的贴心服务。

项目小结

（1）客户满意是指客户的一种心理感受，具体说就是客户的需求被满足后形成的一种愉悦感或状态。客户满意度指客户满意程度的高低或为客户体验与客户期望之差。用公式表示为：客户满意度 = 客户体验 – 客户期望。

（2）汽车行业客户满意度可以分为内部满意度和外部满意度。内部满意度是由经销商的客户服务部门通过质量跟踪进行数学加权平均得出的，可以及时得出当期的满意度，具有较强的时效性，针对调查发现的问题可以立即进行改善。外部满意度是由专业的调查公司通过计算机辅助电话的方式调查完成的，通过对调查数据的数理统计分析，确定各调查项目的权重，从而计算出客户对经销商的满意度结果。

（3）客户服务满意度是测评服务质量的指标，是衡量客户对于服务体验的有效工具。汽车行业客户满意度是以客户的体验来衡量经销商服务水准的，指客户对车辆质量、驾乘舒适性等方面的评价值，以及对汽车经销商的售后服务质量、服务态度、服务品牌等方面的认可程度。

（4）客户忠诚是指客户对企业的产品或服务的依恋或爱慕的感情，它主要通过客户的情感忠诚、行为忠诚和意识忠诚表现出来。客户忠诚度是指客户因为接受了产品或服务，满足了自己的需求，而对品牌或供应（服务）商产生的心理上的依赖及行为上的追捧。

（5）忠诚客户的价值体现在增加收入、降低成本、良好的形象效应和口碑效应，集中精力、有助于公司推出其他新产品等方面。影响客户忠诚的因素有客户满意、客户价值、客户信任、购买成本、转移成本及客户关怀等方面。

（6）投诉的处理的"一个中心、三个基本原则、六个步骤"。一个中心：以解决问题为中心。三个基本原则：首问负责原则、自我批评原则、责任归人原则。六个步骤包括：隔离、消气、摸底、请示、小恩小惠、软硬兼施。

（7）客户关怀管理真正体现了"以客户为中心"，"以营销为整体"的现代企业经营理念。客户关怀是服务质量标准化的一种基本方式，它涵盖了公司经营的各个方面，从产品或服务设计到如何包装、交付和服务。

思考与练习

1. 判断题

（1）"客户满意"仅仅是客户对服务质量、服务态度、产品质量和产品价格等方面直观的满意。（　　）

（2）客户是否继续购买产品或者服务，是衡量客户满意度的主要指标。该数值越大，满意度越高。（　　）

（3）外部满意度调查具有准确可靠的优点，但也具有时效性差的缺点。（　　）

（4）随着市场环境的不断变化，SSI 的因子和权重是不会发生变动的。（　　）

（5）企业必须把做交易的观念转化为与消费者建立关系的观念，从仅仅集中于对消费者的争取和转为集中于消费者的忠诚与持久。（　　）

（6）客户在选购产品时，往往从价值和成本两个方面进行比较分析，从中选择价值最高，成本最低产品作为优先选购的对象。（　　）

2. 简答题

（1）汽车行业客户满意度的含义及衡量指标有哪些？

（2）简述汽车行业客户忠诚度的含义。从哪些方面表现出来？具体包括哪些内容？

（3）汽车行业客户忠诚价值体现在哪些方面？

（4）影响客户忠诚主要分几个方面？建立客户忠诚目前可行的途径有哪些？

（5）顾客投诉的原因有哪些？如何处理顾客投诉？如何预防顾客投诉？

（6）客户关怀的常用方法有哪些？

附件 相关国家法律法规及条例

附件1 家用汽车产品修理、更换、退货责任规定

第一章 总则

第一条 为了保护家用汽车产品消费者的合法权益，明确家用汽车产品修理、更换、退货（以下简称“三包”）责任，根据有关法律法规，制定本规定。

第二条 在中华人民共和国境内生产、销售的家用汽车产品的“三包”，适用本规定。

第三条 本规定是家用汽车产品“三包”责任的基本要求。鼓励家用汽车产品经营者做出更有利于维护消费者合法权益的严于本规定的“三包”责任承诺；承诺一经作出，应当依法履行。

第四条 本规定所称“三包”责任由销售者依法承担。销售者依照规定承担“三包”责任后，属于生产者的责任或者属于其他经营者的责任的，销售者有权向生产者、其他经营者追偿。

家用汽车产品经营者之间可以订立合同约定“三包”责任的承担，但不得侵害消费者的合法权益，不得免除本规定所规定的“三包”责任和质量义务。

第五条 家用汽车产品消费者、经营者行使权利、履行义务或承担责任，应当遵循诚实信用原则，不得恶意欺诈。

家用汽车产品经营者不得故意拖延或者无正当理由拒绝消费者提出的符合本规定的“三包”责任要求。

第六条 国家质量监督检验检疫总局（以下简称国家质检总局）负责本规定实施的协调指导和监督管理；组织建立家用汽车产品“三包”信息公开制度，并可以依法委托相关机构建立家用汽车产品“三包”信息系统，承担有关信息管理等工作。

地方各级质量技术监督部门负责本行政区域内本规定实施的协调指导和监督管理。

第七条 各有关部门、机构及其工作人员对履行规定职责所知悉的商业秘密和个人信息依法负有保密义务。

第二章 生产者义务

第八条 生产者应当严格执行出厂检验制度；未经检验合格的家用汽车产品，不得出厂销售。

第九条 生产者应当向国家质检总局备案生产者基本信息、车型信息、约定的销售和修理网点资料、产品使用说明书、“三包”凭证、维修保养手册、“三包”责任争议处理和退换车信息等家用汽车产品“三包”有关信息，并在信息发生变化时及时更新备案。

第十条　家用汽车产品应当具有中文的产品合格证或相关证明以及产品使用说明书、“三包”凭证、维修保养手册等随车文件。

产品使用说明书应当符合消费品使用说明等国家标准规定的要求。家用汽车产品所具有的使用性能、安全性能在相关标准中没有规定的，其性能指标、工作条件、工作环境等要求应当在产品使用说明书中明示。

“三包”凭证应当包括以下内容：产品品牌、型号、车辆类型规格、车辆识别代码（VIN码）、生产日期；生产者名称、地址、邮政编码、客服电话；销售者名称、地址、邮政编码、电话等销售网点资料、销售日期；修理者名称、地址、邮政编码、电话等修理网点资料或者相关查询方式；家用汽车产品“三包”条款、包修期和“三包”有效期以及按照规定要求应当明示的其他内容。

维修保养手册应当格式规范、内容实用。

随车提供工具、备件等物品的，应附有随车物品清单。

第三章　销售者义务

第十一条　销售者应当建立并执行进货检查验收制度，验明家用汽车产品合格证等相关证明和其他标识。

第十二条　销售者销售家用汽车产品，应当符合下列要求：

（一）向消费者交付合格的家用汽车产品以及发票；

（二）按照随车物品清单等随车文件向消费者交付随车工具、备件等物品；

（三）当面查验家用汽车产品的外观、内饰等现场可查验的质量状况；

（四）明示并交付产品使用说明书、“三包”凭证、维修保养手册等随车文件；

（五）明示家用汽车产品“三包”条款、包修期和“三包”有效期；

（六）明示由生产者约定的修理者名称、地址和联系电话等修理网点资料，但不得限制消费者在上述修理网点中自主选择修理者；

（七）在“三包”凭证上填写有关销售信息；

（八）提醒消费者阅读安全注意事项、按产品使用说明书的要求进行使用和维护保养。

对于进口家用汽车产品，销售者还应当明示并交付海关出具的货物进口证明和出入境检验检疫机构出具的进口机动车辆检验证明等资料。

第四章　修理者义务

第十三条　修理者应当建立并执行修理记录存档制度。书面修理记录应当一式两份，一份存档，一份提供给消费者。

修理记录内容应当包括送修时间、行驶里程、送修问题、检查结果、修理项目、更换的零部件名称和编号、材料费、工时和工时费、拖运费、提供备用车的信息或者交通费用补偿金额、交车时间、修理者和消费者签名或盖章等。

修理记录应当便于消费者查阅或复制。

第十四条　修理者应当保持修理所需要的零部件的合理储备，确保修理工作的正常进行，避免因缺少零部件而延误修理时间。

第十五条　用于家用汽车产品修理的零部件应当是生产者提供或者认可的合格零部件，且其质量不低于家用汽车产品生产装配线上的产品。

第十六条　在家用汽车产品包修期和“三包”有效期内，家用汽车产品出现产品质量问题或严重安全性能故障而不能安全行驶或者无法行驶的，应当提供电话咨询修理服务；电话咨询服务无法解决的，应当开展现场修理服务，并承担合理的车辆拖运费。

第五章　“三包”责任

第十七条　家用汽车产品包修期限不低于 3 年或者行驶里程 60 000 千米，以先到者为准；家用汽车产品“三包”有效期限不低于 2 年或者行驶里程 50 000 千米，以先到者为准。家用汽车产品包修期和“三包”有效期自销售者开具购车发票之日起计算。

第十八条　在家用汽车产品包修期内，家用汽车产品出现产品质量问题，消费者凭“三包”凭证由修理者免费修理（包括工时费和材料费）。

家用汽车产品自销售者开具购车发票之日起 60 日内或者行驶里程 3 000 千米之内（以先到者为准），发动机、变速器的主要零件出现产品质量问题的，消费者可以选择免费更换发动机、变速器。发动机、变速器的主要零件的种类范围由生产者明示在“三包”凭证上，其种类范围应当符合国家相关标准或规定，具体要求由国家质检总局另行规定。

家用汽车产品的易损耗零部件在其质量保证期内出现产品质量问题的，消费者可以选择免费更换易损耗零部件。易损耗零部件的种类范围及其质量保证期由生产者明示在“三包”凭证上。生产者明示的易损耗零部件的种类范围应当符合国家相关标准或规定，具体要求由国家质检总局另行规定。

第十九条　在家用汽车产品包修期内，因产品质量问题每次修理时间（包括等待修理备用件时间）超过 5 日的，应当为消费者提供备用车，或者给予合理的交通费用补偿。

修理时间自消费者与修理者确定修理之时起，至完成修理之时止。一次修理占用时间不足 24 小时的，以 1 日计。

第二十条　在家用汽车产品“三包”有效期内，符合本规定更换、退货条件的，消费者凭“三包”凭证、购车发票等由销售者更换、退货。

家用汽车产品自销售者开具购车发票之日起 60 日内或者行驶里程 3 000 千米之内（以先到者为准），家用汽车产品出现转向系统失效、制动系统失效、车身开裂或燃油泄漏，消费者选择更换家用汽车产品或退货的，销售者应当负责免费更换或退货。

在家用汽车产品“三包”有效期内，发生下列情况之一，消费者选择更换或退货的，销售者应当负责更换或退货：

（一）因严重安全性能故障累计进行了 2 次修理，严重安全性能故障仍未排除或者又出现新的严重安全性能故障的；

（二）发动机、变速器累计更换 2 次后，或者发动机、变速器的同一主要零件因其质量问题，累计更换 2 次后，仍不能正常使用的，发动机、变速器与其主要零件更换次数不重复计算；

（三）转向系统、制动系统、悬架系统、前/后桥、车身的同一主要零件因其质量问题，累计更换 2 次后，仍不能正常使用的。

转向系统、制动系统、悬架系统、前/后桥、车身的主要零件由生产者明示在“三包”凭证上。

第二十一条　在家用汽车产品“三包”有效期内，因产品质量问题修理时间累计超过 35 日的，或者因同一产品质量问题累计修理超过 5 次的，消费者可以凭“三包”凭证、购车发票，由销售者负责更换。

下列情形所占用的时间不计入前款规定的修理时间：

（一）需要根据车辆识别代码（VIN 码）等定制的防盗系统、全车线束等特殊零部件的运输时间；特殊零部件的种类范围由生产者明示在“三包”凭证上；

（二）外出救援路途所占用的时间。

第二十二条　在家用汽车产品“三包”有效期内，符合更换条件的，销售者应当及时向消费者更换新的合格的同品牌同型号家用汽车产品；无同品牌同型号家用汽车产品更换的，销售者应当及时向消费者更换不低于原车配置的家用汽车产品。

第二十三条　在家用汽车产品“三包”有效期内，符合更换条件，销售者无同品牌同型号家用汽车产品，也无不低于原车配置的家用汽车产品向消费者更换的，消费者可以选择退货，销售者应当负责为消费者退货。

第二十四条　在家用汽车产品“三包”有效期内，符合更换条件的，销售者应当自消费者要求换货之日起 15 个工作日内向消费者出具更换家用汽车产品证明。

在家用汽车产品“三包”有效期内，符合退货条件的，销售者应当自消费者要求退货之日起 15 个工作日内向消费者出具退车证明，并负责为消费者按发票价格一次性退清货款。

家用汽车产品更换或退货的，应当按照有关法律法规规定办理车辆登记等相关手续。

第二十五条　按照本规定更换或者退货的，消费者应当支付因使用家用汽车产品所产生的合理使用补偿，销售者依照本规定应当免费更换、退货的除外。

合理使用补偿费用的计算公式为：[车价款（元）× 行驶里程（km）/1 000] × n。使用补偿系数 n 由生产者根据家用汽车产品使用时间、使用状况等因素在 0.5% ~ 0.8%确定，并在“三包”凭证中明示。

家用汽车产品更换或者退货的，发生的税费按照国家有关规定执行。

第二十六条　在家用汽车产品“三包”有效期内，消费者书面要求更换、退货的，销售者应当自收到消费者书面要求更换、退货之日起 10 个工作日内，作出书面答复。逾期未答复或者未按本规定负责更换、退货的，视为故意拖延或者无正当理由拒绝。

第二十七条　消费者遗失家用汽车产品“三包”凭证的，销售者、生产者应当在接到消费者申请后 10 个工作日内予以补办。消费者向销售者、生产者申请补办“三包”凭证后，可以依照本规定继续享有相应权利。

按照本规定更换家用汽车产品后，销售者、生产者应当向消费者提供新的“三包”凭证，家用汽车产品包修期和“三包”有效期自更换之日起重新计算。

在家用汽车产品包修期和“三包“有效期内发生家用汽车产品所有权转移的，“三包”凭证应当随车转移，“三包”责任不因汽车所有权转移而改变。

第二十八条　经营者破产、合并、分立、变更的，其“三包”责任按照有关法律法规规定执行。

第六章　三包责任免除

第二十九条　易损耗零部件超出生产者明示的质量保证期出现产品质量问题的，经营者可以不承担本规定所规定的家用汽车产品“三包”责任。

第三十条　在家用汽车产品包修期和“三包”有效期内，存在下列情形之一的，经营者对所涉及产品质量问题，可以不承担本规定所规定的“三包”责任：

（一）消费者所购家用汽车产品已被书面告知存在瑕疵的；

（二）家用汽车产品用于出租或者其他营运目的的；

（三）使用说明书中明示不得改装、调整、拆卸，但消费者自行改装、调整、拆卸而造成损坏的；

（四）发生产品质量问题，消费者自行处置不当而造成损坏的；

（五）因消费者未按照使用说明书要求正确使用、维护、修理产品，而造成损坏的；

（六）因不可抗力造成损坏的。

第三十一条　在家用汽车产品包修期和“三包”有效期内，无有效发票和“三包”凭证的，经营者可以不承担本规定所规定的“三包”责任。

第七章　争议的处理

第三十二条　家用汽车产品“三包”责任发生争议的，消费者可以与经营者协商解决；可以依法向各级消费者权益保护组织等第三方社会中介机构请求调解解决；可以依法向质量技术监督部门等有关行政部门申诉进行处理。

家用汽车产品三包责任争议双方不愿通过协商、调解解决或者协商、调解无法达成一致的，可以根据协议申请仲裁，也可以依法向人民法院起诉。

第三十三条　经营者应当妥善处理消费者对家用汽车产品“三包”问题的咨询、查询和投诉。

经营者和消费者应积极配合质量技术监督部门等有关行政部门、有关机构等对家用汽车产品三包责任争议的处理。

第三十四条　省级以上质量技术监督部门可以组织建立家用汽车产品“三包”责任争议处理技术咨询人员库，为争议处理提供技术咨询；经争议双方同意，可以选择技术咨询人员参与争议处理，技术咨询人员咨询费用由双方协商解决。

经营者和消费者应当配合质量技术监督部门家用汽车产品“三包”责任争议处理技术咨询人员库建设，推荐技术咨询人员，提供必要的技术咨询。

第三十五条　质量技术监督部门处理家用汽车产品“三包”责任争议，按照产品质量申诉处理有关规定执行。

第三十六条　处理家用汽车产品“三包”责任争议，需要对相关产品进行检验和鉴定的，按照产品质量仲裁检验和产品质量鉴定有关规定执行。

第八章　罚则

第三十七条　违反本规定第九条规定的，予以警告，责令限期改正，处1万元以上3万元以下罚款。

第三十八条　违反本规定第十条规定，构成有关法律法规规定的违法行为的，依法予以处罚；未构成有关法律法规规定的违法行为的，予以警告，责令限期改正；情节严重的，处1万元以上3万元以下罚款。

第三十九条　违反本规定第十二条规定，构成有关法律法规规定的违法行为的，依法予以处罚；未构成有关法律法规规定的违法行为的，予以警告，责令限期改正；情节严重的，处3万元以下罚款。

第四十条　违反本规定第十三条、第十四条、第十五条或第十六条规定的，予以警告，责令限期改正；情节严重的，处 3 万元以下罚款。

第四十一条　未按本规定承担“三包”责任的，责令改正，并依法向社会公布。

第四十二条　本规定所规定的行政处罚，由县级以上质量技术监督部门等部门在职权范围内依法实施，并将违法行为记入质量信用档案。

第九章　附则

第四十三条　本规定下列用语的含义：

家用汽车产品，是指消费者为生活消费需要而购买和使用的乘用车。

乘用车，是指相关国家标准规定的除专用乘用车之外的乘用车。

生产者，是指在中华人民共和国境内依法设立的生产家用汽车产品并以其名义颁发产品合格证的单位。从中华人民共和国境外进口家用汽车产品到境内销售的单位视同生产者。

销售者，是指以自己的名义向消费者直接销售、交付家用汽车产品并收取货款、开具发票的单位或者个人。

修理者，是指与生产者或销售者订立代理修理合同，依照约定为消费者提供家用汽车产品修理服务的单位或者个人。

经营者，包括生产者、销售者、向销售者提供产品的其他销售者、修理者等。

产品质量问题，是指家用汽车产品出现影响正常使用、无法正常使用或者产品质量与法规、标准、企业明示的质量状况不符合的情况。

严重安全性能故障，是指家用汽车产品存在危及人身、财产安全的产品质量问题，致使消费者无法安全使用家用汽车产品，包括出现安全装置不能起到应有的保护作用或者存在起火等危险情况。

第四十四条　按照本规定更换、退货的家用汽车产品再次销售的，应当经检验合格并明示该车是“三包”换退车以及更换、退货的原因。

“三包”换退车的“三包”责任按合同约定执行。

第四十五条　本规定涉及的有关信息系统以及信息公开和管理、生产者信息备案、“三包”责任争议处理技术咨询人员库管理等具体要求由国家质检总局另行规定。

第四十六条　有关法律、行政法规对家用汽车产品的修理、更换、退货等另有规定的，从其规定。

第四十七条　本规定由国家质量监督检验检疫总局负责解释。

第四十八条　本规定自 2013 年 10 月 1 日起施行。

附件 2　中华人民共和国产品质量法

第一章　总则

第一条　为了加强对产品质量的监督管理，提高产品质量水平，明确产品质量责任，保护消费者的合法权益，维护社会经济秩序，制定本法。

第二条　在中华人民共和国境内从事产品生产、销售活动，必须遵守本法。

本法所称产品是指经过加工、制作，用于销售的产品。

建设工程不适用本法规定；但是，建设工程使用的建筑材料、建筑构配件和设备，属于前款规定的产品范围的，适用本法规定。

第三条　生产者、销售者应当建立健全内部产品质量管理制度，严格实施岗位质量规范、质量责任以及相应的考核办法。

第四条　生产者、销售者依照本法规定承担产品质量责任。

第五条　禁止伪造或者冒用认证标志等质量标志；禁止伪造产品的产地，伪造或者冒用他人的厂名、厂址；禁止在生产、销售的产品中掺杂、掺假，以假充真，以次充好。

第六条　国家鼓励推行科学的质量管理方法，采用先进的科学技术，鼓励企业产品质量达到并且超过行业标准、国家标准和国际标准。

对产品质量管理先进和产品质量达到国际先进水平、成绩显著的单位和个人，给予奖励。

第七条　各级人民政府应当把提高产品质量纳入国民经济和社会发展规划，加强对产品质量工作的统筹规划和组织领导，引导、督促生产者、销售者加强产品质量管理，提高产品质量，组织各有关部门依法采取措施，制止产品生产、销售中违反本法规定的行为，保障本法的施行。

第八条　国务院产品质量监督部门主管全国产品质量监督工作。国务院有关部门在各自的职责范围内负责产品质量监督工作。

县级以上地方产品质量监督部门主管本行政区域内的产品质量监督工作。县级以上地方人民政府有关部门在各自的职责范围内负责产品质量监督工作。

法律对产品质量的监督部门另有规定的，依照有关法律的规定执行。

第九条　各级人民政府工作人员和其他国家机关工作人员不得滥用职权、玩忽职守或者徇私舞弊，包庇、放纵本地区、本系统发生的产品生产、销售中违反本法规定的行为，或者阻挠、干预依法对产品生产、销售中违反本法规定的行为进行查处。

各级地方人民政府和其他国家机关有包庇、放纵产品生产、销售中违反本法规定的行为的，依法追究其主要负责人的法律责任。

第十条　任何单位和个人有权对违反本法规定的行为，向产品质量监督部门或者其他有关部门检举。

产品质量监督部门和有关部门应当为检举人保密，并按照省、自治区、直辖市人民政府的规定给予奖励。

第十一条　任何单位和个人不得排斥非本地区或者非本系统企业生产的质量合格产品进入本地区、本系统。

第二章　产品质量的监督

第十二条　产品质量应当检验合格，不得以不合格产品冒充合格产品。

第十三条　可能危及人体健康和人身、财产安全的工业产品，必须符合保障人体健康和人身、财产安全的国家标准、行业标准；未制定国家标准、行业标准的，必须符合保障人体健康和人身、财产安全的要求。

禁止生产、销售不符合保障人体健康和人身、财产安全的标准和要求的工业产品。具体管理办法由国务院规定。

第十四条　国家根据国际通用的质量管理标准，推行企业质量体系认证制度。企业根据自愿原则可以向国务院产品质量监督部门认可的或者国务院产品质量监督部门授权的部门认可的认证机构申请企业质量体系认证。经认证合格的，由认证机构颁发企业质量体系认证证书。

国家参照国际先进的产品标准和技术要求，推行产品质量认证制度。企业根据自愿原则可以向国务院产品质量监督部门认可的或者国务院产品质量监督部门授权的部门认可的认证机构申请产品质量认证。经认证合格的，由认证机构颁发产品质量认证证书，准许企业在产品或者其包装上使用产品质量认证标志。

第十五条　国家对产品质量实行以抽查为主要方式的监督检查制度，对可能危及人体健康和人身、财产安全的产品，影响国计民生的重要工业产品以及消费者、有关组织反映有质量问题的产品进行抽查。抽查的样品应当在市场上或者企业成品仓库内的待销产品中随机抽取。监督抽查工作由国务院产品质量监督部门规划和组织。县级以上地方产品质量监督部门在本行政区域内也可以组织监督抽查。法律对产品质量的监督检查另有规定的，依照有关法律的规定执行。

国家监督抽查的产品，地方不得另行重复抽查；上级监督抽查的产品，下级不得另行重复抽查。

根据监督抽查的需要，可以对产品进行检验。检验抽取样品的数量不得超过检验的合理需要，并不得向被检查人收取检验费用。监督抽查所需检验费用按照国务院规定列支。

生产者、销售者对抽查检验的结果有异议的，可以自收到检验结果之日起十五日内向实施监督抽查的产品质量监督部门或者其上级产品质量监督部门申请复检，由受理复检的产品质量监督部门作出复检结论。

第十六条　对依法进行的产品质量监督检查，生产者、销售者不得拒绝。

第十七条　依照本法规定进行监督抽查的产品质量不合格的，由实施监督抽查的产品质量监督部门责令其生产者、销售者限期改正。逾期不改正的，由省级以上人民政府产品质量监督部门予以公告；公告后经复查仍不合格的，责令停业，限期整顿；整顿期满后经复查产品质量仍不合格的，吊销营业执照。

监督抽查的产品有严重质量问题的，依照本法第五章的有关规定处罚。

第十八条　县级以上产品质量监督部门根据已经取得的违法嫌疑证据或者举报，对涉嫌违反本法规定的行为进行查处时，可以行使下列职权：

（一）对当事人涉嫌从事违反本法的生产、销售活动的场所实施现场检查；

（二）向当事人的法定代表人、主要负责人和其他有关人员调查、了解与涉嫌从事违反本法的生产、销售活动有关的情况；

（三）查阅、复制当事人有关的合同、发票、账簿以及其他有关资料；

（四）对有根据认为不符合保障人体健康和人身、财产安全的国家标准、行业标准的产品或者有其他严重质量问题的产品，以及直接用于生产、销售该项产品的原辅材料、包装物、生产工具，予以查封或者扣押。

县级以上工商行政管理部门按照国务院规定的职责范围，对涉嫌违反本法规定的行为进行查处时，可以行使前款规定的职权。

第十九条　产品质量检验机构必须具备相应的检测条件和能力，经省级以上人民政府产品质量监督部门或者其授权的部门考核合格后，方可承担产品质量检验工作。法律、行政法规对产品质量检验机构另有规定的，依照有关法律、行政法规的规定执行。

第二十条　从事产品质量检验、认证的社会中介机构必须依法设立，不得与行政机关和其他国家机关存在隶属关系或者其他利益关系。

第二十一条　产品质量检验机构、认证机构必须依法按照有关标准，客观、公正地出具检验结果或者认证证明。

产品质量认证机构应当依照国家规定对准许使用认证标志的产品进行认证后的跟踪检查；对不符合认证标准而使用认证标志的，要求其改正；情节严重的，取消其使用认证标志的资格。

第二十二条　消费者有权就产品质量问题，向产品的生产者、销售者查询；向产品质量监督部门、工商行政管理部门及有关部门申诉，接受申诉的部门应当负责处理。

第二十三条　保护消费者权益的社会组织可以就消费者反映的产品质量问题建议有关部门负责处理，支持消费者对因产品质量造成的损害向人民法院起诉。

第二十四条　国务院和省、自治区、直辖市人民政府的产品质量监督部门应当定期发布其监督抽查的产品的质量状况公告。

第二十五条　产品质量监督部门或者其他国家机关以及产品质量检验机构不得向社会推荐生产者的产品；不得以对产品进行监制、监销等方式参与产品经营活动。

第三章　生产者、销售者的产品质量责任和义务

第一节　生产者的产品质量责任和义务

第二十六条　生产者应当对其生产的产品质量负责。

产品质量应当符合下列要求：

（一）不存在危及人身、财产安全的不合理的危险，有保障人体健康和人身、财产安全的国家标准、行业标准的，应当符合该标准；

（二）具备产品应当具备的使用性能，但是，对产品存在使用性能的瑕疵作出说明的除外；

（三）符合在产品或者其包装上注明采用的产品标准，符合以产品说明、实物样品等方式表明的质量状况。

第二十七条　产品或者其包装上的标识必须真实，并符合下列要求：

（一）有产品质量检验合格证明；

（二）有中文标明的产品名称、生产厂厂名和厂址；

（三）根据产品的特点和使用要求，需要标明产品规格、等级、所含主要成分的名称和含量的，用中文相应予以标明；需要事先让消费者知晓的，应当在外包装上标明，或者预先向消费者提供有关资料；

（四）限期使用的产品，应当在显著位置清晰地标明生产日期和安全使用期或者失效日期；

（五）使用不当，容易造成产品本身损坏或者可能危及人身、财产安全的产品，应当有警示标志或者中文警示说明。

裸装的食品和其他根据产品的特点难以附加标识的裸装产品，可以不附加产品标识。

第二十八条　易碎、易燃、易爆、有毒、有腐蚀性、有放射性等危险物品以及储运中不能倒置和其他有特殊要求的产品，其包装质量必须符合相应要求，依照国家有关规定作出警示标志或者中文警示说明，标明储运注意事项。

第二十九条　生产者不得生产国家明令淘汰的产品。

第三十条　生产者不得伪造产地，不得伪造或者冒用他人的厂名、厂址。

第三十一条　生产者不得伪造或者冒用认证标志等质量标志。

第三十二条　生产者生产产品，不得掺杂、掺假，不得以假充真、以次充好，不得以不合格产品冒充合格产品。

第二节　销售者的产品质量责任和义务

第三十三条　销售者应当建立并执行进货检查验收制度,验明产品合格证明和其他标识。

第三十四条　销售者应当采取措施，保持销售产品的质量。

第三十五条　销售者不得销售国家明令淘汰并停止销售的产品和失效、变质的产品。

第三十六条　销售者销售的产品的标识应当符合本法第二十七条的规定。

第三十七条　销售者不得伪造产地，不得伪造或者冒用他人的厂名、厂址。

第三十八条　销售者不得伪造或者冒用认证标志等质量标志。

第三十九条　销售者销售产品，不得掺杂、掺假，不得以假充真、以次充好，不得以不合格产品冒充合格产品。

第四章　损害赔偿

第四十条　售出的产品有下列情形之一的，销售者应当负责修理、更换、退货；给购买产品的消费者造成损失的，销售者应当赔偿损失：

（一）不具备产品应当具备的使用性能而事先未作说明的；

（二）不符合在产品或者其包装上注明采用的产品标准的；

（三）不符合以产品说明、实物样品等方式表明的质量状况的。

销售者依照前款规定负责修理、更换、退货、赔偿损失后，属于生产者的责任或者属于向销售者提供产品的其他销售者（以下简称供货者）的责任的，销售者有权向生产者、供货者追偿。

销售者未按照第一款规定给予修理、更换、退货或者赔偿损失的，由产品质量监督部门或者工商行政管理部门责令改正。

生产者之间，销售者之间，生产者与销售者之间订立的买卖合同、承揽合同有不同约定的，合同当事人按照合同约定执行。

第四十一条　因产品存在缺陷造成人身、缺陷产品以外的其他财产（以下简称他人财产）损害的，生产者应当承担赔偿责任。

生产者能够证明有下列情形之一的，不承担赔偿责任：

（一）未将产品投入流通的；

（二）产品投入流通时，引起损害的缺陷尚不存在的；

（三）将产品投入流通时的科学技术水平尚不能发现缺陷的存在的。

第四十二条　由于销售者的过错使产品存在缺陷，造成人身、他人财产损害的，销售者应当承担赔偿责任。

销售者不能指明缺陷产品的生产者也不能指明缺陷产品的供货者的，销售者应当承担赔偿责任。

第四十三条　因产品存在缺陷造成人身、他人财产损害的，受害人可以向产品的生产者要求赔偿，也可以向产品的销售者要求赔偿。属于产品的生产者的责任，产品的销售者赔偿的，产品的销售者有权向产品的生产者追偿。属于产品的销售者的责任，产品的生产者赔偿的，产品的生产者有权向产品的销售者追偿。

第四十四条　因产品存在缺陷造成受害人人身伤害的，侵害人应当赔偿医疗费、治疗期间的护理费、因误工减少的收入等费用；造成残疾的，还应当支付残疾者生活自助具费、生活补助费、残疾赔偿金以及由其扶养的人所必需的生活费等费用；造成受害人死亡的，并应当支付丧葬费、死亡赔偿金以及由死者生前扶养的人所必需的生活费等费用。

因产品存在缺陷造成受害人财产损失的，侵害人应当恢复原状或者折价赔偿。受害人因此遭受其他重大损失的，侵害人应当赔偿损失。

第四十五条　因产品存在缺陷造成损害要求赔偿的诉讼时效期间为二年，自当事人知道或者应当知道其权益受到损害时起计算。

因产品存在缺陷造成损害要求赔偿的请求权，在造成损害的缺陷产品交付最初消费者满十年丧失；但是，尚未超过明示的安全使用期的除外。

第四十六条　本法所称缺陷，是指产品存在危及人身、他人财产安全的不合理的危险；产品有保障人体健康和人身、财产安全的国家标准、行业标准的，是指不符合该标准。

第四十七条　因产品质量发生民事纠纷时，当事人可以通过协商或者调解解决。当事人不愿通过协商、调解解决或者协商、调解不成的，可以根据当事人各方的协议向仲裁机构申请仲裁；当事人各方没有达成仲裁协议或者仲裁协议无效的，可以直接向人民法院起诉。

第四十八条　仲裁机构或者人民法院可以委托本法第十九条规定的产品质量检验机构，对有关产品质量进行检验。

第五章　罚则

第四十九条　生产、销售不符合保障人体健康和人身、财产安全的国家标准、行业标准的产品的，责令停止生产、销售，没收违法生产、销售的产品，并处违法生产、销售产品（包括已售出和未售出的产品，下同）货值金额等值以上三倍以下的罚款；有违法所得的，并处没收违法所得；情节严重的，吊销营业执照；构成犯罪的，依法追究刑事责任。

第五十条　在产品中掺杂、掺假，以假充真，以次充好，或者以不合格产品冒充合格产品的，责令停止生产、销售，没收违法生产、销售的产品，并处违法生产、销售产品货值金额百分之五十以上三倍以下的罚款；有违法所得的，并处没收违法所得；情节严重的，吊销营业执照；构成犯罪的，依法追究刑事责任。

第五十一条　生产国家明令淘汰的产品的，销售国家明令淘汰并停止销售的产品的，责令停止生产、销售，没收违法生产、销售的产品，并处违法生产、销售产品货值金额等值以下的罚款；有违法所得的，并处没收违法所得；情节严重的，吊销营业执照。

第五十二条　销售失效、变质的产品的，责令停止销售，没收违法销售的产品，并处违法销售产品货值金额二倍以下的罚款；有违法所得的，并处没收违法所得；情节严重的，吊销营业执照；构成犯罪的，依法追究刑事责任。

第五十三条　伪造产品产地的，伪造或者冒用他人厂名、厂址的，伪造或者冒用认证标志等质量标志的，责令改正，没收违法生产、销售的产品，并处违法生产、销售产品货值金额等值以下的罚款；有违法所得的，并处没收违法所得；情节严重的，吊销营业执照。

第五十四条　产品标识不符合本法第二十七条规定的，责令改正；有包装的产品标识不符合本法第二十七条第（四）项、第（五）项规定，情节严重的，责令停止生产、销售，并处违法生产、销售产品货值金额百分之三十以下的罚款；有违法所得的，并处没收违法所得。

第五十五条　销售者销售本法第四十九条至第五十三条规定禁止销售的产品，有充分证据证明其不知道该产品为禁止销售的产品并如实说明其进货来源的，可以从轻或者减轻处罚。

第五十六条　拒绝接受依法进行的产品质量监督检查的，给予警告，责令改正；拒不改正的，责令停业整顿；情节特别严重的，吊销营业执照。

第五十七条　产品质量检验机构、认证机构伪造检验结果或者出具虚假证明的，责令改正，对单位处五万元以上十万元以下的罚款，对直接负责的主管人员和其他直接责任人员处一万元以上五万元以下的罚款；有违法所得的，并处没收违法所得；情节严重的，取消其检验资格、认证资格；构成犯罪的，依法追究刑事责任。

产品质量检验机构、认证机构出具的检验结果或者证明不实，造成损失的，应当承担相应的赔偿责任；造成重大损失的，撤销其检验资格、认证资格。

产品质量认证机构违反本法第二十一条第二款的规定，对不符合认证标准而使用认证标志的产品，未依法要求其改正或者取消其使用认证标志资格的，对因产品不符合认证标准给消费者造成的损失，与产品的生产者、销售者承担连带责任；情节严重的，撤销其认证资格。

第五十八条　社会团体、社会中介机构对产品质量作出承诺、保证，而该产品又不符合其承诺、保证的质量要求，给消费者造成损失的，与产品的生产者、销售者承担连带责任。

第五十九条　在广告中对产品质量作虚假宣传，欺骗和误导消费者的，依照《中华人民共和国广告法》的规定追究法律责任。

第六十条　对生产者专门用于生产本法第四十九条、第五十一条所列的产品或者以假充真的产品的原辅材料、包装物、生产工具，应当予以没收。

第六十一条　知道或者应当知道属于本法规定禁止生产、销售的产品而为其提供运输、保管、仓储等便利条件的，或者为以假充真的产品提供制假生产技术的，没收全部运输、保管、仓储或者提供制假生产技术的收入，并处违法收入百分之五十以上三倍以下的罚款；构成犯罪的，依法追究刑事责任。

第六十二条　服务业的经营者将本法第四十九条至第五十二条规定禁止销售的产品用于经营性服务的，责令停止使用；对知道或者应当知道所使用的产品属于本法规定禁止销售的产品的，按照违法使用的产品（包括已使用和尚未使用的产品）的货值金额，依照本法对销售者的处罚规定处罚。

第六十三条　隐匿、转移、变卖、损毁被产品质量监督部门或者工商行政管理部门查封、扣押的物品的，处被隐匿、转移、变卖、损毁物品货值金额等值以上三倍以下的罚款；有违法所得的，并处没收违法所得。

第六十四条　违反本法规定，应当承担民事赔偿责任和缴纳罚款、罚金，其财产不足以同时支付时，先承担民事赔偿责任。

第六十五条　各级人民政府工作人员和其他国家机关工作人员有下列情形之一的，依法给予行政处分；构成犯罪的，依法追究刑事责任：

（一）包庇、放纵产品生产、销售中违反本法规定行为的；

（二）向从事违反本法规定的生产、销售活动的当事人通风报信，帮助其逃避查处的；

（三）阻挠、干预产品质量监督部门或者工商行政管理部门依法对产品生产、销售中违反本法规定的行为进行查处，造成严重后果的。

第六十六条　产品质量监督部门在产品质量监督抽查中超过规定的数量索取样品或者向被检查人收取检验费用的，由上级产品质量监督部门或者监察机关责令退还；情节严重的，对直接负责的主管人员和其他直接责任人员依法给予行政处分。

第六十七条　产品质量监督部门或者其他国家机关违反本法第二十五条的规定，向社会推荐生产者的产品或者以监制、监销等方式参与产品经营活动的，由其上级机关或者监察机关责令改正，消除影响，有违法收入的予以没收；情节严重的，对直接负责的主管人员和其他直接责任人员依法给予行政处分。

产品质量检验机构有前款所列违法行为的，由产品质量监督部门责令改正，消除影响，有违法收入的予以没收，可以并处违法收入一倍以下的罚款；情节严重的，撤销其质量检验资格。

第六十八条　产品质量监督部门或者工商行政管理部门的工作人员滥用职权、玩忽职守、徇私舞弊，构成犯罪的，依法追究刑事责任；尚不构成犯罪的，依法给予行政处分。

第六十九条　以暴力、威胁方法阻碍产品质量监督部门或者工商行政管理部门的工作人员依法执行职务的，依法追究刑事责任；拒绝、阻碍未使用暴力、威胁方法的，由公安机关依照治安管理处罚条例的规定处罚。

第七十条　本法规定的吊销营业执照的行政处罚由工商行政管理部门决定，本法第四十九条至第五十七条、第六十条至第六十三条规定的行政处罚由产品质量监督部门或者工商行政管理部门按照国务院规定的职权范围决定。法律、行政法规对行使行政处罚权的机关另有规定的，依照有关法律、行政法规的规定执行。

第七十一条　对依照本法规定没收的产品，依照国家有关规定进行销毁或者采取其他方式处理。

第七十二条　本法第四十九条至第五十四条、第六十二条、第六十三条所规定的货值金额以违法生产、销售产品的标价计算；没有标价的，按照同类产品的市场价格计算。

第六章　附则

第七十三条　军工产品质量监督管理办法，由国务院、中央军事委员会另行制定。

因核设施、核产品造成损害的赔偿责任，法律、行政法规另有规定的，依照其规定。

第七十四条　本法自 1993 年 9 月 1 日起施行。

附件3　中华人民共和国消费者权益保护法

第一章　总则

第一条 为保护消费者的合法权益,维护社会经济秩序,促进社会主义市场经济健康发展,制定本法。

第二条　消费者为生活消费需要购买、使用商品或者接受服务，其权益受本法保护；本法未作规定的，受其他有关法律、法规保护。

第三条　经营者为消费者提供其生产、销售的商品或者提供服务，应当遵守本法；本法未作规定的，应当遵守其他有关法律、法规。

第四条　经营者与消费者进行交易，应当遵循自愿、平等、公平、诚实信用的原则。

第五条　国家保护消费者的合法权益不受侵害。

国家采取措施，保障消费者依法行使权利，维护消费者的合法权益。

第六条　保护消费者的合法权益是全社会的共同责任。

国家鼓励、支持一切组织和个人对损害消费者合法权益的行为进行社会监督。

大众传播媒介应当做好维护消费者合法权益的宣传，对损害消费者合法权益的行为进行舆论监督。

第二章　消费者的权利

第七条　消费者在购买、使用商品和接受服务时享有人身、财产安全不受损害的权利。

消费者有权要求经营者提供的商品和服务，符合保障人身、财产安全的要求。

第八条　消费者享有知悉其购买、使用的商品或者接受的服务的真实情况的权利。

消费者有权根据商品或者服务的不同情况，要求经营者提供商品的价格、产地、生产者、用途、性能、规格、等级、主要成分、生产日期、有效期限、检验合格证明、使用方法说明书、售后服务，或者服务的内容、规格、费用等有关情况。

第九条　消费者享有自主选择商品或者服务的权利。

消费者有权自主选择提供商品或者服务的经营者，自主选择商品品种或者服务方式，自主决定购买或者不购买任何一种商品、接受或者不接受任何一项服务。

消费者在自主选择商品或者服务时，有权进行比较、鉴别和挑选。

第十条　消费者享有公平交易的权利。

消费者在购买商品或者接受服务时，有权获得质量保障、价格合理、计量正确等公平交易条件，有权拒绝经营者的强制交易行为。

第十一条　消费者因购买、使用商品或者接受服务受到人身、财产损害的，享有依法获得赔偿的权利。

第十二条　消费者享有依法成立维护自身合法权益的社会团体的权利。

第十三条　消费者享有获得有关消费和消费者权益保护方面的知识的权利。

消费者应当努力掌握所需商品或者服务的知识和使用技能，正确使用商品，提高自我保护意识。

第十四条　消费者在购买、使用商品和接受服务时，享有其人格尊严、民族风俗习惯得到尊重的权利。

第十五条　消费者享有对商品和服务以及保护消费者权益工作进行监督的权利。

消费者有权检举、控告侵害消费者权益的行为和国家机关及其工作人员在保护消费者权益工作中的违法失职行为，有权对保护消费者权益工作提出批评、建议。

第三章　经营者的义务

第十六条　经营者向消费者提供商品或者服务，应当依照《中华人民共和国产品质量法》和其他有关法律、法规的规定履行义务。

经营者和消费者有约定的，应当按照约定履行义务，但双方的约定不得违背法律、法规的规定。

第十七条　经营者应当听取消费者对其提供的商品或者服务的意见，接受消费者的监督。

第十八条　经营者应当保证其提供的商品或者服务符合保障人身、财产安全的要求。对可能危及人身、财产安全的商品和服务，应当向消费者作出真实的说明和明确的警示，并说明和标明正确使用商品或者接受服务的方法以及防止危害发生的方法。

经营者发现其提供的商品或者服务存在严重缺陷，即使正确使用商品或者接受服务仍然可能对人身、财产安全造成危害的，应当立即向有关行政部门报告和告知消费者，并采取防止危害发生的措施。

第十九条　经营者应当向消费者提供有关商品或者服务的真实信息，不得作引人误解的虚假宣传。

经营者对消费者就其提供的商品或者服务的质量和使用方法等问题提出的询问，应当作出真实、明确的答复。

商店提供商品应当明码标价。

第二十条　经营者应当标明其真实名称和标记。

租赁他人柜台或者场地的经营者，应当标明其真实名称和标记。

第二十一条　经营者提供商品或者服务，应当按照国家有关规定或者商业惯例向消费者出具购货凭证或者服务单据；消费者索要购货凭证或者服务单据的，经营者必须出具。

第二十二条　经营者应当保证在正常使用商品或者接受服务的情况下其提供的商品或者服务应当具有的质量、性能、用途和有效期限；但消费者在购买该商品或者接受该服务前已经知道其存在瑕疵的除外。

经营者以广告、产品说明、实物样品或者其他方式表明商品或者服务的质量状况的，应当保证其提供的商品或者服务的实际质量与表明的质量状况相符。

第二十三条　经营者提供商品或者服务，按照国家规定或者与消费者的约定，承担包修、包换、包退或者其他责任的，应当按照国家规定或者约定履行，不得故意拖延或者无理拒绝。

第二十四条　经营者不得以格式合同、通知、声明、店堂告示等方式作出对消费者不公平、不合理的规定，或者减轻、免除其损害消费者合法权益应当承担的民事责任。

格式合同、通知、声明、店堂告示等含有前款所列内容的，其内容无效。

第二十五条　经营者不得对消费者进行侮辱、诽谤，不得搜查消费者的身体及其携带的物品，不得侵犯消费者的人身自由。

第四章　国家对消费者合法权益的保护

第二十六条　国家制定有关消费者权益的法律、法规和政策时，应当听取消费者的意见和要求。

第二十七条　各级人民政府应当加强领导，组织、协调、督促有关行政部门做好保护消费者合法权益的工作。

各级人民政府应当加强监督，预防危害消费者人身、财产安全行为的发生，及时制止危害消费者人身、财产安全的行为。

第二十八条　各级人民政府工商行政管理部门和其他有关行政部门应当依照法律、法规的规定，在各自的职责范围内，采取措施，保护消费者的合法权益。

有关行政部门应当听取消费者及其社会团体对经营者交易行为、商品和服务质量问题的意见，及时调查处理。

第二十九条　有关国家机关应当依照法律、法规的规定，惩处经营者在提供商品和服务中侵害消费者合法权益的违法犯罪行为。

第三十条　人民法院应当采取措施，方便消费者提起诉讼。对符合《中华人民共和国民事诉讼法》起诉条件的消费者权益争议，必须受理，及时审理。

第五章　消费者组织

第三十一条　消费者协会和其他消费者组织是依法成立的对商品和服务进行社会监督的保护消费者合法权益的社会团体。

第三十二条　消费者协会履行下列职能：

（一）向消费者提供消费信息和咨询服务；

（二）参与有关行政部门对商品和服务的监督、检查；

（三）就有关消费者合法权益的问题，向有关行政部门反映、查询，提出建议；

（四）受理消费者的投诉，并对投诉事项进行调查、调解；

（五）投诉事项涉及商品和服务质量问题的，可以提请鉴定部门鉴定，鉴定部门应当告知鉴定结论；

（六）就损害消费者合法权益的行为，支持受损害的消费者提起诉讼；

（七）对损害消费者合法权益的行为，通过大众传播媒介予以揭露、批评。

各级人民政府对消费者协会履行职能应当予以支持。

第三十三条　消费者组织不得从事商品经营和营利性服务，不得以牟利为目的向社会推荐商品和服务。

第六章　争议的解决

第三十四条　消费者和经营者发生消费者权益争议的，可以通过下列途径解决：

（一）与经营者协商和解；

（二）请求消费者协会调解；

（三）向有关行政部门申诉；

（四）根据与经营者达成的仲裁协议提请仲裁机构仲裁；

（五）向人民法院提起诉讼。

第三十五条　消费者在购买、使用商品时，其合法权益受到损害的，可以向销售者要求赔偿。销售者赔偿后，属于生产者的责任或者属于向销售者提供商品的其他销售者的责任的，销售者有权向生产者或者其他销售者追偿。

消费者或者其他受害人因商品缺陷造成人身、财产损害的，可以向销售者要求赔偿，也可以向生产者要求赔偿。属于生产者责任的，销售者赔偿后，有权向生产者追偿。属于销售者责任的，生产者赔偿后，有权向销售者追偿。

消费者在接受服务时，其合法权益受到损害的，可以向服务者要求赔偿。

第三十六条　消费者在购买、使用商品或者接受服务时，其合法权益受到损害，因原企业分立、合并的，可以向变更后承受其权利义务的企业要求赔偿。

第三丨七条　使用他人营业执照的违法经营者提供商品或者服务，损害消费者合法权益的，消费者可以向其要求赔偿，也可以向营业执照的持有人要求赔偿。

第三十八条　消费者在展销会、租赁柜台购买商品或者接受服务，其合法权益受到损害的，可以向销售者或者服务者要求赔偿。展销会结束或者柜台租赁期满后，也可以向展销会的举办者、柜台的出租者要求赔偿。展销会的举办者、柜台的出租者赔偿后，有权向销售者或者服务者追偿。

第三十九条　消费者因经营者利用虚假广告提供商品或者服务，其合法权益受到损害的，可以向经营者要求赔偿。广告的经营者发布虚假广告的，消费者可以请求行政主管部门予以惩处。广告的经营者不能提供经营者的真实名称、地址的，应当承担赔偿责任。

第七章　法律责任

第四十条　经营者提供商品或者服务有下列情形之一的，除本法另有规定外，应当依照《中华人民共和国产品质量法》和其他有关法律、法规的规定，承担民事责任：

（一）商品存在缺陷的；

（二）不具备商品应当具备的使用性能而出售时未作说明的；

（三）不符合在商品或者其包装上注明采用的商品标准的；

（四）不符合商品说明、实物样品等方式表明的质量状况的；

（五）生产国家明令淘汰的商品或者销售失效、变质的商品的；

（六）销售的商品数量不足的；

（七）服务的内容和费用违反约定的；

（八）对消费者提出的修理、重作、更换、退货、补足商品数量、退还货款和服务费用或者赔偿损失的要求，故意拖延或者无理拒绝的；

（九）法律、法规规定的其他损害消费者权益的情形。

第四十一条　经营者提供商品或者服务，造成消费者或者其他受害人人身伤害的，应当支付医疗费、治疗期间的护理费、因误工减少的收入等费用，造成残疾的，还应当支付残疾者生活自助具费、生活补助费、残疾赔偿金以及由其扶养的人所必需的生活费等费用；构成犯罪的，依法追究刑事责任。

第四十二条　经营者提供商品或者服务，造成消费者或者其他受害人死亡的，应当支付丧葬费、死亡赔偿金以及由死者生前扶养的人所必需的生活费等费用；构成犯罪的，依法追究刑事责任。

第四十三条　经营者违反本法第二十五条规定，侵害消费者的人格尊严或者侵犯消费者人身自由的，应当停止侵害、恢复名誉、消除影响、赔礼道歉，并赔偿损失。

第四十四条　经营者提供商品或者服务，造成消费者财产损害的，应当按照消费者的要求，以修理、重作、更换、退货、补足商品数量、退还货款和服务费用或者赔偿损失等方式承担民事责任。消费者与经营者另有约定的，按照约定履行。

第四十五条　对国家规定或者经营者与消费者约定包修、包换、包退的商品，经营者应当负责修理、更换或者退货。在保修期内两次修理仍不能正常使用的，经营者应当负责更换或者退货。

对包修、包换、包退的大件商品，消费者要求经营者修理、更换、退货的，经营者应当承担运输等合理费用。

第四十六条　经营者以邮购方式提供商品的，应当按照约定提供。未按照约定提供的，应当按照消费者的要求履行约定或者退回货款；并应当承担消费者必须支付的合理费用。

第四十七条　经营者以预收款方式提供商品或者服务的，应当按照约定提供。未按照约定提供的，应当按照消费者的要求履行约定或者退回预付款；并应当承担预付款的利息、消费者必须支付的合理费用。

第四十八条　依法经有关行政部门认定为不合格的商品，消费者要求退货的，经营者应当负责退货。

第四十九条　经营者提供商品或者服务有欺诈行为的，应当按照消费者的要求增加赔偿其受到的损失，增加赔偿的金额为消费者购买商品的价款或者接受服务的费用的一倍。

第五十条　经营者有下列情形之一，《中华人民共和国产品质量法》和其他有关法律、法规对处罚机关和处罚方式有规定的，依照法律、法规的规定执行；法律、法规未作规定的，由工商行政管理部门责令改正，可以根据情节单处或者并处警告、没收违法所得、处以违法所得一倍以上五倍以下的罚款，没有违法所得的，处以一万元以下的罚款；情节严重的，责令停业整顿、吊销营业执照：

（一）生产、销售的商品不符合保障人身、财产安全要求的；

（二）在商品中掺杂、掺假，以假充真，以次充好，或者以不合格商品冒充合格商品的；

（三）生产国家明令淘汰的商品或者销售失效、变质的商品的；

（四）伪造商品的产地，伪造或者冒用他人的厂名、厂址，伪造或者冒用认证标志、名优标志等质量标志的；

（五）销售的商品应当检验、检疫而未检验、检疫或者伪造检验、检疫结果的；

（六）对商品或者服务作引人误解的虚假宣传的；

（七）对消费者提出的修理、重作、更换、退货、补足商品数量、退还货款和服务费用或者赔偿损失的要求，故意拖延或者无理拒绝的；

（八）侵害消费者人格尊严或者侵犯消费者人身自由的；

（九）法律、法规规定的对损害消费者权益应当予以处罚的其他情形。

第五十一条　经营者对行政处罚决定不服的，可以自收到处罚决定之日起十五日内向上一级机关申请复议，对复议决定不服的，可以自收到复议决定书之日起十五日内向人民法院提起诉讼；也可以直接向人民法院提起诉讼。

第五十二条　以暴力、威胁等方法阻碍有关行政部门工作人员依法执行职务的，依法追究刑事责任；拒绝、阻碍有关行政部门工作人员依法执行职务，未使用暴力、威胁方法的，由公安机关依照《中华人民共和国治安管理处罚条例》的规定处罚。

第五十三条　国家机关工作人员玩忽职守或者包庇经营者侵害消费者合法权益的行为的，由其所在单位或者上级机关给予行政处分；情节严重，构成犯罪的，依法追究刑事责任。

第八章　附则

第五十四条　农民购买、使用直接用于农业生产的生产资料，参照本法执行。

第五十五条　本法自 1994 年 1 月 1 日起施行。

附件4 部分商品修理、更换、退货责任规定

第一条 为保护消费者的合法权益，明确销售者、修理者、生产者承担的部分商品的修理、更换、退货（以下称为“三包”）的责任和义务，根据《中华人民共和国产品质量法》、《中华人民共和国消费者权益保护法》及有关规定制定本规定。

第二条 本规定所称部分商品，系指《实施“三包”的部分商品目录》（以下简称目录）中所列产品。

目录由国务院产品质量监督管理部门会同商业主管部门、工业主管部门共同制定和调整，由国务院产品质量监督管理部门发布。

第三条 列入目录的产品实行谁经销谁负责“三包”的原则。销售者与生产者、销售者与供货者、销售者与修理者之间订立的合同，不得免除本规定的“三包”责任和义务。

第四条 目录中规定的指标是履行“三包”规定的最基本要求。国家鼓励销售者和生产者制定严于本规定的“三包”实施细则。

本规定不免除未列入目录产品的“三包”责任和销售者、生产者向消费者承诺的高于列入目录产品“三包”的责任。

第五条 销售者应当履行下列义务：

（一）不能保证实施“三包”规定的，不得销售目录所列产品；

（二）保持销售产品的质量；

（三）执行进货检查验收制度，不符合法定标识要求的，一律不准销售；

（四）产品出售时，应当开箱检验，正确调试，介绍使用维护事项、“三包”方式及修理单位，提供有效发票和“三包”凭证；

（五）妥善处理消费者的查询、投诉，并提供服务。

第六条 修理者应当履行下列义务：

（一）承担修理服务业务；

（二）维护销售者、生产者的信誉，不得使用与产品技术要求不符的元器件和零配件。认真记录故障及修理后产品质量状况，保证修理后的产品能够正常使用30日以上；

（三）保证修理费用和修理配件全部用于修理。接受销售者、生产者的监督和检查；

（四）承担因自身修理失误造成的责任和损失；

（五）接受消费者有关产品修理质量的查询。

第七条 生产者应当履行下列义务：

（一）明确“三包”方式。生产者自行设置或者指定修理单位的，必须随产品向消费者提供“三包”凭证、修理单位的名单、地址、联系电话等；

（二）向负责修理的销售者、修理者提供修理技术资料、合格的修理配件，负责培训，提供修理费用。保证在产品停产后五年内继续提供符合技术要求的零配件；

（三）妥善处理消费者直接或者间接的查询，并提供服务。

第八条 “三包”有效期自开具发票之日起计算，扣除因修理占用和无零配件待修的时间。

“三包”有效期内消费者凭发票及“三包”凭证办理修理、换货、退货。

第九条　产品自售出之日起 7 日内，发生性能故障，消费者可以选择退货、换货或修理。退货时，销售者应当按发票价格一次退清货款，然后依法向生产者、供货者追偿或者按购销合同办理。

第十条　产品自售出之日起 15 日内，发生性能故障，消费者可选择换货或者修理。换货时，销售者应当免费为消费者调换同型号同规格的产品，然后依法向生产者、供货者追偿或者按购销合同办理。

第十一条　在“三包”有效期内，修理两次，仍不能正常使用的产品，凭修理者提供的修理记录和证明，由销售者负责为消费者免费调换同型号同规格的产品或者按本规定第十三条的规定退货，然后依法向生产者、供货者追偿或者按购销合同办理。

第十二条　在“三包”有效期内，因生产者未供应零配件，自送修之日起超过 90 日未修好的，修理者应当在修理状况中注明，销售者凭此据免费为消费者调换同型号同规格产品。然后依法向生产者、供货者追偿或者按购销合同办理。

因修理者自身原因使修理期超过 30 日的，由其免费为消费者调换同型号同规格产品。费用由修理者承担。

第十三条　在“三包”有效期内，符合换货条件的，销售者因无同型号同规格产品，消费者不愿调换其他型号、规格产品而要求退货的，销售者应当予以退货；有同型号同规格产品，消费者不愿调换而要求退货的，销售者应当予以退货，对已使用过的商品按本规定收取折旧费。

折旧费计算自开具发票之日起至退货之日止，其中应当扣除修理占用和待修的时间。

第十四条　换货时，凡属残次产品、不合格产品或者修理过的产品均不得提供给消费者。

换货后的“三包”有效期自换货之日起重新计算。由销售者在发票背面加盖更换章并提供新的“三包”凭证或者在“三包”凭证背面加盖更换章。

第十五条　在“三包”有效期内，除因消费者使用保管不当致使产品不能正常使用外，由修理者免费修理（包括材料费和工时费）。

对应当进行“三包”的大件产品，修理者应当提供合理的运输费用，然后依法向生产者或者销售者追偿，或者按合同办理。

第十六条　在“三包”有效期内，提倡销售者、修理者、生产者上门提供“三包”服务。

第十七条　属下列情况之一者，不实行“三包”，但是可以实行收费修理：

（一）消费者因使用、维护、保管不当造成损坏的；

（二）非承担“三包”修理者拆动造成损坏的；

（三）无“三包”凭证及有效发票的；

（四）“三包”凭证型号与修理产品型号不符或者涂改的；

（五）因不可抗拒力造成损坏的。

第十八条　修理费用由生产者提供。修理费用指“三包”有效期内保证正常修理的待支费用。

第十九条　销售者负责修理的产品，生产者按照合同或者协议一次拨出费用，具体办法由产销双方商定。销售者委托或者指定修理者的，其修理费的支付形式由销售者和修理者双方合同约定。专款专用。生产者自行选择其他方式或者自行设置修理网点的，由生产者直接提供修理费用。

第二十条　生产者、销售者、修理者破产、倒闭、兼并、分立的，其“三包”责任按国家有关法规执行。

第二十一条　消费者因产品“三包”问题与销售者、修理者、生产者发生纠纷时，可以向消费者协会、质量管理协会、用户委员会和其他有关组织申请调解，有关组织应当积极受理。

第二十二条　销售者、修理者、生产者未按本规定执行“三包”的，消费者可以向产品质量监督管理部门或者工商行政管理部门申诉，由上述部门责令其按“三包”规定办理。消费者也可以依法申请仲裁解决，还可以直接向人民法院起诉。

第二十三条　本规定由国务院产品质量监督管理部门负责解释。

第二十四条　本规定自发布之日起施行。原国家经济委员会等八部委局发布的国标发（1986）177号《部分国产家用电器“三包”规定》同时废止。其他有关规定与本规定不符的，以本规定为准。

附件 5　农业机械产品修理、更换、退货责任规定

第一章　总则

为维护农业机械产品用户的合法权益，提高农业机械产品质量和售后服务质量，明确农业机械产品生产者、销售者、修理者的修理、更换、退货（以下简称为“三包”）责任，依照《中华人民共和国产品质量法》、《中华人民共和国农业机械化促进法》等有关法律法规，制定本规定。

本规定所称农业机械产品（以下称农机产品），是指用于农业生产及其产品初加工等相关农事活动的机械、设备。

在中华人民共和国境内从事农机产品的生产、销售、修理活动的，应当遵守本规定。

农机产品实行谁销售谁负责三包的原则。

销售者承担“三包”责任，换货或退货后，属于生产者的责任的，可以依法向生产者追偿。

在“三包”有效期内，因修理者的过错造成他人损失的，依照有关法律和代理修理合同承担责任。

本规定是生产者、销售者、修理者向农机用户承担农机产品“三包”责任的基本要求。国家鼓励生产者、销售者、修理者做出更有利于维护农机用户合法权益的、严于本规定的“三包”责任承诺。

销售者与农机用户另有约定的，销售者的“三包”责任依照约定执行，但约定不得免除依照法律、法规以及本规定应当履行的义务。

国务院工业主管部门负责制定并组织实施农业机械工业产业政策和有关规划。国务院产品质量监督部门、工商行政管理部门、农业机械化主管部门在各自职责范围内按照本规定的要求，根据生产者的“三包”凭证样本、产品使用说明书以及农机用户投诉等，建立信息披露制度，对生产者、销售者和修理者的“三包”承诺、农机用户集中反映的农机产品质量问题和服务质量问题向社会进行公布，督促生产者、销售者、修理者改进产品质量和服务质量。

第二章　生产者的义务

生产者应当建立农机产品出厂记录制度，严格执行出厂检验制度，未经检验合格的农机产品，不得销售。

依法实施生产许可证管理或强制性产品认证管理的农机产品，应当获得生产许可证证书或认证证书并施加生产许可证标志或认证标志。

农机产品应当具有产品合格证、产品使用说明书、产品“三包”凭证等随机文件：

（一）产品使用说明书应当按照农业机械使用说明书编写规则的国家标准或行业标准规定的要求编写，并应列出该机中易损件的名称、规格、型号；产品所具有的使用性能、安全性能，未列入国家标准的，其适用范围、技术性能指标、工作条件、工作环境、安全操作要求、警示标志或说明应当在使用说明书中明确；

（二）有关工具、附件、备件等随附物品的清单；

（三）农机产品“三包”凭证应当包括以下内容：产品品牌、型号规格、生产日期、购买

日期、产品编号，生产者的名称、联系地址和电话，已经指定销售者、修理者的，应当注明名称、联系地址、电话、“三包”项目、“三包”有效期、销售记录、修理记录和按照本规定第二十四条规定应当明示的内容等相关信息；销售记录应当包括销售者、销售地点、销售日期和购机发票号码等项目；修理记录应当包括送修时间、交货时间、送修故障、修理情况、换退货证明等项目。

生产者应当在销售区域范围内建立农机产品的维修网点，与修理者签订代理修理合同，依法约定农机产品“三包”责任等有关事项。

生产者应当保证农机产品停产后五年内继续提供零部件。

生产者应当妥善处理农机用户的投诉、查询，提供服务，并在农忙季节及时处理各种农机产品“三包”问题。

第三章　销售者的义务

销售者应当执行进货检查验收制度，严格审验生产者的经营资格，仔细验明农机产品合格证明、产品标识、产品使用说明书和“三包”凭证。对实施生产许可证管理、强制性产品认证管理的农机产品，应当验明生产许可证证书和生产许可证标志、认证证书和认证标志。

销售者销售农机产品时，应当建立销售记录制度，并按照农机产品使用说明书告知以下内容：

（一）农机产品的用途、适用范围、性能等；

（二）农机产品主机与机具间的正确配置；

（三）农机产品已行驶的里程或已工作时间及使用的状况。

销售者交付农机产品时，应当符合下列要求：

（一）当面交验、试机；

（二）交付随附的工具、附件、备件；

（三）提供财政税务部门统一监制的购机发票、“三包”凭证、中文产品使用说明书及其他随附文件；

（四）明示农机产品“三包”有效期和“三包”方式；

（五）提供由生产者或销售者授权或委托的修理者的名称、联系地址和电话；

（六）在“三包”凭证上填写销售者有关信息；

（七）进行必要的操作、维护和安全注意事项的培训。

对于进口农机产品，还应当提供海关出具的货物进口证明和检验检疫机构出具的入境货物检验检疫证明。

销售者可以同修理者签订代理修理合同，在合同中约定“三包”有效期内的修理责任以及在农忙季节及时排除各种农机产品故障的措施。

销售者应当妥善处理农机产品质量问题的咨询、查询和投诉。

第四章　修理者的义务

修理者应当与生产者或销售者订立代理修理合同，按照合同的约定，保证修理费用和维修零部件用于“三包”有效期内的修理。

代理修理合同应当约定生产者或销售者提供的维修技术资料、技术培训、维修零部件、维修费、运输费等。

修理者应当承担“三包”期内的属于本规定范围内免费修理业务，按照合同接受生产者、销售者的监督检查。

修理者应当严格执行零部件的进货检查验收制度，不得使用质量不合格的零部件，认真做好维修记录，记录修理前的故障和修理后的产品质量状况。

修理者应当完整、真实、清晰地填写修理记录。修理记录内容应当包括送修时间、送修故障、检查结果、故障原因分析、维护和修理项目、材料费和工时费，以及运输费、农机用户签名等；有行驶里程的，应当注明。

修理者应当向农机用户当面交验修理后的农机产品及修理记录，试机运行正常后交付其使用，并保证在维修质量保证期内正常使用。

修理者应当保持常用维修零部件的合理储备，确保维修工作的正常进行，避免因缺少维修零部件而延误维修时间。农忙季节应当有及时排除农机产品故障的能力和措施。

修理者应当积极开展上门修理和电话咨询服务，妥善处理农机用户关于修理的查询和修理质量的投诉。

第五章　农机产品“三包”责任

农机产品的三包有效期自销售者开具购机发票之日起计算，“三包”有效期包括整机“三包”有效期，主要部件质量保证期，易损件和其他零部件的质量保证期。

内燃机、拖拉机、联合收割机、插秧机的整机“三包”有效期及其主要部件的质量保证期应当不少于本规定附件 1 规定的时间。内燃机单机作为商品出售给农机用户的，计为整机，其包含的主要零部件由生产者明示在“三包”凭证上。拖拉机、联合收割机、插秧机的主要部件由生产者明示在“三包”凭证上。

其他农机产品的整机“三包”有效期及其主要部件或系统的名称和质量保证期，由生产者明示在“三包”凭证上，且有效期不得少于一年。

内燃机作为农机产品配套动力的，其“三包”有效期和主要部件的质量保证期按农机产品的整机的“三包”有效期和主要部件质量保证期执行。

农机产品的易损件及其他零部件的质量保证期达不到整机“三包”有效期的，其所属的部件或系统的名称和合理的质量保证期由生产者明示在“三包”凭证上。

农机用户丢失“三包”凭证，但能证明其所购农机产品在“三包”有效期内的，可以向销售者申请补办“三包”凭证，并依照本规定继续享受有关权利。销售者应当在接到农机用户申请后 10 个工作日内予以补办。销售者、生产者、修理者不得拒绝承担“三包”责任。

由于销售者的原因，购机发票或“三包”凭证上的农机产品品牌、型号等与要求“三包”的农机产品不符的，销售者不得拒绝履行“三包”责任。

在“三包”有效期内发生所有权转移的，“三包”凭证和购机发票随之转移，农机用户凭原始“三包”凭证和购机发票继续享有“三包”权利。

“三包”有效期内，农机产品出现质量问题，农机用户凭“三包”凭证在指定的或者约定的修理者处进行免费修理，维修产生的工时费、材料费及合理的运输费等由“三包”责任人承担；符合本规定换货、退货条件，农机用户要求换货、退货的，凭“三包”凭证、修理记录、购机发票更换、退货；因质量问题给农机用户造成损失的，销售者应当依法负责赔偿相应的损失。

“三包”有效期内，农机产品存在本规定范围的质量问题的，修理者一般应当自送修之日起30个工作日内完成修理工作，并保证正常使用。

“三包”有效期内，送修的农机产品自送修之日起超过30个工作日未修好，农机用户可以选择继续修理或换货。要求换货的，销售者应当凭“三包”凭证、维护和修理记录、购机发票免费更换同型号同规格的产品。

“三包”有效期内，农机产品因出现同一严重质量问题，累计修理2次后仍出现同一质量问题无法正常使用的；或农机产品购机的第一个作业季开始30日内，除因易损件外，农机产品因同一一般质量问题累计修理2次后，又出现同一质量问题的，农机用户可以凭“三包”凭证、维护和修理记录、购机发票，选择更换相关的主要部件或系统，由销售者负责免费更换。

“三包”有效期内或农机产品购机的第一个作业季开始30日内，农机产品因本规定第二十九条的规定更换主要部件或系统后，又出现相同质量问题，农机用户可以选择换货，由销售者负责免费更换；换货后仍然出现相同质量问题的，农机用户可以选择退货，由销售者负责免费退货。

“三包”有效期内，符合本规定更换主要部件的条件或换货条件的，销售者应当提供新的、合格的主要部件或整机产品，并更新“三包”凭证，更换后的主要部件的质量保证期或更换后的整机产品的“三包”有效期自更换之日起重新计算。

符合退货条件或因销售者无同型号同规格产品予以换货，农机用户要求退货的，销售者应当按照购机发票金额全价一次退清货款。

因生产者、销售者未明确告知农机产品的适用范围而导致农机产品不能正常作业的，农机用户在农机产品购机的第一个作业季开始30日内可以凭“三包”凭证和购机发票选择退货，由销售者负责按照购机发票金额全价退款。

整机“三包”有效期内，联合收割机、拖拉机、播种机、插秧机等产品在农忙作业季节出现质量问题的，在服务网点范围内，属于整机或主要部件的，修理者应当在接到报修后3日内予以排除；属于易损件或是其他零件的质量问题的，应当在接到报修后1日内予以排除。在服务网点范围外的，农忙季节出现的故障修理由销售者与农机用户协商。

国家鼓励农机产品生产者、销售者、修理者农忙时期开展现场的有关售后服务活动。

“三包”有效期内，销售者不履行“三包”义务的，或者农机产品需要进行质量检验或鉴定的，“三包”有效期自农机用户的请求之日起中止计算，“三包”有效期按照中止的天数延长；造成直接损失的，应当依法赔偿。

第六章　责任免除

农机用户应当按照有关规定和农机产品的使用说明书进行操作或使用。

赠送的农机产品，不得免除生产者、销售者和修理者依法应当承担的“三包”责任。

销售者、生产者、修理者能够证明发生下列情况之一的，不承担“三包”责任：

（一）农机用户无法证明该农机产品在“三包”有效期内的；

（二）产品超出“三包”有效期的。

销售者、生产者、修理者能够证明发生下列情况之一的，对于所涉及部分，不承担“三包”责任：

（一）因未按照使用说明书要求正确使用、维护，造成损坏的；

（二）使用说明书中明示不得改装、拆卸，而自行改装、拆卸改变机器性能或者造成损坏的；

（三）发生故障后，农机用户自行处置不当造成对故障原因无法做出技术鉴定的；

（四）因非产品质量原因发生其他人为损坏的；

（五）因不可抗力造成损坏的。

第七章　争议处理

产品质量监督部门、工商行政管理部门、农业机械化主管部门应当认真履行“三包”有关质量问题监管职责。

生产者未按照本规定第二十四条履行明示义务的，或通过明示内容有意规避责任的，由产品质量监督部门依法予以处理。

销售者未按照本规定履行“三包”义务的，由工商行政管理部门依法予以处理。

维修者未按照本规定履行“三包”义务的，由农业机械化主管部门依法予以处理。

农机用户因“三包”责任问题与销售者、生产者、修理者发生纠纷的，可以按照公平、诚实、信用的原则进行协商解决。

协商不能解决的，农机用户可以向当地工商行政管理部门、产品质量监督部门或者农业机械化主管部门设立的投诉机构进行投诉，或者依法向消费者权益保护组织等反映情况，当事人要求调解的，可以调解解决。

因“三包”责任问题协商或调解不成的，农机用户可以依照《中华人民共和国仲裁法》的规定申请仲裁，也可以直接向人民法院起诉。

需要进行质量检验或者鉴定的，农机用户可以委托依法取得资质的农机产品质量检验机构进行质量检验或者鉴定。

质量检验或者鉴定所需费用按照法律、法规的规定或者双方约定的办法解决。

第八章　附则

本规定下列用语的含义：

本规定所称质量问题，是指在合理使用的情况下，农机产品的使用性能不符合产品使用说明中明示的状况；或者农机产品不具备应当具备的使用性能；或者农机产品不符合生产者在农机或其包装上注明执行的产品标准。质量问题包括：

（一）严重质量问题，是指农机产品的重要性能严重下降，超过有关标准要求或明示的范围；或者农机产品主要部件报废或修理费用较高，必须更换的；或者正常使用的情况下农机产品自身出现故障影响人身安全的质量问题。

（二）一般质量问题，是指除严重质量问题外的其他质量问题，包括易损件的质量问题，但不包括农机用户按照农机产品使用说明书的维修、保养、调整或检修方法能用随机工具可以排除的轻度故障。

内燃机、拖拉机、联合收割机、插秧机严重质量问题见本规定附件 2。

本规定所称农业机械产品用户（简称农机用户），是指为从事农业生产活动购买、使用农机产品的公民、法人和其他经济组织。

本规定所称生产者，是指生产、装配及改装农机产品的企业。农机产品的供货商或进口者视同生产者承担相应的“三包”责任。

本规定所称销售者，是指以其名义向农机用户直接交付农机产品并收取货款、开具购机发票的单位或者个人。生产者直接向农机用户销售农机产品的视同本规定中的销售者。

本规定所称修理者，是指与生产者或销售者订立代理修理合同，在“三包”有效期内，为农机用户提供农机产品维护、修理的单位或者个人。

农机产品因用于非农业生产活动而出现的质量问题符合法律规定的有关修理、更换或退货条件的，可以参照本规定执行。

本规定由国家质量监督检验检疫总局、国家工商行政管理总局、农业部、工业和信息化部按职责分工负责解释。

本规定自 2010 年 6 月 1 日起施行。1998 年 3 月 12 日原国家经济贸易委员会、国家技术监督局、国家工商行政管理局、国内贸易部、机械工业部、农业部发布的《农业机械产品修理、更换、退货责任规定》（国经贸质[1998]123 号）同时废止。

附 1：内燃机、拖拉机、联合收割机、插秧机整机的“三包”

有效期以及主要部件的名称、质量保证期。

一、内燃机（指内燃机作为商品出售给农机用户的）

1. 整机“三包”有效期。

① 柴油机：多缸 1 年 单缸 9 个月。

② 汽油机：二冲程 3 个月、四冲程 6 个月。

2. 主要部件质量保证期。

① 柴油机：多缸 2 年、单缸 1.5 年。

② 汽油机：二冲程 6 个月、四冲程 1 年。

3. 主要部件应当包括：内燃机机体、气缸盖、飞轮等。

二、拖拉机

1. 整机“三包”有效期。

大、中型拖拉机（18 kW 以上）1 年，小型拖拉机 9 个月。

2. 主要部件质量保证期。

大、中型拖拉机 2 年，小型拖拉机 1.5 年。

3. 主要部件应当包括：内燃机机体、气缸盖、飞轮、机架、变速箱箱体、半轴壳体、转向器壳体、差速器壳体、最终传动箱箱体、制动毂、牵引板、提升壳体等。

三、联合收割机

1. 整机“三包”有效期：1 年。

2. 主要部件质量保证期：2 年。

3. 主要部件应当包括：内燃机机体、气缸盖、飞轮、机架、变速箱箱体、离合器壳体、转向机、最终传动齿轮箱体等。

四、插秧机

1. 整机“三包”有效期：1 年。

2. 主要部件质量保证期：2 年。

3. 主要部件应当包括：机架、变速箱体、传动箱体、插植臂、发动机机体、气缸盖、曲轴等。

附 2：内燃机、拖拉机、联合收割机、插秧机严重质量问题表

序号	名称		严重质量问题
1	内燃机	内燃机	飞车导致发动机严重损坏
2		机体	裂纹、引起渗漏的砂眼、疏松、强力螺栓孔滑扣等损坏
3		气缸盖	裂纹、损坏
4		飞轮壳	裂纹
5		气缸套	裂纹、断裂
6		曲轴	断裂、键槽开裂
7		平衡轴	断裂造成发动机严重损坏
8		连杆、连杆盖	断裂
9		连杆螺栓	断裂
10		活塞销	断裂
11		飞轮	断裂
12		进、排气门	断裂造成发动机损坏
13		气门弹簧	断裂造成发动机损坏
14		凸轮轴	断裂
15		水泵	损坏导致发动机过热损坏
16		机油泵	损坏导致发动机缺油拉缸抱瓦
1	拖拉机	机架	断裂、严重变形
2		前桥	损坏
3		变速箱	总成报废（多个重要零件损坏）
4		后桥	总成报废（多个重要零件损坏）
5		变速箱	脱挡或乱挡多次发生
6		离合器壳	裂纹或损坏
7		变速箱体	裂纹或损坏
8		半轴壳体	裂纹或损坏
9		最终传动箱体	裂纹或损坏
10		轮轴	损坏或裂纹
11		悬架	损坏或裂纹
12		转向臂	损坏或裂纹
13		制动毂	损坏或裂纹
14		储气筒	损坏
15		牵引装置	损坏
16		柴油机部分	故障与内燃机严重质量问题表同

续表

序号	名称		严重质量问题
1	联合收割机	机架	裂纹、严重变形
2		割台	严重变形
3		割台输送螺旋半轴	断裂
4		钉齿滚筒齿杆	断损
5		滚筒辐盘	损坏导致脱粒机体损坏
6		逐稿器键弹簧	断损
7		逐稿器曲轴	断损
8		滚筒无级变速盘	损坏
9		纹杆螺栓	导致脱粒机体损坏
10		离合器壳体	破损
11		传动（分动）箱	损坏
12		变速箱体	裂纹
13		差速器壳体	裂纹
14		最终传动壳体	损坏
15		半轴	断损
16		驱动轮轮辋	裂损导致轮胎爆裂、损坏
17		驱动轮轮胎	脱落
18		柴油机部分	故障与内燃机严重质量问题表同
1	插秧机	机架	断裂、严重变形
2		变速箱	乱挡、脱挡
3		变速箱体	裂纹
4		传动箱	裂纹、损坏
5		轴承座	损坏
6		插植臂	裂纹、损坏
7		秧箱	损坏、严重变形
8		输入轴	断损
9		输出轴	断损
10		仿形机构	功能失效
11		液压系统	功能失效
12		发动机部分	故障与内燃机严重质量问题表同

附件 6 缺陷汽车产品召回管理条例实施办法

第一章 总则

第一条 根据《缺陷汽车产品召回管理条例》，制定本办法。

第二条 在中国境内生产、销售的汽车和汽车挂车（以下统称汽车产品）的召回及其监督管理，适用本办法。

第三条 汽车产品生产者（以下简称生产者）是缺陷汽车产品的召回主体。汽车产品存在缺陷的，生产者应当依照本办法实施召回。

第四条 国家质量监督检验检疫总局（以下简称质检总局）负责全国缺陷汽车产品召回的监督管理工作。各级产品质量监督部门和出入境检验检疫机构依法履行职责。

第五条 质检总局根据工作需要，可以委托省级产品质量监督部门和出入境检验检疫机构（以下统称省级质检部门），在本行政区域内按照职责分工分别负责境内生产和进口缺陷汽车产品召回监督管理的部分工作。

质检总局缺陷产品召回技术机构（以下简称召回技术机构）按照质检总局的规定承担缺陷汽车产品召回信息管理、缺陷调查、召回管理中的具体技术工作。

第二章 信息管理

第六条 任何单位和个人有权向产品质量监督部门和出入境检验检疫机构投诉汽车产品可能存在的缺陷等有关问题。

第七条 质检总局负责组织建立缺陷汽车产品召回信息管理系统，收集汇总、分析处理有关缺陷汽车产品信息，备案生产者信息，发布缺陷汽车产品信息和召回相关信息。

质检总局负责与国务院有关部门共同建立汽车产品的生产、销售、进口、登记检验、维修、事故、消费者投诉、召回等信息的共享机制。

第八条 地方产品质量监督部门和各地出入境检验检疫机构发现本行政区域内缺陷汽车产品信息的，应当将信息逐级上报。

第九条 生产者应当建立健全汽车产品可追溯信息管理制度，确保能够及时确定缺陷汽车产品的召回范围并通知车主。

第十条 生产者应当保存以下汽车产品设计、制造、标识、检验等方面的信息：

（一）汽车产品设计、制造、标识、检验的相关文件和质量控制信息；

（二）涉及安全的汽车产品零部件生产者及零部件的设计、制造、检验信息；

（三）汽车产品生产批次及技术变更信息；

（四）其他相关信息。

生产者还应当保存车主名称、有效证件号码、通信地址、联系电话、购买日期、车辆识别代码等汽车产品初次销售的车主信息。

第十一条 生产者应当向质检总局备案以下信息：

（一）生产者基本信息；

（二）汽车产品技术参数和汽车产品初次销售的车主信息；

（三）因汽车产品存在危及人身、财产安全的故障而发生修理、更换、退货的信息；

（四）汽车产品在中国境外实施召回的信息；

（五）技术服务通报、公告等信息；

（六）其他需要备案的信息。

生产者依法备案的信息发生变化的，应当在 20 个工作日内进行更新。

第十二条　销售、租赁、维修汽车产品的经营者（以下统称经营者）应当建立并保存其经营的汽车产品型号、规格、车辆识别代码、数量、流向、购买者信息、租赁、维修等信息。

第十三条　经营者、汽车产品零部件生产者应当向质检总局报告所获知的汽车产品可能存在缺陷的相关信息，并通报生产者。

第三章　缺陷调查

第十四条　生产者获知汽车产品可能存在缺陷的，应当立即组织调查分析，并将调查分析结果报告质检总局。

生产者经调查分析确认汽车产品存在缺陷的，应当立即停止生产、销售、进口缺陷汽车产品，并实施召回；生产者经调查分析认为汽车产品不存在缺陷的，应当在报送的调查分析结果中说明分析过程、方法、风险评估意见以及分析结论等。

第十五条　质检总局负责组织对缺陷汽车产品召回信息管理系统收集的信息、有关单位和个人的投诉信息以及通过其他方式获取的缺陷汽车产品相关信息进行分析，发现汽车产品可能存在缺陷的，应当立即通知生产者开展相关调查分析。

生产者应当按照质检总局通知要求，立即开展调查分析，并如实向质检总局报告调查分析结果。

第十六条　召回技术机构负责组织对生产者报送的调查分析结果进行评估，并将评估结果报告质检总局。

第十七条　存在下列情形之一的，质检总局应当组织开展缺陷调查：

（一）生产者未按照通知要求开展调查分析的；

（二）经评估生产者的调查分析结果不能证明汽车产品不存在缺陷的；

（三）汽车产品可能存在造成严重后果的缺陷的；

（四）经实验检测，同一批次、型号或者类别的汽车产品可能存在不符合保障人身、财产安全的国家标准、行业标准情形的；

（五）其他需要组织开展缺陷调查的情形。

第十八条　质检总局、受委托的省级质检部门开展缺陷调查，可以行使以下职权：

（一）进入生产者、经营者、零部件生产者的生产经营场所进行现场调查；

（二）查阅、复制相关资料和记录，收集相关证据；

（三）向有关单位和个人了解汽车产品可能存在缺陷的情况；

（四）其他依法可以采取的措施。

第十九条　与汽车产品缺陷有关的零部件生产者应当配合缺陷调查，提供调查需要的有关资料。

第二十条　质检总局、受委托的省级质检部门开展缺陷调查，应当对缺陷调查获得的相关信息、资料、实物、实验检测结果和相关证据等进行分析，形成缺陷调查报告。

省级质检部门应当及时将缺陷调查报告报送质检总局。

第二十一条　质检总局可以组织对汽车产品进行风险评估，必要时向社会发布风险预警信息。

第二十二条　质检总局根据缺陷调查报告认为汽车产品存在缺陷的，应当向生产者发出缺陷汽车产品召回通知书，通知生产者实施召回。

生产者认为其汽车产品不存在缺陷的，可以自收到缺陷汽车产品召回通知书之日起 15 个工作日内向质检总局提出书面异议，并提交相关证明材料。

生产者在 15 个工作日内提出异议的，质检总局应当组织与生产者无利害关系的专家对生产者提交的证明材料进行论证；必要时质检总局可以组织对汽车产品进行技术检测或者鉴定；生产者申请听证的或者质检总局根据工作需要认为有必要组织听证的，可以组织听证。

第二十三条　生产者既不按照缺陷汽车产品召回通知书要求实施召回，又不在 15 个工作日内向质检总局提出异议的，或者经组织论证、技术检测、鉴定，确认汽车产品存在缺陷的，质检总局应当责令生产者召回缺陷汽车产品。

第四章　召回实施与管理

第二十四条　生产者实施召回，应当按照质检总局的规定制定召回计划，并自确认汽车产品存在缺陷之日起 5 个工作日内或者被责令召回之日起 5 个工作日内向质检总局备案；同时以有效方式通报经营者。

生产者制定召回计划，应当内容全面，客观准确，并对其内容的真实性、准确性及召回措施的有效性负责。

生产者应当按照已备案的召回计划实施召回；生产者修改已备案的召回计划，应当重新向质检总局备案，并提交说明材料。

第二十五条　经营者获知汽车产品存在缺陷的，应当立即停止销售、租赁、使用缺陷汽车产品，并协助生产者实施召回。

第二十六条　生产者应当自召回计划备案之日起 5 个工作日内，通过报刊、网站、广播、电视等便于公众知晓的方式发布缺陷汽车产品信息和实施召回的相关信息，30 个工作日内以挂号信等有效方式，告知车主汽车产品存在的缺陷、避免损害发生的应急处置方法和生产者消除缺陷的措施等事项。

生产者应当通过热线电话、网络平台等方式接受公众咨询。

第二十七条　车主应当积极配合生产者实施召回，消除缺陷。

第二十八条　质检总局应当向社会公布已经确认的缺陷汽车产品信息、生产者召回计划以及生产者实施召回的其他相关信息。

第二十九条　生产者应当保存已实施召回的汽车产品召回记录，保存期不得少于 10 年。

第三十条　生产者应当自召回实施之日起每 3 个月向质检总局提交一次召回阶段性报告。质检总局有特殊要求的，生产者应当按要求提交。

生产者应当在完成召回计划后 15 个工作日内，向质检总局提交召回总结报告。

第三十一条　生产者被责令召回的，应当立即停止生产、销售、进口缺陷汽车产品，并按照本办法的规定实施召回。

第三十二条　生产者完成召回计划后，仍有未召回的缺陷汽车产品的，应当继续实施召回。

第三十三条　对未消除缺陷的汽车产品，生产者和经营者不得销售或者交付使用。

第三十四条　质检总局对生产者召回实施情况进行监督或者委托省级质检部门进行监督，组织与生产者无利害关系的专家对消除缺陷的效果进行评估。

受委托对召回实施情况进行监督的省级质检部门，应当及时将有关情况报告质检总局。

质检总局通过召回实施情况监督和评估发现生产者的召回范围不准确、召回措施无法有效消除缺陷或者未能取得预期效果的，应当要求生产者再次实施召回或者采取其他相应补救措施。

第五章　法律责任

第三十五条　生产者违反本办法规定，有下列行为之一的，责令限期改正；逾期未改正的，处以 1 万元以上 3 万元以下罚款：

（一）未按规定更新备案信息的；

（二）未按规定提交调查分析结果的；

（三）未按规定保存汽车产品召回记录的；

（四）未按规定发布缺陷汽车产品信息和召回信息的。

第三十六条　零部件生产者违反本办法规定不配合缺陷调查的，责令限期改正；逾期未改正的，处以 1 万元以上 3 万元以下罚款。

第三十七条　违反本办法规定，构成《缺陷汽车产品召回管理条例》等有关法律法规规定的违法行为的，依法予以处理。

第三十八条　违反本办法规定，构成犯罪的，依法追究刑事责任。

第三十九条　本办法规定的行政处罚由违法行为发生地具有管辖权的产品质量监督部门和出入境检验检疫机构在职责范围内依法实施；法律、行政法规另有规定的，依照法律、行政法规的规定执行。

第六章　附则

第四十条　本办法所称汽车产品是指中华人民共和国国家标准《汽车和挂车类型的术语和定义》规定的汽车和挂车。

本办法所称生产者是指在中国境内依法设立的生产汽车产品并以其名义颁发产品合格证的企业。

从中国境外进口汽车产品到境内销售的企业视为前款所称的生产者。

第四十一条　汽车产品出厂时未随车装备的轮胎的召回及其监督管理由质检总局另行规定。

第四十二条　本办法由质检总局负责解释。

第四十三条　本办法自 2016 年 1 月 1 日起施行。

注：质检总局即中华人民共和国原国家质量监督检验检疫总局。

参考文献

[1] 罗予，杨丽. 汽车售后服务接待[M]. 北京：机械工业出版社，2016.

[2] 朱军，张潇月. 汽车商务与服务管理实务[M]. 北京：机械工业出版社，2017.

[3] 才延伸. 汽车行业客户关系管理[M]. 上海：同济大学出版社，2014.

[4] 刘军. 汽车 4S 店销售顾问培训手册[M]. 北京：化学工业出版社，2016.

[5] 王彦峰，杨柳青. 汽车维修服务接待[M]. 北京：人民交通出版社，2016.

[6] 盛桂芬. 汽车售后服务接待[M]. 北京：机械工业出版社，2017.

[7] 宓亚光. 汽车售后服务管理[M]. 北京：机械工业出版社，2006.

[8] 戚叔林，刘焰. 汽车维修服务[M]. 北京：人民交通出版社，2010.

[9] 姚美红. 汽车售后服务与管理[M]. 北京：机械工业出版社，2011.

[10] 赵晓宛，等. 汽车售后服务管理[M]. 北京：北京理工大学出版社，2010.

[11] 何本琼，周松兵. 汽车售后服务技术[M]. 北京：人民交通出版社，2012.

[12] 吴卫，苏科. 汽车售后服务管理[M]. 北京：中国财富出版社，2013.